辽宁省社会科学规划基金项目
2020年度大连外国语大学学科建设专项经费资助项目

李宁 著

上古汉语
交通词汇研究

A RESEARCH ON CHINESE TRAFFIC VOCABULARIES
IN EARLY ANCIENT TIMES

社会科学文献出版社
SOCIAL SCIENCES ACADEMIC PRESS (CHINA)

目 录

第一章 绪论 ··· 001
 第一节 上古汉语交通词汇研究综述 ························ 001
 第二节 研究目标与研究意义 ·································· 011
 第三节 研究步骤与研究方法 ·································· 012
 第四节 研究的理论依据 ······································· 014

第二章 上古汉语交通词汇分类描写 ························· 018
 第一节 车舆类交通词汇 ······································· 018
 第二节 舟船类交通词汇 ······································· 127
 第三节 道路类交通词汇 ······································· 150
 第四节 上古汉语交通词汇的特点 ··························· 183

第三章 上古汉语交通词汇词义引申现象分析 ············· 198
 第一节 词义引申的类型 ······································· 198
 第二节 词义引申的程度 ······································· 257

第四章 上古汉语交通词汇认知语义分析 ··················· 266
 第一节 上古汉语交通词汇引申义语义范畴分析 ·········· 266
 第二节 上古汉语交通词汇词义隐喻认知分析 ············· 287

第三节　上古汉语交通词汇词义转喻认知分析……………297

　　第四节　上古汉语交通词汇词义演变模式………………318

结　　语……………………………………………………331

参考文献……………………………………………………334

后　　记……………………………………………………349

第一章

绪　论

　　上古时期交通词汇是该时期汉语词汇的一个重要类别。作为名物词，上古时期的交通名物主要涉及道路一类交通基础设施和车舆、舟船两类基本运输工具。"道路"指地面上供人或车马通行的部分，而附着在道路基础设施中的墓道、隧道、桥梁、津渡、关塞、邮亭、馆驿等构筑物和建筑物，属于道路的从属成分，虽然具有运输和信息传递的功能，但与建筑范畴存在一定程度的交叉，故该类词汇不列为本书的研究对象。相对于固定的道路类交通基本设施，运输工具则是流动的实体。"车舆"指陆地上的运输工具。"舟船"指水面上的运输工具。上古时期，车舆、舟船已具备丰富的类型和称谓，其构造和形制已较为成熟和稳定。随着舟、车、路的出现，衍生出大量的交通词汇。本书即以上古汉语车舆类交通词汇、舟船类交通词汇和道路类交通词汇三部分为重点研究对象，以上古时期19部典籍文献为语料范围，探讨上古汉语交通词汇的基本面貌和发展演变情况。

第一节　上古汉语交通词汇研究综述

　　我们从以下三个方面来整理前人的研究成果：一是上古汉语词汇研究，二是汉语词义演变研究，三是交通词汇研究。

一　上古汉语词汇研究

　　上古汉语词汇研究的成果主要包括两个方面：一是专书词汇研究，二是专类词汇研究。

(一) 专书词汇研究

专书词汇研究是对一部部重要典籍文献词汇进行穷尽式的研究，是学界比较重视的基础研究。近十余年来，上古汉语专书词汇的研究成果非常丰富，如今文《尚书》①《吕氏春秋》②《老子》③《国语》④《荀子》⑤《韩非子》⑥等都已有专书词汇研究，《诗经》⑦《左传》⑧已有专书辞典。大多数学者将研究目光锁定在专书词汇研究层面，虽所选典籍不同，但研究内容和研究方法基本相同。车淑娅着重研究了《韩非子》的单音词、复音词、同义词、反义词情况⑨；陈长书重点描写了《国语》中的12类基本词汇和4类一般词汇⑩；鲁六对《荀子》基本词汇、复音词、同义词、反义词等情况进行了描写性研究⑪；唐德正着重描写了《晏子春秋》的基本词汇和方言词汇的面貌，又梳理了复音词、同义词、反义词的情况⑫；张艳对帛书《老子》的词汇复音化的过程和新词新义及异文情况进行了研究⑬；张双棣对《吕氏春秋》基本词、新词新义、同义词、反义词、同源词、复音词等方面进行了多层次的、深入的探讨⑭；钱宗武重点研究了今文《尚书》中的名词、动词、形容词、同源词、成语以及通假等情况。⑮

专书词汇研究通过对每部专书深入细致的研究，为汉语词汇史的研究积累丰富的材料，为断代词汇研究打下扎实的基础。然而，受到文献内容

---

① 钱宗武：《今文〈尚书〉词汇研究》，河南大学出版社，2012。
② 张双棣：《〈吕氏春秋〉词汇研究》（修订本），商务印书馆，2008。
③ 张艳：《帛书〈老子〉词汇研究》，博士学位论文，复旦大学，2008。
④ 陈长书：《〈国语〉词汇研究》，博士学位论文，山东大学，2005。
⑤ 鲁六：《〈荀子〉词汇研究》，博士学位论文，山东大学，2005。
⑥ 车淑娅：《〈韩非子〉词汇研究》，博士学位论文，浙江大学，2004。
⑦ 向熹编《诗经词典》，四川人民出版社，1986。
⑧ 杨伯峻、徐提编《春秋左传词典》，中华书局，1985。
⑨ 车淑娅：《〈韩非子〉词汇研究》，博士学位论文，浙江大学，2004。
⑩ 陈长书：《〈国语〉词汇研究》，博士学位论文，山东大学，2005。
⑪ 鲁六：《〈荀子〉词汇研究》，博士学位论文，山东大学，2005。
⑫ 唐德正：《〈晏子春秋〉词汇研究》，博士学位论文，山东大学，2006。
⑬ 张艳：《帛书〈老子〉词汇研究》，博士学位论文，复旦大学，2008。
⑭ 张双棣：《〈吕氏春秋〉词汇研究》（修订本），商务印书馆，2008。
⑮ 钱宗武：《今文〈尚书〉词汇研究》，河南大学出版社，2012。

的限制，专书研究无法探求词汇类别的各个方面。专书研究对交通词汇的涉及非常有限，不足以了解上古汉语交通词汇的全貌。

（二）专类词汇研究

上古汉语专类词汇的研究成果也非常丰富。我们从甲骨文、金文词汇，常用词，核心词，复音词，同义词和反义词，新词，某语义类别词汇七个方面对专类词汇研究进行论述。

1. 甲骨文、金文词汇研究

甲骨文词汇和金文词汇研究基本是对词汇构成进行分类总结。如金河钟的《殷商金文词汇研究》①，从单音词与复音词两个方面对金文词汇进行了较全面的描写；杨怀源的《西周金文词汇研究》②，对单音词、复音词、同义词、反义词进行描写研究；侯月明的《基于〈汉语大词典〉语料库的西周词汇研究》③，着重研究西周时期的新词，从单音词、复音单纯词和复合词三个方面进行描写研究。甲骨文词汇研究有郭凤花的《甲骨文谓宾动词研究》、陈练文的《甲骨文心理动词研究》、张勇的《甲骨文取予类动词研究》、刘正中的《甲骨文非祭祀动词配价初步研究》④、曲春雪的《武丁时期甲骨文双音词研究》⑤ 等。

2. 复音词研究

复音词研究如朱刚焜的《西周青铜器铭文复音词研究》⑥，对青铜器铭文复音词进行动态研究，并在前人研究基础上对复音词的判定标准进行完善。另外，朱广祁的《〈诗经〉双音词论稿》⑦、郭萍的《〈孟子〉复音词研究》、钟海军的《〈国语〉复音词研究》、刘兆君的《〈商君书〉复音词研究》、卢春红的《〈荀子〉复音词研究》、张岱松的《〈韩非子〉复音词研究》、王顼的《〈管子〉复音词研究》、臧彤的《〈战国策〉复音词研

---

① 金河钟：《殷商金文词汇研究》，博士学位论文，山东大学，2008。
② 杨怀源：《西周金文词汇研究》，博士学位论文，四川大学，2006。
③ 侯月明：《基于〈汉语大词典〉语料库的西周词汇研究》，博士学位论文，山东大学，2012。
④ 刘正中：《甲骨文非祭祀动词配价初步研究》，硕士学位论文，广州大学，2011。
⑤ 曲春雪：《武丁时期甲骨文双音词研究》，硕士学位论文，河北大学，2011。
⑥ 朱刚焜：《西周青铜器铭文复音词研究》，博士学位论文，山东大学，2006。
⑦ 朱广祁：《〈诗经〉双音词论稿》，河南人民出版社，1985。

究》等都对某部上古文献中复音实词和虚词的构词类型进行了重点描写。

3. 同义词、反义词研究

孟晓妍的《若干组先秦同义词的研究》，对 16 组同义词在 15 部先秦文献中的使用情况进行辨析对比，总结了这些同义词在引申意义、组合关系、感情色彩等方面的区别。① 赵岩的《几组上古汉语军事同义词研究》，对几组名词类和动词类的上古军事同义词进行了共时的差异描写和历时的演变分析。② 另外，周文德的《〈孟子〉同义词研究》③和雷莉的《〈国语〉单音节实词同义词研究》都主要针对相应文献中的单音实词同义词，进行同义关系的考释和辨析，并探讨了同义词的形成原理。黄晓冬的《〈荀子〉单音节形容词同义关系研究》，对书中 48 组形容词同义词进行义位考释，厘清形容词同义词相互依存的九种结构模式和同义组合在意义上的三种关系，指出其中同义词形成的最重要最广泛的原因、途径是词义的引申。④ 在反义词研究方面，有廖扬敏的《〈老子〉专书反义词研究》、李占平的《〈庄子〉单音节实词反义关系研究》等。

4. 常用词研究

胡波的《先秦两汉常用词演变研究与语料考论》通过综合考察先秦两汉时期的传世文献和出土文献，重点研究了 7 组名词常用词和 6 组动词常用词的发展与演变。⑤ 杨世铁的《先秦汉语常用词研究》对西周早期至秦代 1728 个金文词条和先秦 10 部传世文献中的常用词特点和使用频率进行了四个阶段的研究，得出先秦汉语常用词的发展规律。⑥

5. 新词研究

胡明的《基于〈汉语大词典〉的战国—秦新词研究》以战国—秦时期出现的新词为研究对象，在穷尽式数据统计和分析的基础上，对这一时期新出现的单音词、复音词进行多角度描写，总结了战国—秦时期新词产

---

① 孟晓妍：《若干组先秦同义词的研究》，博士学位论文，苏州大学，2008。
② 赵岩：《几组上古汉语军事同义词研究》，硕士学位论文，东北师范大学，2006。
③ 周文德：《〈孟子〉同义词研究》，巴蜀书社，2002。
④ 黄晓冬：《〈荀子〉单音节形容词同义关系研究》，巴蜀书社，2003。
⑤ 胡波：《先秦两汉常用词演变研究与语料考论》，博士学位论文，浙江大学，2013。
⑥ 杨世铁：《先秦汉语常用词研究》，中国社会科学出版社，2015。

生的特点和规律。①

6. 核心词研究

近几年，有学者以斯瓦德什（M. Swadesh）《百词表》为依据，进行纵向的比较研究，探讨词汇发展演变的详细情况。如郑春兰②、吴宝安③、刘晓静④、郭玲玲⑤，均以《百词表》为依据，利用语义场理论，分别对甲骨文、西汉、东汉、《汉书》的核心词进行分类研究，如身体词、生物类词、自然现象词、数词、部分动词、形容词等，在描写概貌的基础上总结相应时期核心词的总体特征。

7. 某语义类别词汇研究

近年来，以某语义类别词汇为对象的研究开始引起人们的注意，研究中也取得了一些成果。如王洪涌的《先秦两汉商业词汇—语义系统研究》，对先秦两汉时期的443个商业词语和分析出的273个义位进行五个子词汇—语义系统的研究，得出这时期商业词语以复音词为主和各义位间存在一种"家族相似性"关系的结论。⑥ 林琳的《中国上古涉酒词语研究》，对涉酒词语的词项数量、成员分布与使用情况做分期的静态描写与动态分析。⑦ 关秀娇的《上古汉语服饰词汇研究》，从语义特征、词义引申和词义转喻三个方面对上古时期415个服饰词进行共时和历时的研究。⑧ 于为的《先秦汉语建筑词汇研究》，从语义特征、词义引申和隐喻、转喻三个方面对先秦时期685个建筑词进行共时和历时的研究。⑨ 对某语义类别词汇进行研究的还有谭宏姣的《古汉语植物命名研究》、王琪的《上古汉语称谓研究》⑩、郭晓妮的《古汉语物体位移概念场词汇系统及

---

① 胡明：《基于〈汉语大词典〉的战国—秦新词研究》，博士学位论文，山东大学，2016。
② 郑春兰：《甲骨文核心词研究》，博士学位论文，华中科技大学，2007。
③ 吴宝安：《西汉核心词研究》，博士学位论文，华中科技大学，2007。
④ 刘晓静：《东汉核心词研究》，博士学位论文，华中科技大学，2011。
⑤ 郭玲玲：《〈汉书〉核心词研究》，博士学位论文，华中科技大学，2013。
⑥ 王洪涌：《先秦两汉商业词汇—语义系统研究》，博士学位论文，华中师范大学，2006。
⑦ 林琳：《中国上古涉酒词语研究》，博士学位论文，东北师范大学，2012。
⑧ 关秀娇：《上古汉语服饰词汇研究》，博士学位论文，东北师范大学，2016。
⑨ 于为：《先秦汉语建筑词汇研究》，博士学位论文，东北师范大学，2018。
⑩ 王琪：《上古汉语称谓研究》，博士学位论文，浙江大学，2005。

其发展演变研究——以"搬移类"、"拖曳类"等概念场为例》①、孙淑娟的《古汉语三个心理动词概念场词汇系统及其历史演变研究》②、果娜的《中国古代婚嫁称谓词研究》③ 等。

但是，从数量和研究层次上来看，还远远不够。某些类别词汇的研究，差不多仍是空白。另外，从近些年汉语词汇史研究的情况看，人们对中古汉语和近代汉语词汇研究投入的力量比较多，成果也相对比较丰富，而对上古汉语词汇研究投入的力量比较少。我们知道，上古汉语是汉语的源头，上古汉语的面貌不搞清楚，中古、近代、现代汉语的研究就缺乏根基，很多语言现象的发展规律也就说不清楚。在这种情况下，要想建立科学的汉语发展史是很困难的。因此，赵振铎在《论先秦两汉汉语》一文中强调："研究汉语史也先要弄清楚这一时期语言的状况，才能够更好地下推后世的语言变迁。"④

基于上述情况，我们选取上古汉语交通词汇作为研究对象，就是想通过对上古汉语交通词汇面貌的初步分析与描写，了解上古汉语交通词汇的大致发展过程和特点，为今后进一步开展交通词语研究奠定基础。从这个意义上讲，对上古汉语交通词汇的研究不仅是必要的，而且是紧迫的。

二　汉语词义演变研究

词义处于不断的发展变化之中，研究词义发展变化以及在此基础上研究词汇、词义系统及其历时发展，都是词汇研究的重要课题。从词义发展变化的途径来说，引申无疑是最主要的方式。南唐徐锴在《说文解字系传》中首次提出词义引申问题，并从字形所提示的本义出发，来研究引申的方向、层次和结果。段玉裁在《说文解字注》中纯熟地运用引申来说解词义，成为清代研究词义引申的著名学者。近代学者章太炎、黄侃大大推进了汉语词义引申研究，而当代学者陆宗达、王宁在前贤研究基础之

---

① 郭晓妮:《古汉语物体位移概念场词汇系统及其发展演变研究——以"搬移类"、"拖曳类"等概念场为例》，博士学位论文，浙江大学，2010。
② 孙淑娟:《古汉语三个心理动词概念场词汇系统及其历史演变研究》，博士学位论文，浙江大学，2012。
③ 果娜:《中国古代婚嫁称谓词研究》，博士学位论文，山东大学，2012。
④ 赵振铎:《论先秦两汉汉语》，《古汉语研究》1994 年第 3 期，第 1 页。

上对词义引申提出新的认识，全面揭示了汉语词义引申问题。①

在词义引申类型方面，陆宗达、王宁将汉语词义的引申总结为三种类型：词义之间因本民族共同的理性认识而发生联系的理性引申、反映事物之间外在的相联或相似关系的状所引申和礼俗引申。②何九盈、蒋绍愚从修辞的角度提出了比喻引申和借代引申。"如果由比喻和借代所产生的意义用得很普遍，约定俗成而形成了固定的词义，那就可以看作是词义的引申了。"③20世纪40年代，王力在《新训诂学》中从古今词义的发展和变化两个角度分别论述了词义的扩大、缩小和转移。50年代，周祖谟等学者对词义演变问题继续进行探讨。20世纪80年代以前，谈到词义演变的类型，基本上是词义的扩大、缩小和转移。80年代以后，随着现代语义学研究的深入，一些学者提出了很多新的看法。如蒋绍愚的"易位"说④、张联荣的"遗传义素"说⑤、贾彦德的"复合转移"说⑥等。

在词义演变机制方面，一些学者从语言角度展开探讨。如伍铁平的词义感染说⑦、孙雍长的词义渗透说⑧、许嘉璐的同步引申说⑨、蒋绍愚的相因生义说⑩、李宗江的聚合类推说⑪、张博的组合同化说⑫、江蓝生的类同引申说⑬、董为光的横向联系说⑭等。

上述学者从已发生的事实出发，依照可以观察到的材料，描写出了词义

---

① 李占平：《当代汉语词义演变理论述评》，《社会科学评论》2009年第4期，第125~128页。
② 陆宗达、王宁：《训诂与训诂学》，山西教育出版社，1994，第113~122页。
③ 何九盈、蒋绍愚：《古汉语词汇讲话》，北京出版社，1980，第62页。
④ 蒋绍愚：《古汉语词汇纲要》，北京大学出版社，1989，第81~82页。
⑤ 张联荣编著《古汉语词义论》，北京大学出版社，2000，第269~289页。
⑥ 贾彦德：《汉语语义学》，北京大学出版社，1999，第388页。
⑦ 伍铁平：《词义的感染》，《语文研究》1984年第3期，第57~58页。
⑧ 孙雍长：《论词义变化的语言因素》，《湖南师范大学社会科学学报》1989年第5期，第119~124页。
⑨ 许嘉璐：《论同步引申》，《中国语文》1987年第1期，第50~57页。
⑩ 蒋绍愚：《词义的发展和变化》，《语文研究》1985年第2期，第7~12页。
⑪ 李宗江：《形式的空缺和羡余与语言的自组织性》，《外语学刊》1991年第6期，第8~11页。
⑫ 张博：《词的相应分化与义分同族词系列》，《古汉语研究》1995年第4期，第23~30页。
⑬ 江蓝生：《说"麼"与"们"同源》，《中国语文》1995年第3期，第180~190页。
⑭ 董为光：《词义引申组系的"横向联系"》，《语言研究》1991年第2期，第79~87页。

演变的现象。随着认知语言学的引入，人们开始关注并利用隐喻、转喻理论分析词义演变的心理机制。周光庆指出："隐喻常常发挥关键的作用，显示出巨大的力量……隐喻由此而成为汉语词汇形成发展的一种重要动力，促进着汉语词汇的形成发展。如果没有隐喻作为动力，汉语词汇系统中的许多语词就不会这样形成发展。"① 陈建初指出："隐喻思维绝不只是在语言表达和句法结构中起作用，它在语言的早期阶段，对语词分化及同源派生的影响也是巨大的，语义的扩展和新词的产生，就往往是隐喻思维的结果。"②

沈家煊最早运用转喻理论研究汉语③；汲传波、刘芳芳探讨了词义引申与隐喻的关系④；张荆萍探讨了隐喻在汉语新词义产生中的生成机制⑤；李敏将隐喻看作汉语词义发展的动因⑥；陈建初从认知角度研究古汉语同源词，提出语义的扩展和新词的产生往往是隐喻思维的结果⑦；刘智锋进一步指出同族词孳乳主要有隐喻和转喻两种方式，概念整合和形式整合是同族词孳乳的两个阶段⑧；谭宏姣以上古汉语植物名为研究对象，提出语义造词的认知解释。⑨ 另外，赵倩⑩、林琳⑪、关秀娇⑫、于为⑬等

---

① 周光庆：《从认知到哲学：汉语词汇研究新思考》，外语教学与研究出版社，2009，第114~115页。
② 陈建初：《汉语语源研究中的认知观》，《湖南师范大学社会科学学报》1998年第5期，第105页。
③ 沈家煊：《转指和转喻》，《当代语言学》1999年第1期，第3~15页。
④ 汲传波、刘芳芳：《词义引申方式新探——从隐喻看引申》，《喀什师范学院学报》2001年第4期，第54~58页。
⑤ 张荆萍：《隐喻在汉语新词义产生中的生成机制》，《宁波广播电视大学学报》2004年第4期，第39~41页。
⑥ 李敏：《隐喻在汉语词义发展中的体现》，《华北电力大学学报（社会科学版）》2003年第2期，第78~80页。
⑦ 陈建初：《汉语语源研究中的认知观》，《湖南师范大学社会科学学报》1998年第5期，第105页。
⑧ 刘智锋：《同族词孳乳的认知研究及其启示》，《古汉语研究》2013年第2期，第64~72页。
⑨ 谭宏姣：《上古汉语植物名语义造词探析》，《东北师大学报（哲学社会科学版）》2018年第4期，第82~87页。
⑩ 赵倩：《汉语人体名词词义演变规律及认知动因》，博士学位论文，北京语言大学，2007。
⑪ 林琳：《中国上古涉酒词语研究》，博士学位论文，东北师范大学，2012。
⑫ 关秀娇：《上古汉语服饰词汇研究》，博士学位论文，东北师范大学，2016。
⑬ 于为：《先秦汉语建筑词汇研究》，博士学位论文，东北师范大学，2018。

人的博士学位论文运用隐喻、转喻理论进行词义研究,其中的研究方法值得我们借鉴。

三 交通词汇研究

目前,关于上古交通词汇的研究成果主要集中于个别词语或某一部分词语的考证与阐释或从交通词语角度出发探讨交通文化与制度等方面。

(一) 对上古部分或某一类别交通词语的考证与阐释

黄金贵《古代文化词义集类辨考》[①]共分八编,其中,交通词语有26组。以系统考辨和语言与文化双向相融的研究方法,将文化词中的同义词置于同一语义场,辨析其同异。王凤阳《古辞辨》以辨析古代汉语义近词为编写宗旨,分35类名物词,其中,交通名物词有27组。钱玄、钱兴奇在《三礼辞典》中将"三礼"中的有关礼制名物的5000条词分列为32类,其中车马类的名物条目有200余条。王作新的《上古舟船述要》将上古的舟船分为一般与特殊二类,对上古文献中常见的舟船名称试予类举辨释。[②] 吴丹的《上古汉语"道路"类词语研究》从语义的演变、词的使用范围、词语之间的辨析等方面对上古道路类词语进行了详细的阐述。[③] 相关研究还有黄金贵的《古汉语同义词辨释论》[④]、王政白的《古汉语同义词辨析》[⑤]、汪少华的《中国古车舆名物考辨》[⑥]、曾永义的《仪礼车马考》[⑦]、闻人军的《〈考工记〉导读》[⑧]、杨英杰的《战车与车战》[⑨]、王作新的《古车车名疏要》[⑩]、吴浩坤的《甲骨文所见商代的水上交通工具》、杨文胜的《试探〈诗经〉中的先秦车马》、王作新的《舟船

[①] 黄金贵:《古代文化词义集类辨考》,上海教育出版社,1995。
[②] 王作新:《上古舟船述要》,《文献》1997年第3期。
[③] 吴丹:《上古汉语"道路"类词语研究》,硕士学位论文,广州大学,2013。
[④] 黄金贵:《古汉语同义词辨释论》,上海古籍出版社,2002。
[⑤] 王政白:《古汉语同义词辨析》,黄山书社,1992。
[⑥] 汪少华:《中国古车舆名物考辨》,商务印书馆,2005。
[⑦] 曾永义:《仪礼车马考》,台湾中华书局,1971。
[⑧] 闻人军:《〈考工记〉导读》,巴蜀书社,1988。
[⑨] 杨英杰:《战车与车战》,东北师范大学出版社,1986。
[⑩] 王作新:《古车车名疏要》,《文献》1994年第1期。

部件述要》①、李素琴的《先秦同义词"舟、船"辨析》②、胡世文的《古代汉语涉船类语词命名考释》③、罗小华的《战国简册所见车马及其相关问题研究》④、叶磊的《上古交通工具研究——以〈说文解字〉为例》、安甲甲的《〈周礼〉车马类名物词汇考》⑤、刘敏的《〈考工记〉车舆名物研究》等。

（二）从上古交通词语的角度探讨交通文化与制度

于省吾的《殷代的交通工具和驲传制度》从车、辇、马、舟、驲传等词出发，探讨了殷代的交通工具和驲传制度。⑥ 李润桃的《〈史记〉车舆类名物词与秦汉车制》全面考察、整理《史记》车舆类名物词，将《史记》64个车舆类名物词分为三大类：车舆名称、车舆构件名称、车舆之装饰及附属物名称。运用义素分析法梳理并分析了这些车舆类名物词，并探讨了秦汉时期的车马制度及其文化内涵。⑦ 相关研究还有萧圣中的《曾侯乙墓竹简释文补正暨车马制度研究》、雷黎明的《从〈说文解字·车部〉字研读我国古代的车文化》、叶磊的《〈说文解字〉与古代行路文化初探》等。

（三）从历史文化的角度来解说交通的发展、交通工具的变化、交通设施的变迁、交通制度的演变等方面的知识

这类研究主要有白寿彝的《中国交通史》⑧、陈鸿彝的《中华交通史话》⑨、王崇焕的《中国古代交通》⑩、许嘉璐的《中国古代衣食住行》⑪、刘永华的《中国古代车舆马具》⑫等。

---

① 王作新：《舟船部件述要》，《文献》1999年第3期。
② 李素琴：《先秦同义词"舟、船"辨析》，《苏州教育学院学报》2002年第2期。
③ 胡世文：《古代汉语涉船类语词命名考释》，《浙江海洋学院学报（人文科学版）》2010年第2期。
④ 罗小华：《战国简册所见车马及其相关问题研究》，博士学位论文，武汉大学，2011。
⑤ 安甲甲：《〈周礼〉车马类名物词汇考》，硕士学位论文，西北师范大学，2014。
⑥ 于省吾：《殷代的交通工具和驲传制度》，《东北人民大学人文科学学报》1955年第2期。
⑦ 李润桃：《〈史记〉车舆类名物词与秦汉车制》，《河南社会科学》2009年第4期。
⑧ 白寿彝：《中国交通史》，团结出版社，2009。
⑨ 陈鸿彝：《中华交通史话》，中华书局，2013。
⑩ 王崇焕：《中国古代交通》，商务印书馆，2007。
⑪ 许嘉璐：《中国古代衣食住行》，北京出版社，2002。
⑫ 刘永华：《中国古代车舆马具》，清华大学出版社，2013。

综上所述，关于上古交通文化和交通词汇的研究不在少数，但研究成果主要集中于某部专书的交通词汇或某一类交通词汇的考证与文化阐释，并没有形成系统性研究。而且这些研究大多注重静态描写，不太注重动态考察。总之，对上古汉语交通词汇进行全面而系统的研究是十分必要的。本书尝试以上古汉语交通词汇为研究对象，从共时角度描绘上古汉语交通词汇的整体面貌，从历时角度分析上古汉语交通词汇引申脉络及词义演变的规律和机制，力图深化上古汉语交通词汇的研究。

第二节　研究目标与研究意义

本书的研究对象是上古汉语交通词汇，包括上古汉语车舆类交通词汇、舟船类交通词汇和道路类交通词汇。我们选取上古汉语交通词汇作为研究对象，就是想从共时角度描写交通词汇在上古各阶段的语义面貌，从历时角度描写上古交通词汇的引申脉络，最后从隐喻和转喻认知角度，揭示上古交通词汇演变的原因及规律。

一　研究目标

本书的研究目标包括以下几个方面。

（1）从共时角度描写交通词汇在上古各阶段的语义面貌，揭示其语义类别的系统性。

（2）从历时角度描写上古交通词汇的历时更替、词义演变的情况。

（3）对上古交通词汇进行穷尽性研究，描绘交通词词义引申脉络，归纳引申义的语义范畴。

（4）从隐喻和转喻认知角度，揭示上古交通词汇演变的原因及规律，归纳词义演变模式。

二　研究意义

本研究是对上古汉语交通类词汇进行穷尽性的整理和研究。其研究意义主要有以下几个方面。

（1）全面考察与整理上古汉语交通词汇，对词典中交通词汇的释义有一定的借鉴意义，亦有助于词典编纂中交通词汇的补充与校正。

（2）全面深入研究上古汉语交通词汇，有助于了解上古汉语交通词汇的基本面貌，丰富汉语词汇史研究。

（3）对上古汉语交通词汇词义演变与机制的研究，有助于揭示汉语词汇词义演变的规律。

（4）通过对上古汉语交通词汇的研究，也有助于推动我国古代特别是上古时期交通文化和交通制度的研究。

第三节　研究步骤与研究方法

本书以传统训诂学研究成果为基础，借鉴现代语义学的研究方法，同时结合认知语言学的相关理论进行研究。

一　研究步骤

（1）确定研究内容的框架。

（2）确定语料范围，提取上古汉语交通词。

首先，利用《汉语大词典》《汉语大字典》《辞源》《王力古汉语字典》《康熙字典》等工具书和《说文解字》《尔雅》《方言》等典型字书与辞典进行穷尽式搜集；然后，借助汉籍全文检索系统，对19部上古传世文献进行交通词的测查；最后，将上古传世文献中所见的交通词作为研究语料，列入研究范围。

作为断代词汇研究，本书采用徐朝华对汉语史分期的观点，将上古时期限定在东汉以前，殷商到春秋中期为上古前期，春秋后期到战国末期为上古中期，秦汉时期为上古后期。选取上古时期19部典籍文献作为研究的语料，具体有：

上古前期：《尚书》《诗经》《周易》

上古中期：《周礼》《仪礼》《春秋左传》《论语》《孟子》《庄子》《荀子》《韩非子》《吕氏春秋》《老子》《管子》《孙子兵法》

上古后期：《礼记》《战国策》《淮南子》《史记》

（3）整理异体字、古今字、通假字。

有些交通词由于异体、通假等原因，出现异形同词的情形，对于属于同一个词的异体字、古今字、通假字，本书将其合并为一个词，以"A/B/C……"的形式录入。

（4）描写每一个交通词的语义情况，划分类别并进行语义属性差异分析。根据《王力古汉语字典》《汉语大词典》《汉语大字典》《辞源》《说文解字》《尔雅》等辞书中的释义，结合传世文献测查的情况，解释每个交通词的语义，进而划分类别并进行语义属性的对比分析。具体研究内容包括以下几个方面。

①划分语义类别。根据每个交通词的语义特征进行类别划分，确定每个类别的成员。

②语义属性差异分析。利用"词项属性分析表"对同一类别的词语从类义素、核心义素、关涉义素等方面进行语义属性对比分析，探求词项的语义差别。

③生成属性对比分析。对每一个词项的词形结构和词义来源进行考察、对比分析。

④使用属性对比分析。利用"汉籍全文检索系统"测查每一个词项在上古传世文献中的使用情况，从而对比词语的使用时间与频率，并为词汇演变分析提供数据。

（5）探讨上古汉语交通词汇发展演变的总体特征，归纳上古汉语交通词汇的造词方法。

（6）分析上古汉语交通词汇的词义引申情况，探讨上古汉语交通词汇词义引申程度。

（7）归纳上古汉语交通词汇引申义的语义范畴，并进行词义引申的隐喻、转喻认知分析，总结上古汉语交通词汇词义演变模式。

二　研究方法

（一）描写与解释相结合

首先，对上古传世文献中的交通词汇进行测查，确定上古汉语交通词汇系统的基本面貌，按照语义特征划分类别，进而通过对比分析词项之间的异同,从而描写上古汉语交通词汇系统整体面貌并揭示上古汉语交通词汇的聚合特点与演变规律。其次,对上古汉语交通词汇的词义引申情况进行全面考察与描写,进而探究词义引申的规律与机制。

（二）定性与定量相结合

定量研究是汉语词汇研究的基本方法之一,对于辞书与字书中所见上古汉语交通词进行穷尽式的测查,在定量测查的基础上进行定性分析,将统计数据与典型例句相结合,考察词义特征与演变规律。

（三）共时与历时相结合

共时静态描写上古汉语交通词汇系统基本面貌与考察词汇词义历时动态演变相结合,从而揭示上古时期汉语交通词汇的产生、发展与演变规律,探究上古汉语交通词汇词义演变规律。

（四）历史文献和文化参照相结合

对于词义的解释,既充分考察辞书与文献的注解,又注意参考上古交通词汇在文化方面的考证,对同类别词语尽量全面、细致地进行对比分析。

第四节　研究的理论依据

本书研究的理论依据主要包括两个方面：一是语义学相关理论,二是认知语言学相关理论。

一　语义学相关理论

20世纪20~30年代,欧洲一些语言学家创立了有关语义场的理论,较为著名的有伊普森、波尔捷希和特里尔。他们在索绪尔思想的基础上,认为语言中的全部词汇构成一个完整的语义系统,系统中各个词项按意义聚合成若干个语义场,每个词的意义都取决于场中其他词的意义。

贾彦德将汉语的最小子场划分为十类：分类义场、部分义场、顺序义场、关系义场、反义义场、两极义场、部分否定义场、同义义场、枝干义场、描绘义场。① 符淮青把语义场称为词群,并根据词群成员的意义关系

---

① 参见贾彦德《汉语语义学》,北京大学出版社,1999,第152~175页。

对词群进行分类，主要类型有：同义近义词群、层次关系词群（上下位关系词群、整体部分关系词群、等级关系词群、亲属关系词群）、非层次关系词群、综合词群。① 岑运强根据语义场内词的不同特点，把语义场分为：同义义场、反义义场、多义义场、联想义场。② 张志毅、张庆云根据底层义场中义位之间的关系，分析出十种结构关系：同义结构、反义结构、上下义结构、类义结构、总分结构、交叉结构、序列结构、多义结构、构词结构、组合结构。③

语义场具有层次性。层级的区别主要在于是大的类还是小的类，"由于词项的语义概括能力不同，所以概括能力大的词项处于较高的层次，而概括能力小的词项处于较低的层次，这样就形成了语义场的层次性"④。同时语义场还具有系统性，表现为：属于同一级语义场的词语，其语义是相互关联、相互依存或相互制约的，如果没有关联，它们就不会构成一个系统。其实，"在早期训诂材料的纂集里，就已经存在着西方语义学所说的'语义场'概念。语义场对词汇意义的研究，既有探讨数量的作用，又有整理词汇系统与词义系统的作用"⑤。

构成语义系统的基本单位是义位。"一个词可以只有一个意义，但多数情况下有多种意义。每一个意义称为一个义位。"⑥ 语义系统内各义位之间存在着多种联系，如上下义关系、类义关系、同义关系、反义关系等。

在语义系统内部对各义位进行比较时，通常采取义素分析法。"义素分析法是现代西方语义学开始使用的一种深入到词的内部分析意义构成的方法。它借鉴了音位学上确立音位建立音位系统的方法，也试图来分析一种语言的义素构成，来分析它的意义构成方式、结构及整体系统。"⑦

"语义场""义位""义素"是语义学理论中的重要概念。以此为理

---

① 参见符淮青《词义的分析和描写》，外语教学与研究出版社，2006，第198~208页。
② 参见岑运强主编《语言学基础理论》，北京师范大学出版社，1994，第103~104页。
③ 参见张志毅、张庆云《词汇语义学》（第3版），商务印书馆，2012，第68~87页。
④ 周国光：《语义场的结构和类型》，《华南师范大学学报（社会科学版）》2005年第1期，第78页。
⑤ 王宁：《训诂学原理》，中国国际广播出版社，1996，第212页。
⑥ 蒋绍愚：《古汉语词汇纲要》，商务印书馆，2005，第37页。
⑦ 苏新春：《汉语词义学》，外语教学与研究出版社，2008，第299页。

论依据,对上古汉语交通词汇的语义系统和语义属性进行分析,有利于描写上古汉语交通词汇系统的基本面貌,比较词项间语义属性的异同。

二 认知语言学相关理论

(一) 范畴理论

对范畴定义的认知,主要有两种观点:经典范畴理论和原型范畴理论。

经典范畴又称特征范畴,以亚里士多德为代表,该理论认为:(1)范畴由范畴成员共有的一组充分必要特征来下定义;(2)特征是两分的,某一范畴具有或没有某一特征泾渭分明;(3)范畴之间有明确的边界,某一物体或因具备某一范畴的必备特性成为该范畴的一员,或因不具备某一范畴的必备特性而不是该范畴的一员,不存在既好像属于又好像不属于该范畴的情况;(4)同一范畴中各成员的地位是平等的,同一范畴内的成员由它们共有的一组充分必要特性来界定,不存在典型与非典型之分。亚里士多德根据这些共有特征把范畴概括为十类,这就是经典范畴的分类。

原型范畴阶段以维特斯坦为代表,针对经典范畴理论的缺陷,他首先提出了基于"家族相似性"的原型特征理论,后来不断有学者进行补充。该理论认为的主要观点如下。(1)范畴不一定能用一组充分必要特征来下定义。实体的范畴化是建立在好的、清楚的样本的基础之上的,然后将其他实例根据它们跟这些好的、清楚的样本在某些属性上的相似性而归入该范畴。这些好的、清楚的就是典型(原型),它们是非典型事例范畴化的参照点。这种根据与典型事例类比而得出的范畴就是原型范畴。实体是根据它们的属性来加以范畴化的,但这些属性并不是经典的范畴化理论中的那种两分的理论构件,而经常是个连续的标度。(2)范畴的边界是模糊的、不固定的。(3)同一范畴内的成员在说话人的心目中地位并不相等,有较好的样本与较差的样本之分,即成员资格有等级之分,较好的样本是这一范畴的典型成员,较差的样本是这一范畴的非典型成员。①

范畴理论所说的"原型"及其概念范畴内部成员之间的"家族相似

---

① 参见袁毓林《词类范畴的家族相似性》,《中国社会科学》1995年第1期,第157页。

性"联系，有助于我们分析上古汉语交通词汇内部各子系统成员之间的关系以及归纳引申义的语义范畴。

（二）隐喻、转喻理论

一词多义现象是人类认知能力的反映，隐喻和转喻认知机制在词语语义范畴形成过程中起了重要作用。[1] 从修辞学角度看，隐喻是一种语言现象，是一种用于修饰话语的辞格，现代隐喻理论摆脱了传统修辞学单纯从语言角度研究隐喻的局限，从认知的角度解释隐喻，认为隐喻不仅是一种语言现象，更是一种人类的认知现象，是人类用其在某一领域的经验来说明或理解另一领域经验的一种认知活动。Lakoff 等语言学家从隐喻的本质及哲学和方法论的角度对隐喻进行了新的、全方位的解析。他们认为，隐喻的实质就是通过另一类事物来理解和体验某一类事物。因此，在认知隐喻中存在两个概念域，一个是目的域，另一个是始源域，认知主体将始源域映射到目的域中，从而产生隐喻义。隐喻的基础是相似性，两种认知域或两类事物之间能够构成隐喻，就是因为具有相似性。

转喻历来也被视为一种修辞格。莱考夫和约翰逊首先把转喻说成是一个认知过程，这一认知过程可让我们通过一个事件与其他事件的关系对该事件进行概念化。转喻思维的作用就是在一个认知框架内，以具有突显性的事物概念替代相关的事物概念。可见，隐喻的基础是相似性，而转喻侧重的是两个范畴的相关性。"隐喻的来源域要具体，转喻的来源域要显著。"[2]

从隐喻和转喻认知角度分析上古汉语交通词汇的词义演变的认知机制，有助于探究上古汉语交通词汇词义引申的深层动因，进而总结词义演变的基本模式。

---

[1] 赵艳芳、周红：《语义范畴与词义演变的认知机制》，《郑州工业大学学报（社会科学版）》2000 年第 4 期，第 56 页。
[2] 陆俭明、沈阳：《汉语和汉语研究十五讲》，北京大学出版社，2003，第 426 页。

第二章
上古汉语交通词汇分类描写

上古时期，交通词汇非常丰富。本书的研究重点为上古汉语车舆类交通词汇、舟船类交通词汇和道路类交通词汇三部分。本章将车舆类交通词汇、舟船类交通词汇和道路类交通词汇各列为一节，从形制、功能、位置、方言、性质、方式、时间、使用者和系挽方法等方面对上古汉语交通词汇进行描写和分析。

第一节 车舆类交通词汇

"车舆"指陆地上的运输工具。上古时期的车舆已具备丰富的类型和称谓，其构造和形制已较为成熟和稳定。因此，本节将上古时期车舆类交通词汇分为车名类交通词汇和部件类交通词汇两类进行描写和分析。

一 车名类交通词汇

车名类交通词汇就是指上古时期某一种车舆的名称。根据语义特征，我们将车名类交通词汇分为总名类、乘用类、载运类、战车类和丧车类交通词汇五类。

（一）总名类交通词汇

总名类交通词汇就是指上古时期车舆的总称。上古时期，本类别共有3个词项：车、舆²/轝。

1. 总名类交通词汇词项的语义特征

【车】

车，陆地上有轮子的交通工具。《说文·车部》："车，舆轮之总名。夏后时奚仲所造。"段玉裁注："车之事多矣，独言舆轮者，以毂、辐、牙皆统于轮；轼、较、軫、轵、轛皆统于舆；輈与轴则所以行此舆轮者也。"王筠句读："郑氏《六艺论》：'黄帝佐官有七人，奚仲造车。然则黄帝时自有奚仲，夏后氏之车正与之同名耳。'"《诗·秦风·车邻》："有车邻邻，有马白颠。"《史记·秦始皇本纪》："一法度衡石丈尺。车同轨，书同文字。"

【舆²/轝】

舆²，本义指车箱，引申指车。《玉篇·车部》："舆，车乘也。"《后汉书·光武帝纪下》："葆车舆辇。"李贤注："舆者，车之总名也。"《急就篇》卷三："辐辒辕轴舆轮。"颜师古注："著轮曰车，无轮曰舆。"《老子》第八十章："虽有舟舆，无所乘之。"陆德明释文："舆，河上曰：车。"《史记·乐书》："所谓大路者，天子之舆也。"张守节正义："舆，车也。"

轝，同"舆²"。《墨子·公输》："今有人于此，舍其文轩，邻有敝轝，而欲窃之。"

2. 总名类交通词汇词项的属性差异

1) 上古前期

上古前期，本类别共有 2 个词项：车、舆²。

车，陆地上有轮子的交通工具。在所测查的文献中共 62 例，其中《诗经》55 例，《尚书》4 例，《周易》3 例。如：

(1) 有栈之车，行彼周道。(《诗·小雅·何草不黄》)
(2) 囚蔡叔于郭邻，以车七乘。(《书·蔡仲之命》)
(3) 初九，贲其趾，舍车而徒。(《易·贲》)

舆²，车。在所测查的文献中共 4 例，见于《周易》。如：

(4) 君子得舆，小人剥庐。(《易·剥》)

(5) 藩决不羸，壮于大舆之輹。(《易·大壮》)

2) 上古中期

上古中期，本类别共有3个词项：车、舆²/犨。

车，陆地上有轮子的交通工具。在所测查的文献中共744例，其中《左传》145例，《管子》73例，《国语》32例，《韩非子》77例，《老子》1例，《吕氏春秋》73例，《论语》8例，《孟子》8例，《墨子》78例，《孙子兵法》10例，《荀子》8例，《仪礼》32例，《周礼》169例，《庄子》30例。如：

(6) 宫室不观，舟车不饰，衣服财用，择不取费。(《左传·哀公元年》)

(7) 书同名，车同轨，此至正也。(《管子·君臣上》)

(8) 吾百姓之不图，唯舟与车。(《国语·越语下》)

(9) 故智者不乘推车，圣人不行推政也。(《韩非子·八说》)

(10) 三十辐共一毂，当其无，有车之用。(《老子》第十一章)

(11) 剑不徒断，车不自行，或使之也。(《吕氏春秋·用民》)

(12) 升车，必正立执绥。(《论语·乡党》)

(13) 王子宫室、车马、衣服多与人同，而王子若彼者，其居使之然也。(《孟子·尽心上》)

(14) 车为服重致远，乘之则安，引之则利。(《墨子·节用中》)

(15) 故车战，得车十乘以上，赏其先得者，而更其旌旗。(《孙子·作战篇》)

(16) 楚王后车千乘，非知也；君子啜菽饮水，非愚也，是节然也。(《荀子·天论》)

(17) 妇人降，即位于阶间。祖，还车不还器。(《仪礼·既夕礼》)

（18）舆人为车，轮崇，车广，衡长。（《周礼·考工记·舆人》）

（19）惠施多方，其书五车，其道舛驳，其言也不中。（《庄子·天下》）

舆²/轝，车。在所测查的文献中共57例，其中《左传》8例，《管子》3例，《国语》1例，《韩非子》9例，《吕氏春秋》6例，《论语》1例，《孟子》5例，《墨子》1例，《庄子》2例，《荀子》15例。如：

（20）栾枝使舆曳柴而伪遁，楚师驰之，原轸、郤溱以中军公族横击之。（《左传·僖公二十八年》）

（21）在舆有旅贲之规，位宁有官师之典。（《国语·楚语上》）

（22）故舆人成舆则欲人之富贵，匠人成棺则欲人之夭死也。（《韩非子·备内》）

（23）齐威王几弗受，惠子易衣变冠，乘舆而走，几不出乎魏境。（《吕氏春秋·不屈》）

（24）长沮曰："夫执舆者为谁？"（《论语·微子》）

（25）子产听郑国之政，以其乘舆济人于溱洧。（《孟子·离娄下》）

（26）大鞅万领，舆马女乐皆具。（《墨子·节葬下》）

（27）乘以王舆，王子搜援绥登车。（《庄子·让王》）

（28）假舆马者，非利足也，而致千里。（《荀子·劝学》）

《墨子》2例，《老子》1例，《吕氏春秋》3例，作"轝"。如：

（29）今有人于此，舍其文轩，邻有敝轝，而欲窃之。（《墨子·公输》）

（30）虽有舟轝，无所乘之；虽有甲兵，无所陈之。（《老子》第八十章）

（31）武王胜殷，入殷，未下轝，命封黄帝之后于铸，封帝尧之后于黎，封帝舜之后于陈。（《吕氏春秋·慎大》）

3）上古后期

上古后期，本类别共有2个词项：车、舆²。

车，在所测查的文献中共709例，其中《礼记》100例，《战国策》123例，《淮南子》95例，《史记》391例。如：

（32）君之适长殇，车三乘。(《礼记·檀弓下》)

（33）晚食以当肉，安步以当车，无罪以当贵，清静贞正以自虞。(《战国策·齐策四》)

（34）夫舟浮于水，车转于陆，此势之自然也。(《淮南子·主术训》)

（35）陆行载车，水行载舟，泥行蹈毳，山行即桥。(《史记·河渠书》)

舆²，车。在所测查的文献中共45例，其中《淮南子》12例，《战国策》3例，《史记》30例。如：

（36）收藏于后，迁舍不离，无淫舆，无遗辎，此舆之官也。(《淮南子·兵略训》)

（37）先帝无恙时，臣入则赐食，出则乘舆。(《史记·李斯列传》)

（38）今有人于此，舍其文轩，邻有弊舆而欲窃之。(《战国策·宋卫策》)

车舆总名类交通词汇都是陆地上交通工具的总称，共有3个词项。从形制上看，"车"有轮，"舆²/辇"无轮；从词义来源上看，"车"为约定俗成的本义，"舆²/辇"为引申义；从使用频次上看，"辇"仅见于上古中期，"车、舆²"见于上古前期，沿用到上古中期和后期，其中，"车"使用频次最高，共1515次。

车舆总名类交通词汇词项属性差异见表2-1，词频统计情况见表2-2。

表 2-1　总名类交通词汇词项属性分析

单位：次

词项				车	舆²/辇
语义属性	表义素	类义素		陆地上的交通工具	
		中心义素		总名	总名
		关涉义素	形制	有轮	无轮
生成属性		来源		约定俗成	引申
		结构		单纯结构	单纯结构
使用属性	使用频次	前期		62	4
		中期		744	57
		后期		709	45
		总计		1515	106

表 2-2　总名类交通词汇词频统计

单位：次

	文献	车	舆²	辇
上古前期	《尚书》	4		
	《诗经》	55		
	《周易》	3	4	
	总计	62	4	0
上古中期	《周礼》	169		
	《仪礼》	32		
	《老子》	1		1
	《左传》	145	8	
	《荀子》	8	15	
	《墨子》	78	1	2
	《管子》	73	3	
	《孙子兵法》	10		
	《吕氏春秋》	73	6	3
	《韩非子》	77	9	
	《国语》	32	1	
	《论语》	8		
	《孟子》	8	5	
	《庄子》	30	2	
	总计	744	51	6

续表

文献		车	舆[2]	辇
上古后期	《史记》	391	30	
	《淮南子》	95	12	
	《礼记》	100		
	《战国策》	123	3	
总计		709	45	0

（二）乘用类交通词汇

乘用类交通词汇指上古时期载人乘用车辆的名称。上古时期，本类别共有 37 个词项：翟、翟车、重翟、厌翟、轩/轩车[1]、皮轩、犀轩、鱼轩、辇车、小车、安车、轺/轺车、轺传、乘传、羊车、布车、辒辌/辒辌车、墨车、役车、栈车[1]、夏篆、夏缦、金路、象路、木路、玉路/大辂/大路、鸾车/栾车/鸾辂、钩车、藩、轞车。

1. 乘用类交通词汇词项的语义特征

【翟】

翟，古代用雉羽装饰的车子。《诗·卫风·硕人》："四牡有骄，朱帻镳镳，翟茀以朝。"毛传："翟，翟车也。夫人以翟羽饰车。"

【翟车】

翟车，古代后妃乘坐的以雉羽为饰的车子。《周礼·春官·巾车》："翟车，贝面组总，有握。"郑玄注："以翟饰车之侧……后所乘以出桑。"

【重翟】

重翟，古代王后祭祀时乘坐的车子。《周礼·春官·巾车》："王后之五路（辂），重翟，钖面朱总。"郑玄注："重翟，重翟雉之羽也……后从王祭祀所乘。"贾公彦疏："凡言翟者，皆谓翟鸟之羽，以为两旁之蔽。言重翟者，皆二重为之。"

【厌翟】

厌翟，后、妃、公主所乘的车。因以翟羽为蔽，故称。《周礼·春官·巾车》："厌翟，勒面缋总。"郑玄注："厌翟，次其羽使相迫也……

厌翟，后从王宾飨诸侯所乘。"

【辇车】

辇车，古代宫中用的一种便车，多用人挽拉。《周礼·春官·巾车》："辇车，组挽，有翣，羽盖。"

【轩/轩车[1]】

轩，古代供大夫一级官员乘坐的车。《说文·车部》："轩，曲辀藩车。"徐锴系传："轩，曲辀轓车也。……载物则直辀；轩，大夫以上车也。轓，两旁壁也。"段玉裁注："曲辀者，戴先生曰：'小车谓之辀，大车谓之辕。'人所乘欲其安，故小车畅毂梁辀，大车任载而已，故短毂直辕。"《左传·闵公二年》："卫懿公好鹤，鹤有乘轩者。"杜预注："轩，大夫车。"孔颖达疏引服虔云："车有藩曰轩。""藩"通"轓"，即车耳。车两旁反出如耳的部分，用以遮挡尘泥。一说指车的屏障，用以遮蔽车厢。唐慧琳《一切经音义》卷十五引《考声》："轩，安车也。"《史记·卫康叔世家》："苟能入我国，报子以乘轩，免子三死，毋所与。"裴骃集解引杜预曰："轩，大夫车也。"可见，"轩"应为大夫所乘，有上曲之辕，两旁有屏蔽的乘用车。

轩车[1]，有屏障的车，古代大夫以上所乘，后亦泛指车。《庄子·让王》："子贡乘大马，中绀而表素，轩车不容巷，往见原宪。"

【皮轩】

皮轩，古代用虎皮装饰的车子。汉司马相如《上林赋》："拖蜺旌，靡云旗，前皮轩，后道游。"郭璞注引文颖曰："皮轩，以虎皮饰车。天子出，道车五乘，游车九乘。"《汉书·霍光传》："驾法驾皮轩鸾旗，驱驰北宫、桂宫。"宋高承《事物纪原·舆驾羽卫·皮轩》："《通典》曰：皮轩车，汉制，以虎皮为轩。《宋朝会要》曰：汉制，前驱车也，取《曲礼》'前有士师则载虎皮'之义也。"

【鱼轩】

鱼轩，古代贵族妇女所乘的车，用鱼皮为饰。《左传·闵公二年》："归夫人鱼轩。"杜预注："鱼轩，夫人车，以鱼皮为饰。"

【犀轩】

犀轩，古代卿所乘的用犀皮装饰的车，后用以敬称人的行踪。《左

传·定公九年》:"与之犀轩与直盖,而先归之。"杜预注:"犀轩,卿车。"孔颖达疏:"犀轩,当以犀皮为饰也。"

【小车】

小车,马拉的轻车,与牛拉的"大车"相对而言。《论语·为政》:"大车无輗,小车无軏,其何以行之哉?"《释名·释车》:"小车,驾马轻小之车也。驾马宜轻,使之局小也。"

【安车】

安车,可以坐乘的小车。古车立乘,此为坐乘,故称安车,汉代或称小车,供年老的高级官员及贵妇人乘用。《周礼·春官·巾车》:"安车,雕面鹥总,皆有容盖。"郑玄注:"安车,坐乘车。凡妇人车皆坐乘。"《释名·释车》:"高车,其盖高,立载之车也。安车,盖卑,坐乘,今吏之乘小车也。"

高官告老还乡或征召有重望的人,往往赐乘安车。《礼记·曲礼上》:"大夫七十而致事,若不得谢,则必赐之几杖,行役以妇人,适四方,乘安车。"郑玄注:"安车,坐乘,若今小车也。"孔颖达疏:"古者乘四马之车,立乘。此臣既老,故乘一马小车,坐乘也。"安车多用一马,礼尊者则用四马。《汉书·张禹传》:"为相六岁,鸿嘉元年,以老病乞骸骨,上加优再三,乃听许。赐安车驷马,黄金百斤,罢就第。"安车车轮上还经常包裹蒲草,以免颠簸,以求平稳。《汉书·武帝纪》:"遣使者安车蒲轮,束帛加璧,征鲁申公。"颜师古注:"以蒲裹轮,取其安。"

【轺/轺车】

轺,一般小吏办理公事所乘用的轻便小车。一般是单马独辕,有盖,四面空敞,可远望。《说文·车部》:"轺,小车也。"《释名·释车》:"轺,遥也,遥远也。四向远望之车也。"《管子·海王》:"行服连、轺、辇者,必有一斤一锯一锥一凿。"《汉书·平帝纪》:"亲迎立轺并马。"颜师古注引服虔曰:"轺,立乘小车也。"由此可见,这种车主要是立乘的小车,它以四面敞露为特点。正因要立乘,所以车舆的盖(伞)也就要高。《续汉书·舆服志》刘昭注引徐广曰:"立乘曰高车,坐乘曰安车。"《释名·释车》:"安车,盖卑,坐乘。""立与坐,(盖)高与矮,这是轺车、安车的主要区别之一。"①

辎车，一马驾之轻便车。《墨子·杂守》："以辎车，轮轱，广十尺，辕长丈，为三辐，广六尺。"《史记·季布栾布列传》："朱家乃乘辎车之洛阳，见汝阴侯滕公。"司马贞索隐："谓轻车，一马车也。"

【乘传】

乘传，古代驿站用四匹下等马拉的车子。《史记·田儋列传》："田横乃与其客二人乘传诣雒阳。"裴骃集解引如淳曰："四马下足为乘传。"

【辎传】

辎传，马车，使者所乘之车。《史记·儒林列传》："于是天子使使束帛加璧安车驷马迎申公，弟子二人乘辎传从。"裴骃集解引徐广曰："马车。"《汉书·高帝纪下》："乘传诣雒阳。"颜师古注引三国魏如淳曰："律，四马高足为置传，四马中足为驰传，四马下足为乘传，一马二马为辎传。"

【羊车】

羊车，羊拉的小车，多用于宫廷或供儿童乘坐。《释名·释车》："羊车，羊，祥也，祥，善也，善饰之车。"又云："骡车、羊车，各以所驾名之也。"《周礼·考工记》："羊车二柯，有参分柯之一。"《考工记》关于羊车的性质语焉不详，《释名》对于羊车性质的描述前后不一。唐以后学者关于羊车性质的讨论也是歧见丛生。彭卫认为，中国古代"羊车"内涵复杂，同时这也是一个在历时上发生了变化的概念。在形制上包括小车、羊驾之车、马或牛牵引的丧用车、犊车、果下马驾车、人牵之车等。其中，以羊为驾的"羊车"出现时间不晚于商代晚期，西汉时这种"羊车"可能是皇帝的礼仪用车。东汉和晋以羊为驾的"羊车"依然存在，但自此之后"羊车"与以羊为驾便无关联了。② 鉴于"驾羊之车"的说法得到郭家庄商代墓葬 M148 坑出土实物的证实，③ 本书"羊车"形制取"驾羊之车"说。

---

① 郭德维：《楚车考索》，《东南文化》1993 年第 5 期，第 75 页。
② 彭卫：《"羊车"考》，《文物》2010 年第 10 期，第 71~74 页。
③ 彭卫：《"羊车"考》，《文物》2010 年第 10 期，第 72 页。

【布车】

布车,以布为帷幔的车。《史记·梁孝王世家》:"茅兰说王,使乘布车,从两骑入,匿于长公主园。"裴骃集解引张晏曰:"布车,降服,自比丧人。"顾炎武《日知录·史记注》:"乘布车,谓微服而行,使人不知耳,无'降服自比丧人'之意。"

【辒车/辒辌车】

辒车,古代可供人卧息的车,亦用作丧车。《说文·车部》:"辒,卧车也。"《韩非子·内储说上》:"吾闻数夜有乘辒车至李史门者,谨为我伺之。"《史记·秦始皇本纪》:"会暑,上辒车臭,乃诏从官令车载一石鲍鱼,以乱其臭。"

辒辌车,古代的卧车,亦用做丧车。"辒""辌"常连用。《说文·车部》:"辌,卧车也。"徐灏注笺:"此当作辒辌,卧车也。《史记·秦始皇纪》:'棺载辒凉车中。'凉与辌同。析言之,或单呼曰辒、曰辌。"《楚辞·招魂》:"轩辌既低,步骑罗些。"王逸注:"轩、辌,皆轻车名也。"洪兴祖补注:"辌,卧车也。"《史记·李斯列传》:"置始皇居辒辌车中。"裴骃集解引文颖曰:"辒辌车如今丧轜车也。"《汉书·霍光传》:"载光尸柩以辒辌车。"颜师古注:"辒辌本安车也,可以卧息。后因载丧,饰以柳翣,故遂为丧车耳。辒者密闭,辌者旁开窗牖,各别一乘,随事为名。后人既专以载丧,又去其一,总为藩饰,而合二名呼之耳。"

【夏篆】

夏篆,古代三孤(少师、少傅、少保)所乘以五彩雕刻为饰的车。《周礼·春官·巾车》:"孤乘夏篆,卿乘夏缦,大夫乘墨车,士乘栈车,庶人乘役车。"《宋史·舆服志二》:"夏篆者,篆其车而五采画之也。夏缦则五采画之而不篆。"

【夏缦】

夏缦,古代卿所乘坐的五彩车。《周礼·春官·巾车》:"卿乘夏缦。"郑玄注:"夏缦亦五采画,无瑑尔。"

【墨车】

墨车,不加纹饰的黑色车乘。依周制,为大夫所乘。《释名·释车》:

"墨车，漆之正黑，无文饰，大夫所乘也。"《周礼·春官·巾车》："大夫乘墨车。"郑玄注："墨车，不画也。"《仪礼·士昏礼》："主人爵弁，纁裳缁袘，从者毕玄端，乘墨车。"清袁枚《随园随笔·摘注〈论语〉》："诸侯乘墨车以朝，而囚服以见天子。偏驾者，在旁之副车也。"

【栈车[1]】

栈车[1]，古代用竹木制成的车，不张皮革，为士所乘。《周礼·春官·巾车》："服车五乘：孤乘夏篆，卿乘夏缦，大夫乘墨车，士乘栈车，庶人乘役车。"郑玄注："栈车不革鞔而漆之。"

【役车】

役车，供役之车，庶人所乘。《释名·释车》："役车，给役之车也。"《诗·唐风·蟋蟀》："蟋蟀在堂，役车其休。"郑玄笺："庶人乘役车。役车休，农事毕，无事也。"朱熹集传："庶人乘役车，岁晚则百工皆休矣。"《周礼·春官·巾车》："庶人乘役车。"郑玄注："役车，方箱，可载任器以共役。"贾公彦疏："庶人以力役为事，故名车为役车。""很明显，栈车、役车是一种车厢面积较大，既可载人又可载物的两用车。"①

【玉路/大辂/大路】

玉路，"路"通"辂"，帝王所乘玉饰的车子。《周礼·春官·巾车》："王之五路，一曰玉路。"郑玄注："玉路，以玉饰诸末。"贾公彦疏："言诸末者，凡车上之材于末头皆饰之，故云。"《晋书·舆服志》："玉、金、象三路，各以其物饰车，因以为名。革者漆革，木者漆木。其制，玉路最尊，建太常，十有二旒，九仞委地，画日月升龙，以祀天。"

大辂，古时天子所乘之车。《书·顾命》："大辂在宾阶面。"孔传："大辂，玉。"孔颖达疏："《周礼》巾车'掌王之五辂'，玉辂、金辂、象辂、革辂、木辂，是为五辂也……大辂，辂之最大，故知大辂玉辂也。"《礼记·乐记》："所谓大辂者天子之车也。"《史记·齐太公世家》："周襄王使宰孔赐桓公文武胙、彤弓矢、大路，命无拜。"

【金路】

金路，五路之一，古代帝王家乘用的饰金之车。《周礼·春官·巾

---

① 刘永华：《中国古代车舆马具》，清华大学出版社，2013，第106页。

车》:"金路,钩樊缨九就,建大旂,以宾,同姓以封。"郑玄注:"金路,以金饰诸末。"《新唐书·车服志》:"凡天子之车:曰玉路者,祭祀、纳后所乘也,青质,玉饰末;金路者,飨、射、祀还、饮至所乘也,赤质,金饰末。"

【象路】

象路,以象牙为饰的车子,为帝王所乘。《周礼·春官·巾车》:"象路,朱,樊缨七就,建大赤以朝,异姓以封。"郑玄注:"象路,以象饰诸末。"《释名·释车》:"天子所乘曰玉辂,以玉饰车也。辂亦车也,谓之辂也,言行于道路也。象辂、革辂、木辂,各随所以为饰名之也。"

【木路】

木路,指古代帝王所乘的一种车,只涂漆而不覆以革,亦无金、玉、象牙之饰。《周礼·春官·巾车》:"木路,前樊鹄缨。"郑玄注:"木路,不鞔以革,漆之而已。"

【钩车】

钩车,古夏后氏祀天时所乘之车。车前栏弯曲如钩,故称。《释名·释车》:"钩车,以行为阵,钩股曲直有正,夏所制也。"《礼记·明堂位》:"钩车,夏后氏之路也。"郑玄注:"钩,有曲舆者也。"孔颖达疏:"钩,曲也。舆则车床。曲舆,谓曲前阑也。"

【鸾车/栾车/鸾辂】

鸾车,有鸾铃的车乘,人君所乘的车。四马四镳八銮,行则铃声如鸾鸣。《礼记·明堂位》:"鸾车,有虞氏之路也。"郑玄注:"鸾,有鸾、和也。"

亦称栾车。《史记·封禅书》:"唯雍四時上帝为尊……時驹四匹,木禺龙栾车一驷,木禺车马一驷,各如其帝色。"司马贞索隐:"谓车有铃,铃乃有栾和之节,故取名也。"

亦称鸾辂。《吕氏春秋·孟春纪》:"天子居青阳左个,乘鸾辂,驾苍龙。"高诱注:"辂,车也。鸾鸟在衡,和在轼,鸣相应和。后世不能复致,铸铜为之,饰以金,谓之鸾辂也。"

【藩】

藩,四周有屏围的车,后作"藩车"。《左传·襄公二十三年》:"以藩载栾盈及其士。"《汉书·游侠传·陈遵》:"乘藩车,入闾巷。"颜师古注:"藩车,车之有屏蔽者。"

【辒车】

辒车,槛车,囚车。《史记·张耳陈馀列传》:"乃辒车胶致,与王诣长安。"张守节正义:"谓其车上着板,四周如槛形,胶密不得开,送致京师也。"《后汉书·朱祐传》:"祐辒车传丰送洛阳,斩之。"

2. 乘用类交通词汇词项的属性差异

1) 上古前期

上古前期,本类别共有 4 个词项:翟、轩、大辂、役车。

翟,古代用雉羽装饰的车子。在所测查的文献中仅 1 例,见于《诗经》。如下:

(39) 四牡有骄,朱幩镳镳,翟茀以朝。(《诗·卫风·硕人》)
——毛传:"翟,翟车也。夫人以翟羽饰车。"

轩,古代供大夫一级官员乘坐的车。在所测查的文献中仅 1 例,见于《诗经》。如下:

(40) 戎车既安,如轾如轩。(《诗·小雅·六月》)

大辂,天子所乘之车。在所测查的文献中仅 1 例,见于《尚书》。如下:

(41) 大辂在宾阶面。(《书·顾命》)

役车,供役之车,庶人所乘。在所测查的文献中仅 1 例,见于《诗经》。如下:

(42) 蟋蟀在堂,役车其休。(《诗·唐风·蟋蟀》)

2）上古中期

上古中期，本类别共有 27 个词项：翟车、厌翟、重翟、轩/轩车[1]、鱼轩、犀轩、小车、羊车、安车、轺/轺车、辎车、墨车、役车、夏篆、夏缦、象路、金路、玉路/大辂/大路、木路、鸾辂、藩、辇车、栈车[1]。

翟车，古代后妃乘坐的以雉羽为饰的车子。在所测查的文献中仅 1 例，见于《周礼》。如下：

（43）翟车，贝面组总，有握。（《周礼·春官·巾车》）
——郑玄注："以翟饰车之侧……后所乘以出桑。"

厌翟，后、妃、公主所乘的车。在所测查的文献中仅 1 例，见于《周礼》。如下：

（44）厌翟，勒面缋总。（《周礼·春官·巾车》）
——郑玄注："厌翟，次其羽使相迫也……厌翟，后从王宾飨诸侯所乘。"

重翟，古代王后祭祀时乘坐的车子。在所测查的文献中仅 1 例，见于《周礼》。如下：

（45）重翟，钖面朱总。（《周礼·春官·巾车》）
——郑玄注："重翟，重翟雉之羽也……后从王祭祀所乘。"
——贾公彦疏："凡言翟者，皆谓翟鸟之羽，以为两旁之蔽。言重翟者，皆二重为之。"

轩/轩车[1]，古代供大夫一级官员乘坐的车。轩，在所测查的文献中共 11 例，其中《左传》6 例，《韩非子》2 例，《墨子》2 例，《荀子》1 例。如：

（46）卫懿公好鹤，鹤有乘轩者。（《左传·闵公二年》）

——杜预注:"轩,大夫车。"

——孔颖达疏引服虔云:"车有藩曰轩。"

(47) 以功受赏,臣不德君,翟璜操右契而乘轩。(《韩非子·外储说左下》)

(48) 今有人于此,舍其文轩,邻有敝舆,而欲窃之。(《墨子·公输》)

(49) 乘轩戴绖,其与无足无以异。(《荀子·正名》)

轩车[1],在所测查的文献中仅1例,见于《庄子》。如下:

(50) 子贡乘大马,中绀而表素,轩车不容巷,往见原宪。(《庄子·让王》)

鱼轩,古代贵族妇女所乘的车,以鱼皮为饰。在所测查的文献中仅1例,见于《左传》。如下:

(51) 归夫人鱼轩。(《左传·闵公二年》)

——杜预注:"鱼轩,夫人车,以鱼皮为饰。"

犀轩,古代卿所乘的用犀皮装饰的车。在所测查的文献中仅1例,见于《左传》。如下:

(52) 与之犀轩与直盖,而先归之。(《左传·定公九年》)

——杜预注:"犀轩,卿车。"

——孔颖达疏:"犀轩,当以犀皮为饰也。"

小车,马拉的轻车。在所测查的文献中仅1例,见于《论语》。如下:

(53) 大车无輗,小车无軏,其何以行之哉?(《论语·为政》)

羊车，羊拉的小车。在所测查的文献中仅1例，见于《周礼》。如下：

（54）羊车二柯，有参分柯之一。（《周礼·考工记·车人》）

安车，可以坐乘的小车。在所测查的文献中仅1例，见于《周礼》。如下：

（55）安车，雕面鹥总，皆有容盖。（《周礼·春官·巾车》）
——郑玄注："安车，坐乘车。凡妇人车皆坐乘。"

轺/轺车，轻便小车。轺，在所测查的文献中仅1例，见于《管子》。如下：

（56）行服连、轺、辇者，必有一斤一锯一锥一凿。（《管子·海王》）

轺车，在所测查的文献中仅1例，见于《墨子》。如下：

（57）为轺车以梓，载矢以轺车。（《墨子·杂守》）

辒车，古代可供人卧息的车。在所测查的文献中共3例，均见于《韩非子》。如下：

（58）是以庞敬还公大夫，而戴欢诏视辒车。（《韩非子·内储说上》）

（59）吾闻数夜有乘辒车至李史门者，谨为我伺之。（《韩非子·内储说上》）

（60）不见辒车，见有奉笥而与李史语者，有间，李史受笥。（《韩非子·内储说上》）

墨车，不加纹饰的黑色车乘。在所测查的文献中共3例，其中《周礼》1例，《仪礼》2例。如：

(61) 大夫乘墨车。（《周礼·春官·巾车》）
——郑玄注："墨车，不画也。"
(62) 主人爵弁，纁裳缁袘，从者毕玄端，乘墨车。（《仪礼·士昏礼》）

役车，供役之车，庶人所乘。在所测查的文献中仅1例，见于《周礼》。如下：

(63) 大夫乘墨车，士乘栈车，庶人乘役车。（《周礼·春官·巾车》）

夏篆，古代三孤所乘以五彩雕刻为饰的车。在所测查的文献中仅1例，见于《周礼》。如下：

(64) 孤乘夏篆，卿乘夏缦，大夫乘墨车，士乘栈车，庶人乘役车。（《周礼·春官·巾车》）

夏缦，古代卿所乘坐的五采车。在所测查的文献中仅1例，见于《周礼》。如下：

(65) 孤乘夏篆，卿乘夏缦。（《周礼·春官·巾车》）
——郑玄注："夏缦亦五采画，无瑑尔。"

象路，以象牙为饰的车子，为帝王所乘。在所测查的文献中共2例，均见于《周礼》。如下：

(66) 象路，朱，樊缨七就，建大赤以朝，异姓以封。（《周礼·

春官·巾车》)

——郑玄注:"象路,以象饰诸末。"

(67) 道仆掌驭象路以朝夕、燕出入,其法仪如齐车。(《周礼·夏官·司马》)

金路,五路之一。古代帝王家乘用的饰金之车。在所测查的文献中共3例,均见于《周礼》。如:

(68) 金路,钩樊缨九就,建大旂,以宾,同姓以封。(《周礼·春官·巾车》)

——郑玄注:"金路,以金饰诸末。"

玉路/大辂/大路,帝王所乘玉饰的车子。玉路,在所测查的文献中共2例,见于《周礼》。如:

(69) 王之五路,一曰玉路。(《周礼·春官·巾车》)

——郑玄注:"玉路,以玉饰诸末。"

——贾公彦疏:"言诸末者,凡车上之材于末头皆饰之,故云。"

大辂,在所测查的文献中共3例,其中《左传》1例,《国语》1例,《吕氏春秋》1例。如下:

(70) 赐之大辂之服,戎辂之服。(《左传·僖公二十八年》)

(71) 赏服大辂,龙旗九旒,渠门赤旂,诸侯称顺焉。(《国语·齐语》)

(72) 天子居太庙太室,乘大辂,驾黄骝,载黄旂,衣黄衣,服黄玉,食稷与牛。(《吕氏春秋·季夏纪》)

大路,在所测查的文献中共13例,其中《左传》7例,《管子》1例,《韩非子》1例,《荀子》4例。如:

(73) 遂下拜登受，赏服大路。(《管子·匡君小匡》)

(74) 夏后氏没，殷人受之，作为大路，而建九旒。(《韩非子·十过》)

(75) 故天子大路越席，所以养体也。(《荀子·礼论》)

木路，指古代帝王所乘的一种车，只涂漆而不覆以革，亦无金、玉、象牙之饰。在所测查的文献中仅1例，见于《周礼》。如下：

(76) 木路，前樊鹄缨。(《周礼·春官·巾车》)
——郑玄注："木路，不鞔以革，漆之而已。"

鸾辂，天子王侯所乘之车。在所测查的文献中共3例，均见于《吕氏春秋》。如：

(77) 天子居青阳左个，乘鸾辂，驾苍龙。(《吕氏春秋·孟春纪》)

藩，四周有屏围的车。在所测查的文献中仅1例，见于《左传》。如下：

(78) 以藩载栾盈及其士。(《左传·襄公二十三年》)

辇车，古代宫中用的一种便车，多用人挽拉。在所测查的文献中仅1例，见于《周礼》。如下：

(79) 辇车，组挽，有翣，羽盖。(《周礼·春官·巾车》)

栈车[1]，在所测查的文献中仅1例，见于《周礼》。如下：

(80) 服车五乘：孤乘夏篆，卿乘夏缦，大夫乘墨车，士乘栈

车，庶人乘役车。(《周礼·春官·巾车》)

——郑玄注："栈车不革鞔而漆之。"

3) 上古后期

上古后期，本类别共有 16 个词项：轩、轺车、轺传、乘传、皮轩、小车、安车、布车、辒车/辒辌车、大辂/大路、钩车、鸾车/栾车、辒车。

轩，古代供大夫一级官员乘坐的车。在所测查的文献中共 8 例，其中《战国策》3 例，《史记》5 例。如：

(81) 是以嬖女不敝席，宠臣不避轩。(《战国策·楚策一》)

(82) 殷事已毕，偃革为轩。(《史记·留侯世家》)

轺车，一马驾之轻便车。在所测查的文献中共 5 例，均见于《史记》。如：

(83) 朱家乃乘轺车之洛阳，见汝阴侯滕公。(《史记·季布栾布列传》)

——司马贞索隐："谓轻车，一马车也。"

轺传，使者所乘之车。在所测查的文献中仅 1 例，见于《史记》。如下：

(84) 安车驷马迎申公，弟子二人乘轺传从。(《史记·儒林列传》)

乘传，古代驿站用四匹下等马拉的车子。在所测查的文献中共 9 例，见于《史记》。如：

(85) 田横乃与其客二人乘传诣雒阳。(《史记·田儋列传》)

——裴骃集解引如淳曰："四马下足为乘传。"

皮轩，古代用虎皮装饰的车子。在所测查的文献中仅 1 例，见于《史记》。如下：

（86）靡云旗，前皮轩，后道游。（《史记·司马相如列传》）

小车，马拉的轻车。在所测查的文献中仅 1 例，见于《史记》。如下：

（87）坐祠宗庙乘小车，夺百户。（《史记·建元以来侯者年表》）

安车，可以坐乘的小车。在所测查的文献中共 6 例，其中《礼记》1 例，《史记》5 例。如：

（88）适四方，乘安车。（《礼记·曲礼上》）
——郑玄注："安车，坐乘，若今小车也。"
（89）于是送以安车驾驷，束帛加璧，黄金百镒。（《史记·孟子荀卿列传》）

布车，以布为帷幔的车。在所测查的文献中仅 1 例，见于《史记》。如下：

（90）既至关，茅兰说王，使乘布车，从两骑入，匿于长公主园。（《史记·梁孝王世家》）

辒车/辒辌车，古代可供人卧息的车。辒车，在所测查的文献中仅 1 例，见于《史记》。如下：

（91）会暑，上辒车臭，乃诏从官令车载一石鲍鱼，以乱其臭。（《史记·秦始皇本纪》）

辒辌车，在所测查的文献中共 2 例，见于《史记》。如下：

（92）置始皇居辒辌车中，百官奏事上食如故，宦者辄从辒辌车中可诸奏事。（《史记·李斯列传》）

大辂/大路，天子所乘之车。大辂，在所测查的文献中仅 1 例，见于《史记》。如下：

（93）赐大辂，彤弓矢百，旅弓矢千，秬鬯一卣，珪瓒，虎贲三百人。（《史记·晋世家》）

大路，在所测查的文献中共 17 例，其中《淮南子》3 例，《礼记》8 例，《史记》6 例。如：

（94）乘大路，建九斿，撞大钟，击鸣鼓，奏咸池，扬干戚。（《淮南子·氾论训》）

（95）大路繁缨一就，先路三就，次路五就。（《礼记·郊特牲》）

钩车，夏后氏祀天时所乘之车。在所测查的文献中仅 1 例，见于《礼记》。如下：

（96）钩车，夏后氏之路也。（《礼记·明堂位》）
——郑玄注："钩，有曲舆者也。"
——孔颖达疏："钩，曲也。舆则车床。曲舆，谓曲前阑也。"

鸾车/栾车，有鸾铃的车乘。鸾车，在所测查的文献中仅 1 例，见于《礼记》。如下：

（97）鸾车，有虞氏之路也。（《礼记·明堂位》）

——郑玄注："鸾，有鸾、和也。"

銮车，在所测查的文献中仅1例，见于《史记》。如下：

（98）唯雍四畤上帝为尊……畤驹四匹，木禺龙銮车一驷，木禺车马一驷，各如其帝色。（《史记·封禅书》）
——司马贞索隐："谓车有铃，铃乃有銮和之节，故取名也。"

轞车，槛车，囚车。在所测查的文献中仅1例，见于《史记》。如下：

（99）乃轞车胶致，与王诣长安。（《史记·张耳陈馀列传》）

乘用类交通词汇都是上古时期载人乘用车辆的名称，共有37个词项。其中单音词4个：翟、轩、轺、藩；复音词33个：翟车、重翟、厌翟、轩车[1]、皮轩、犀轩、鱼轩、小车、安车、轺车、轺传、羊车、布车、辒车/辒辌车、墨车、役车、夏篆、夏缦、金路、象路、木路、玉路/大辂/大路、鸾车/銮车、鸾辂、钩车、轞车、辇车、乘传、栈车[1]。该类词汇的具体语义属性可以通过形制和功能等特征进行区分。

该类别4个单音词中，"轩、轺"的词义来源为约定俗成的本义，"翟、藩"为引申义。从使用频次上看，"翟"仅见于上古前期，"轺、藩"仅见于上古中期，使用频次都较低；"轩"见于上古各时期，且使用频次较高，共20次。

该类别33个复音词均为偏正式构词方式。从使用频次上看，"翟车、重翟、厌翟、辇车、鱼轩、犀轩、羊车、墨车、夏篆、夏缦、象路、金路、木路、鸾辂、栈车[1]、轩车[1]"仅见于上古中期，使用频次较低；"皮轩、乘传、轺传、布车、钩车、鸾车/銮车、轞车"仅见于上古后期，使用频次较低；"役车"见于上古前期和中期，使用频次较低；"安车、小车、轺车、辒车/辒辌车"见于上古中期和后期；"玉路/大辂/大路"见于上古各时期，使用频次最高，共37次。

乘用类交通词汇词项属性差异见表2-3，词频统计情况见表2-4、2-5、2-6。

表2-3 乘用类交通词汇词项属性分析

单位：次

词项	类义素	语义属性 中心义素	语义属性 表义素 关涉义素 形制	语义属性 表义素 关涉义素 功能	生成属性 来源	生成属性 结构	使用属性 使用频次 前期	使用属性 使用频次 中期	使用属性 使用频次 后期	使用属性 使用频次 总计
翟	载人乘用的车辆	专名	雉羽装饰	后妃乘用	引申	单纯	1	—	—	1
翟车		专名	以雉羽为饰；贝面组总	后妃乘用	语素组合	复合	—	1	—	1
重翟		专名	以雉羽为饰；钖面朱总	王后祭祀时乘用	语素组合	复合	—	1	—	1
厌翟		专名	以雉羽为饰；勒面缋总	后妃乘用	语素组合	复合	—	1	—	1
安车		专名	坐乘；雕面鷖总，盖低	年老的高级官员及贵妇人乘用	语素组合	复合	—	1	6	7
辇车		专名	人挽拉；有翣羽盖	后妃乘用	语素组合	复合	—	1	—	1
轩		专名	曲輈；有屏蔽	大夫一级官员乘用	约定俗成	单纯	1	11	8	20
轩车[1]		专名			语素组合	复合	—	1	—	1
皮轩		专名	以虎皮为饰	前驱	语素组合	复合	—	—	1	1
鱼轩		专名	以鱼皮为饰	贵族妇女乘用	语素组合	复合	—	1	—	1
犀轩		专名	以犀皮为饰	卿所乘用	语素组合	复合	—	1	—	1
小车		专名	马拉；轻小	供人乘用	语素组合	复合	—	1	1	2

第二章　上古汉语交通词汇分类描写 | 043

续表

词项	语义属性				生成属性		使用属性			
	类义素	表义素			来源	结构	使用频次			
		中心义素	关涉义素				前期	中期	后期	总计
			形制	功能						
羊车	载人乘用的车辆	专名	羊拉；轻小	宫廷或儿童乘用	语素组合	复合	—	1	—	1
軺		专名	立乘；盖高；四面敞露	一般小吏办理公事所乘用	约定俗成	单纯	—	1	—	1
軺车		专名			语素组合	复合	—	1	5	6
乘传		专名	四匹下等马拉	驿站专用	语素组合	复合	—	—	9	9
軺传		专名	一马或二马拉	驿站专用	语素组合	复合	—	—	1	1
布车		专名	以布为帷幔	隐匿而行	语素组合	复合	—	—	1	1
钩车		专名	车前栏弯曲如钩	夏后氏乘用	语素组合	复合	—	—	1	1
辒车/辒辌车		专名	有窗牖	卧息	语素组合	复合	—	3	3	6
墨车		专名	黑色；不加纹饰	大夫乘用	语素组合	复合	—	3	—	3
栈车[1]		专名	竹木；不张皮革	士所乘用	语素组合	复合	—	1	—	1
役车		专名	方箱	庶人乘用	语素组合	复合	1	1	—	2
夏篆		专名	以五彩雕刻为饰	三孤乘用	语素组合	复合	—	1	—	1
夏缦		专名	五彩画，无雕刻	卿所乘用	语素组合	复合	—	1	—	1
象路		专名	以象牙为饰	帝王乘用	语素组合	复合	—	2	—	2
金路		专名	以金为饰	帝王乘用	语素组合	复合	—	3	—	3
玉路/大辂/大路		专名	以玉为饰	帝王乘用	语素组合	复合	1	18	18	37

续表

词项	语义属性					生成属性		使用属性			
^	类义素	表义素				来源	结构	使用频次			
^	^	中心义素	关涉义素			^	^	前期	中期	后期	总计
^	^	^	^	形制	功能	^	^	^	^	^	^
木路	载人乘用的车辆	专名	只涂漆，而不覆以革	帝王乘用	语素组合	复合	—	1	—	1
鸾车/栾车/鸾辂	^	专名	有鸾铃	帝王乘用	语素组合	复合	—	3	2	5
藩	^	专名	四周有屏蔽	供人乘用	引申	单纯	—	1	—	1
轞车	^	专名	车上着板，四周如槛形	押运囚犯	语素组合	复合	—	—	1	1

表 2-4　乘用类交通词汇词频统计（1）

单位：次

	文献	翟	翟车	重翟	厌翟	安车	辇车	轩	轩车[1]	皮轩	鱼轩	犀轩
上古前期	《尚书》											
^	《诗经》	1						1				
^	《周易》											
^	总计	1	0	0	0	0	0	1	0	0	0	0
上古中期	《周礼》		1	1	1	1	1					
^	《仪礼》											
^	《老子》											
^	《左传》							6			1	1
^	《荀子》							1				
^	《墨子》							2				
^	《管子》											
^	《孙子兵法》											
^	《吕氏春秋》											
^	《韩非子》							2				
^	《国语》											
^	《论语》											
^	《孟子》											
^	《庄子》								1			
^	总计	0	1	1	1	1	1	11	1	0	1	1

续表

	文献	翟	翟车	重翟	厌翟	安车	辇车	轩	轩车[1]	皮轩	鱼轩	犀轩
上古后期	《史记》					5		5		1		
	《淮南子》											
	《礼记》					1						
	《战国策》							3	0			
	总计	0	0	0	0	6	0	8	0	1	0	0

表 2-5　乘用类交通词汇词频统计（2）

单位：次

	文献	轺	轺车	乘传	轺传	钩车	辒车	辒辌车	小车	羊车	布车	鸾车	栾车	鸾辂	藩	轞车
上古中期	《周礼》								1							
	《仪礼》															
	《老子》															
	《左传》														1	
	《荀子》															
	《墨子》		1													
	《管子》	1														
	《孙子兵法》															
	《吕氏春秋》												3			
	《韩非子》						3									
	《国语》															
	《论语》								1							
	《孟子》															
	《庄子》															
	总计	1	1	0	0	0	3	0	1	1	0	0	0	3	1	0
上古后期	《史记》		5	9	1		1	2	1		1		1			1
	《淮南子》															
	《礼记》					1				1						
	《战国策》															
	总计	0	5	9	1	1	1	2	1	0	1	1	1	0	0	1

表 2-6　乘用类交通词汇词频统计（3）

文献		夏篆	夏缦	墨车	栈车[1]	役车	象路	金路	玉路	大辂	大路	木路
上古前期	《尚书》									1		
	《诗经》					1						
	《周易》											
	总计	0	0	0	0	1	0	0	0	1	0	0
上古中期	《周礼》	1	1	1	1	1	2	3	2			1
	《仪礼》			2								
	《老子》											
	《左传》									1	7	
	《荀子》										4	
	《墨子》											
	《管子》										1	
	《孙子兵法》											
	《吕氏春秋》										1	
	《韩非子》										1	
	《国语》									1		
	《论语》											
	《孟子》											
	《庄子》											
	总计	1	1	3	1	1	2	3	2	3	13	1
上古后期	《史记》									1	6	
	《淮南子》										3	
	《礼记》										8	
	《战国策》											
	总计	0	0	0	0	0	0	0	0	1	17	0

（三）载运类交通词汇

载运类交通词汇就是指上古时期载货运物车舆的名称。上古时期，本类别共有 14 个词项：大车/牛车、重/重车、辇/连、辎/辎车、辒/辒车、葱灵、轏/栈车[2]、柏车。

1. 载运类交通词汇词项的语义特征

【大车/牛车】

大车，古代用牛拉的车子。《论语·为政》："大车无輗，小车无軏，其何以行之哉？"何晏集解引包咸曰："大车，牛车……小车，驷马车。"《周礼·考工记·车人》："大车崇三柯。"郑玄注："大车，平地载任之车。"大车当指牛车，主要用于平地运载货物。

牛车，用牛拉的车。《韩非子·内储说上》："市南门之外甚众牛车，仅可以行耳。"《资治通鉴·汉景帝后三年》："汉兴，接秦之弊，作业剧而财匮，自天子不能具钧驷，而将相或乘牛车，齐民无藏盖。"胡三省注引颜师古曰："以牛驾车也。余据汉时以牛车为贱，魏晋以后，王公始多乘牛车。"

【柏车】

柏车，行于山地的大车。《周礼·考工记·车人》："柏车，毂长一柯，其围二柯，其辐一柯，其渠二柯者三，五分其轮崇，以其一为之牙围。"郑玄注："柏车，山车。"清王宗涑《考工记考辨》："柏车牝服最短，盖以山险难行而少其任载也。"可见，"大车"与"柏车"都是驾牛之车，"大车"用于平地；"柏车"用于山地，车厢较小，载运量较少。

【辇/连】

辇，人挽或推的车。《说文·车部》："辇，挽车也……在车前引之。"段玉裁注："辇设辂于车前，用索挽之。"《六书故·工事三》："辇，车用人挽者也。"《诗·小雅·黍苗》："我任我辇，我车我牛。"《周礼·地官·乡师》："大军旅会同，正治其徒役，与其輂辇。"郑玄注："辇，人挽行，所以载任器也。止以为蕃营。《司马法》曰：夏后氏谓辇曰余车，殷曰胡奴车，周曰辎辇。"《汉书·货殖传》："秦破赵，迁卓氏之蜀，夫妻推辇行。"颜师古注："步车曰辇。"

连，古时用人拉的车。《说文·辵部》："连，负车也。"段玉裁注："连即古文辇也。《周礼·乡师》'輂辇'郑玄注：故书辇作连。"《管子·海王》："行服连、轺、辇者，必有一斤一锯一锥一凿，若其事立。"尹知章注："连，辇名，所以载任器，人挽者。"

"秦汉之后,皇帝既没有古代的尚武精神,又毕生生活在皇宫之中,所以经常乘坐没有马惊车覆之患的'辇',这样一来,'辇'就成为帝王的专车了。"①《通典·礼·嘉》:"夏氏末代制辇,秦以辇为人君之乘,汉因之。"唐慧琳《一切经音义》卷二十七引《玉篇》:"天子、皇后所乘车曰辇也。"《汉书·霍光传》:"王入朝太后还,乘辇欲归温室。"

【輂/輂车】

輂,用马拉的大车。《说文·车部》:"輂,大车驾马也。"段玉裁注:"古大车多驾牛,其驾马者则谓之輂。"《周礼·地官·乡师》:"大军旅会同,正治其徒役,与其輂辇。"郑玄注:"輂,驾马;辇,人挽行,所以载任器也。""輂,驾马所以载辎重。辇,所以载任器。"《史记·淮南衡山列传》:"令男子但等七十人与棘蒲侯柴武太子奇谋,以輂车四十乘反谷口。"裴骃集解引徐广曰:"大车驾马曰輂。""其车辕粗大,而且上昂的曲度较小。在为了增加行车的稳定性而设法降低衡、辕支点的高度的过程中,这种车型在东汉中、晚期得到推广。"②

輂车,马驾的大车。《史记·淮南衡山列传》:"以輂车四十乘反谷口。"裴骃集解引徐广曰:"大车驾马曰輂。"

【重/重车】

重,军中载运粮食、器物的车子。《左传·襄公十年》:"孟氏之臣秦堇父辇重如役。"孔颖达疏:"重者车名也。载物必重,谓之重;人挽以行谓之辇。"

重车,军中载运粮食、器物的车子。《史记·卫将军骠骑列传》:"(霍去病)少而侍中,贵,不省士。其从军,天子为遣太官赍数十乘,既还,重车余弃粱肉,而士有饥者。"《汉书·朱买臣传》:"买臣随上计吏为卒,将重车至长安,诣阙上书。"颜师古注:"载衣食具曰重车。"

【辒/辒车】

辒,古代一种有帷盖的大车。《说文·车部》:"辒,軿车前、衣车后也。"《左传·定公九年》:"寝于其中而逃。"孔颖达疏:"《说文》云,

---

① 王凤阳:《古辞辨》,吉林文史出版社,1993,第214页。
② 孙机:《中国古代马车的系驾法》,《自然科学史研究》1984年第2期,第175页。

辎，軿衣车也，前后有蔽。"《释名·释车》："辎軿之形同。有邸曰辎，无邸曰軿。"毕沅疏证："《宋书·礼志》引《字林》曰：'軿车有衣蔽无后辕，其有后辕者谓之辎。'"《史记·孙子吴起列传》："而孙子为师，居辎车中，坐为计谋。"

辎车，古代有帷盖的车子。既可载物，又可作卧车。《史记·穰侯列传》："穰侯出关，辎车千乘有余。"《后汉书·桓荣传》："即拜佚为太子太傅，而以荣为少傅，赐以辎车、乘马。"

【轏/栈车²】

轏，带棚可以卧息的辎重车，亦称"栈车"。《古今韵会举要·清韵》："轏，通作栈。"《左传·成公二年》："丑父寝于轏中，蛇出于其下。"孔颖达疏："轏与栈字异音义同耳。"杨伯峻注："音栈，亦即栈车，竹木之车也。"

栈车²，带棚可以卧息的辎重车。《说文·木部》："棚，栈也。"又云："栈，棚也。竹木之车曰栈。"《韩非子·外储说左下》："栈车牝马，粝饼菜羹。""可知栈车的棚盖是由竹木条片编织而成，不鞔革，无巾盖。是一种极为简陋的辎重车。"[①]

【葱灵】

葱灵，一种有窗棂的装载衣物的轿车。葱，通"窗"。《左传·定公九年》："载葱灵，寝于其中而逃。"杜预注："葱灵，辎车名。"孔颖达疏："贾逵云：'葱灵，衣车也，有葱有灵。'然则此车前后有蔽，两旁开葱，可以观望。葱中竖木谓之灵。"

2. 载运类交通词汇词项的属性差异

1) 上古前期

上古前期，本类别共有2个词项：大车、辇。

大车，古代用牛拉的车子。在所测查的文献中共6例，其中《诗经》5例，《周易》1例。如：

（100）大车槛槛，毳衣如菼。（《诗·王风·大车》）

[①] 杨英杰：《战车与车战》，东北师范大学出版社，1986，第81页。

（101）大车以载，有攸往，无咎。(《易·大有》)

辇，人挽或推的车。在所测查的文献中仅 1 例，见于《诗经》。如下：

（102）我任我辇，我车我牛。(《诗·小雅·黍苗》)

2）上古中期

上古中期，本类别共有 11 个词项：大车/牛车、辇/连、重、辎、輂、柏车、輴/栈车^2、葱灵。

大车/牛车，古代用牛拉的车子。大车，在所测查的文献中共 8 例，其中《论语》1 例，《周礼》3 例，《孙子兵法》1 例，《国语》1 例，《左传》2 例。如：

（103）大车无輗，小车无軏，其何以行之哉？(《论语·为政》)

——何晏集解引包咸曰："大车，牛车……小车，驷马车。"

（104）今夫大车之辕挚，其登又难。既克其登，其覆车也必易。(《周礼·考工记·辀人》)

（105）丘牛大车，十去其六。(《孙子兵法·作战篇》)

（106）梁山崩，以传召伯宗，遇大车当道而覆。(《国语·晋语五》)

（107）狄虒弥建大车之轮。(《左传·襄公十年》)

牛车，在所测查的文献中仅 1 例，见于《韩非子》。如下：

（108）市南门之外甚众牛车，仅可以行耳。(《韩非子·内储说上》)

辇/连，人挽或推的车。辇，在所测查的文献中共 9 例，其中《左

传》1例,《管子》2例,《吕氏春秋》1例,《国语》1例,《韩非子》4例。如:

(109) 齐庆克通于声孟子,与妇人蒙衣乘辇而入于闳。(《左传·成公十七年》)

(110) 男女当壮,扶辇推舆,相睹树下,戏笑超距,终日不归。(《管子·轻重丁》)

(111) 出则以车,入则以辇,务以自佚,命之曰招蹷之机。(《吕氏春秋·本生》)

(112) 是行也,以藩为军,攀辇即利而舍。(《国语·晋语八》)

(113) 兹郑子引辇上高梁而不能支。(《韩非子·外储说右下》)

连,在所测查的文献中仅1例,见于《管子》。如下:

(114) 行服连、轺、辇者,必有一斤一锯一锥一凿,若其事立。(《管子·海王》)

——尹知章注:"连,辇名,所以载任器,人挽者。"

重,载重车。在所测查的文献中共2例,均见于《左传》。如下:

(115) 楚重至于邲。(《左传·宣公十二年》)
(116) 孟氏之臣秦堇父辇重如役。(《左传·襄公十年》)

——孔颖达疏:"重者车名也。载物必重,谓之重;人挽以行谓之辇。"

辒,古代一种有帷盖的大车。在所测查的文献中仅1例,见于《管子》。如下:

(117) 乡师车辎造修之具，其缮何若？(《管子·问》)

葱灵，一种有窗棂的装载衣物的轿车。在所测查的文献中共2例，均见于《左传》。如下：

(118) 载葱灵，寝于其中而逃。追而得之，囚于齐。(《左传·定公九年》)

(119) 又以葱灵逃，奔晋，适赵氏。(《左传·定公九年》)

輂，用马拉的大车。在所测查的文献中共2例，见于《周礼》《管子》。如下：

(120) 大军旅会同，正治其徒役，与其輂辇。(《周礼·地官·乡师》)

(121) 行服连、轺、輂者，必有一斤一锯一锥一凿，若其事立。(《管子·海王》)

轏/栈车^2，古代用竹木条做成的车。轏，在所测查的文献中仅1例，见于《左传》。如下：

(122) 丑父寝于轏中，蛇出于其下。(《左传·成公二年》)

栈车^2，在所测查的文献中仅1例，见于《韩非子》。如下：

(123) 栈车牝马，栃饼菜羹。(《韩非子·外储说左下》)

柏车，行于山地的大车。在所测查的文献中共2例，见于《周礼》。如：

(124) 柏车，毂长一柯，其围二柯，其辐一柯，其渠二柯者三，

五分其轮崇，以其一为之牙围。(《周礼·考工记·车人》)

——郑玄注："柏车，山车。"

3）上古后期

上古后期，本类别共有 6 个词项：大车/牛车、辇、重车、辎车、輂车。

大车/牛车，古代用牛拉的车子。大车，在所测查的文献中共 6 例，其中，《淮南子》1 例，《史记》5 例。如：

(125) 牛，其死也，葬以大车为荐。(《淮南子·氾论训》)

(126) 吾马病，车轴折，非大车驷马，吾固不出。(《史记·范雎蔡泽列传》)

牛车，在所测查的文献中共 6 例，其中，《淮南子》1 例，《史记》5 例。如：

(127) 牛车绝辚。(《淮南子·说山训》)

(128) 载以牛车，有棺无椁。(《史记·酷吏列传》)

辇，人挽或推的车。在所测查的文献中共 12 例，其中，《战国策》2 例，《淮南子》1 例，《史记》9 例。如：

(129) 老妇恃辇而行。(《战国策·赵策四》)

(130) 再鼓，负辇粟而至。(《淮南子·人间训》)

(131) 卓氏见虏略，独夫妻推辇，行诣迁处。(《史记·货殖列传》)

重车，装载衣食用具的车子。在所测查的文献中仅 1 例，见于《史记》。如下：

（132）既还，重车余弃粱肉，而士有饥者。（《史记·卫将军骠骑列传》）

辎车，古代有帷盖的车子。在所测查的文献中共 8 例，均见于《史记》。如：

（133）穰侯出关，辎车千乘有余。（《史记·穰侯列传》）
（134）于是乃以田忌为将，而孙子为师，居辎车中，坐为计谋。（《史记·孙子吴起列传》）
（135）上虽病，强载辎车，卧而护之，诸将不敢不尽力。（《史记·留侯世家》）

辇车，马驾的大车。在所测查的文献中仅 1 例，见于《史记》。如下：

（136）以辇车四十乘反谷口。（《史记·淮南衡山列传》）
——裴骃集解引徐广曰："大车驾马曰辇。"

载运类交通词汇都是上古时期载物运货车辆的名称，共有 14 个词项。其中单音词 6 个，重、辇/连、辇、辎、辌；复音词 8 个，大车/牛车、重车、辇车、辎车、葱灵、栈车^2、柏车。

该类别 6 个单音词中，"辇/连、辇、辎、辌"的词义来源为约定俗成的本义，"重"为引申义；8 个复音词中，"葱灵"为联合式构词方式，其他为偏正式构词方式。该类词汇的具体语义属性可以通过形制和功能等特征进行区分。

从使用频次上看，"辎、连、辇、重、辌/栈车^2、柏车、葱灵"仅见于上古中期，"辇车、辎车、重车"仅见于上古后期，且使用频次较低；"大车/牛车、辇"见于上古各时期，使用频次较高，其中"辇"的使用频次最高，共 22 次。

载运类交通词汇词项属性差异见表 2-7，词频统计情况见表 2-8。

表 2-7 载运类交通词汇词项属性分析

单位：次

词项	类义素	语义属性 中心义素	表义素 关涉义素 形制	关涉义素 功能	生成属性 来源	结构	使用属性 使用频次 前期	中期	后期	总计
大车/牛车	载物运货的车辆	专名	驾牛	载物；行于平原	语素组合	复合	6	9	12	27
柏车		专名	驾牛	载物；行于山地	语素组合	复合	—	2	—	2
輂		专名	驾马；车辕粗大，上昂曲度较小	载物	约定俗成	单纯	—	2	—	2
輂车					语素组合	复合	—	—	1	1
辇/连		专名	人力	载物	约定俗成	单纯	1	10	12	23
辎		专名	驾牛；有帷盖	载物；卧息	约定俗成	单纯	—	1	—	1
辎车					语素组合	复合	—	—	8	8
重		专名	驾牛	载军用物资	引申	单纯	—	2	—	2
重车					语素组合	复合	—	—	1	1
輚		专名	竹木棚盖；不鞔革；无巾盖	载物；寝息	约定俗成	单纯	—	1	—	1
栈车[2]					语素组合	复合	—	1	—	1
葱灵		专名	有窗櫺	载衣物	语素组合	复合	—	2	—	2

表 2-8 载运类交通词汇词频统计

文献		大车	牛车	重	重车	柏车	辇	辇车	辇	连	辒	辒车	輂	栈车[2]	蒽灵
上古前期	《尚书》														
	《诗经》	5						1							
	《周易》	1													
	总计	6	0	0	0	0	0	1	0	0	0	0	0	0	0
上古中期	《周礼》	3			2	1									
	《仪礼》														
	《老子》														
	《左传》	2		2				1			1			2	
	《荀子》														
	《墨子》														
	《管子》					1		2	1	1					
	《孙子兵法》	1													
	《吕氏春秋》							1							
	《韩非子》		1					4					1		
	《国语》	1						1							
	《论语》	1													
	《孟子》														
	《庄子》														
	总计	8	1	2	0	2	2	0	9	1	1	0	1	1	2
上古后期	《史记》	5	5		1			1	9			8			
	《淮南子》	1	1					1							
	《礼记》														
	《战国策》							2							
	总计	6	6	0	1	0	0	1	12	0	0	8	0	0	0

（四）战车类交通词汇

战车类交通词汇就是上古时期用于陆上战斗车舆的名称。上古时期，本类别共有 15 个词项：冲/冲车、轻车/轏车、䩥车、楼车、轩车、巢车[2]、轒辒、戎车、戎路、革路、元戎、苹车、武刚车。

1. 战车类词项的语义特征

【冲/冲车】

冲，古代用以冲击敌阵或敌城的战车。《左传·定公八年》："主人焚冲。"杜预注："冲，战车。"《战国策·齐策五》："攻城之费，百姓理襜蔽，举冲橹，家杂总，身窟穴，中罢于刀金。"鲍彪注："冲，陷阵车。"

冲车，古兵车名。用以冲城攻坚。《六韬·军用》："大扶胥冲车三十六乘，螳螂武士共载，可以击纵横，败强敌。"旧注："扶胥，车上之蔽。冲车，从旁冲击者也。"《淮南子·览冥训》："大冲车，高重京。"高诱注："冲车，大铁著其辕端，马被甲，车被兵，所以冲于敌城也。""大体说来，其基本特点是輎傅金、马披甲、轮有刃、衡作剑、舆披甲。"①

【轻车/輶车】

轻车，兵车，为兵车中最轻便者。《说文》："轻，轻车也。"段玉裁注："轻，本车名，故字从车。"《孙子·行军篇》："轻车先出其侧者，阵也。"

《周礼·春官·车仆》："车仆掌戎路之萃，广车之萃，阙车之萃，苹车之萃，轻车之萃。"郑玄注："轻车，所用驰敌致师之车也。"孙诒让正义："轻车在五戎中最为便利，宜于驰骤，故用为驰敌致师之车，又兼用之田狩也。"桂馥义证："轻车也者，其用有二：《埤苍》：'轻车辕两尾。'《楚辞·九辩》：'前轻辌之锵锵兮'……此言坐乘轻小之车也。《周礼·春官·车仆》：'掌轻车之萃。'注云：'轻车所用驰敌致师之车也。'……此言军旅之轻车也。"《续汉书·舆服志》："轻车，古之战车也。洞朱轮舆，不巾不盖，建矛戟幢麾。"可见，轻车无巾无盖，是比较轻便、灵活，多用来冲锋之战车。

輶车，古代一种轻便的车。《诗·秦风·驷驖》："輶车鸾镳，载猃歇骄。"郑玄笺："轻车，驱逆之车也。"马瑞辰通释："轻车，古为战车，田时盖以为副车。"

【輣车/楼车/轩车²/巢车】

輣车，有望楼的战车。《说文·车部》："輣，兵车也。"《史记·淮南

---

① 杨英杰：《战车与车战》，东北师范大学出版社，1986，第62页。

衡山列传》:"王乃使孝客江都人救赫、陈喜作辒车镞矢。"裴骃集解引徐广曰:"辒车,战车也。"《后汉书·光武帝纪上》:"或为地道,冲辒橦城。"李贤注引许慎曰:"辒,楼车也。"

楼车,战车,上设望楼,用以瞭望敌人。《史记·郑世家》:"于是楚登解扬楼车,令呼宋。"服虔曰:"楼军,所以窥望敌军,兵法所谓'云梯'也。"杜预曰:"楼车,车上望橹也。"《史记·五宗世家》:"淮南王谋反时,寄微闻其事,私作楼车镞矢战守备,候淮南之起。"应劭曰:"楼车,所以窥看敌国营垒之虚实也。"索隐曰:"《左传》云'登楼车以窥宋人',谓看敌国营垒之虚实也。"

轩车[2],即楼车。《墨子·备城门》:"今之世常所以攻者……轒辒、轩车,敢问守此十二者奈何?"孙诒让间诂:"此攻城轩车,未详其制。《左宣十五年传》云'登诸楼车',杜注云'车上望橹'。此轩车疑即楼车。"

巢车,军中窥敌的兵车,车上有用辘轳升降的瞭望台,人在台中,如鸟在巢,故名。巢车,亦作"轈""轈车"。《说文·车部》:"轈,兵高车加巢以望敌也。《春秋传》曰:'楚子登轈车。'"段玉裁注:"今《左传》作巢车。杜曰:'巢车,车上为橹。'……服虔曰:'楼车,所以窥望敌军,《兵法》所谓云梯者。'杜曰:'楼车,车上望橹。'"《玉篇·车部》:"轈,兵车若巢以望敌也。"《左传·宣公十五年》:"登诸楼车,使呼宋人而告之。"杨伯峻注:"楼车盖即成十六年传之巢车,盖兵车之较高者,所以望敌。"《左传·成公十六年》:"楚子登巢车以望晋军。"陆德明释文:"巢,《说文》作'轈',云'兵车高如巢,以望敌也'。"

【轒辒】

轒辒,古代的战车,用于攻城。《孙子·谋攻篇》:"修橹轒辒,具器械,三月而后成。"杜牧注:"轒辒,四轮车,排大木为之,上蒙以生牛皮,下可容十人,往来运土填堑,木石所不能伤,今所谓木驴是也。"

一说指古代北方少数民族用的战车。《文选·扬雄〈长杨赋〉》:"碎轒辒,破穹庐。"李善注引应劭曰:"轒辒,匈奴车也。"《汉书·扬雄传》:"砰轒辒,破穹庐。"应昭曰:"轒辒,匈奴车也。"《通典》:"攻城战具,作四轮车,上以绳为脊,生牛皮蒙之,下可藏十人,填隍推之,直抵城下，可以攻掘，金、火、木、石所不能败，谓之轒辒车。"

【戎车】

戎车，兵车。《书·牧誓》："武王戎车三百两，虎贲三百人。"《诗·小雅·采薇》："戎车既驾，四牡业业。"《后汉书·张衡传》："夫战国交争，戎车竞驱。"戎车采用单辕、两轮、后面辟门的横长方形车厢。车辕前端有衡，上缚轭，用以驾马。左右旋转，以弓箭射击敌人，或近距离格斗。戎车装有青铜部件，目的在于增加坚牢程度，便于纵横驰骋，在交战中不致损坏，常为君王及其亲兵所乘。

【戎路/革路】

戎路，古代帝王军中所乘的车，后泛指兵车。《周礼·春官·车仆》："车仆，掌戎路之萃。"郑玄注："戎路，王在军所乘也。"《左传·庄公九年》："我师败绩，公丧戎路，传乘而归。"

革路，古代帝王所乘的一种兵车。覆之以革，无他饰，用于作战或巡视诸侯国土或四境。《周礼·春官·巾车》："革路，龙勒，条缨五就，建大白，以即戎，以封四卫。"郑玄注："革路，鞔之以革而漆之，无他饰。"孙诒让正义："'革路'者，五路之四也。《戎右》谓之戎车，《左·庄六年传》谓之戎路。"

【元戎】

元戎，大的兵车。《诗·小雅·六月》："元戎十乘，以先启行。"朱熹集传："元，大也。戎，戎车也。"《释名·释车》："元戎车在军前启突敌阵，周所制也。"《史记·三王世家》："虚御府之藏以赏元戎，开禁仓以振贫穷，减戍卒之半。"

【苹车】

苹车，有屏蔽的车。《周礼·春官·车仆》："车仆掌戎路之萃，广车之萃，阙车之萃，苹车之萃，轻车之萃。"郑玄注："苹，犹屏也，所用对敌自蔽隐之车也。"孙诒让正义："苹，犹屏也。此车盖以韦革周匝四面为屏蔽，故对敌时可蔽隐以避矢石也。"

【武刚车】

武刚车，战车名。《汉书·卫青霍去病传》："于是青令武刚车自环为营。"张晏曰:"兵车也。"《后汉书·舆服志上》:"吴孙《兵法》云:'有巾有盖,谓之武刚车。'武刚车者,为先驱。又为属车轻车,为后殿焉。"

2. 战车类交通词汇词项的属性差异

1) 上古前期

上古前期,本类别共有 4 个词项:冲、戎车、元戎、輶车。

冲,古代用以冲击敌阵或敌城的战车。在所测查的文献中仅 1 例,见于《诗经》。如下:

(137) 以尔钩援,与尔临冲,以伐崇墉。(《诗·大雅·皇矣》)

——毛传:"冲,冲车也。"

——孔颖达疏:"冲者,从旁冲突之称。"

戎车,兵车。在所测查的文献中共 6 例,其中,《尚书》1 例、《诗经》5 例。如下:

(138) 武王戎车三百两,虎贲三百人。(《书·牧誓》)

(139) 角弓其觩,束矢其搜,戎车孔博,徒御无斁。(《诗·鲁颂·泮水》)

元戎,大的兵车。在所测查的文献中仅 1 例,见于《诗经》。如下:

(140) 元戎十乘,以先启行。(《诗·小雅·六月》)

——朱熹集传:"元,大也。戎,戎车也。"

輶车,古代一种轻便的车。在所测查的文献中仅 1 例,见于《诗经》。如下:

(141) 輶车鸾镳,载猃歇骄。(《诗·秦风·驷驖》)

——郑玄笺:"轻车,驱逆之车也。"

2) 上古中期

上古中期,本类别共有 11 个词项:冲、轻车、巢车/楼车/轩车^2、轒辒、戎车、戎路/革路、元戎、苹车。

冲,在所测查的文献中共 2 例,见于《左传》《墨子》。如下:

(142) 主人焚冲。(《左传·定公八年》)

(143) 今之世常所以攻者:临、钩、冲、梯、堙、水、穴、突、空洞、蚁傅、轒辒、轩车,敢问守此十二者奈何?(《墨子·备城门》)

轻车,兵车。在所测查的文献中共 6 例,其中《周礼》1 例,《左传》1 例,《管子》3 例,《孙子兵法》1 例。如:

(144) 车仆掌戎路之萃,广车之萃,阙车之萃,苹车之萃,轻车之萃。(《周礼·春官·车仆》)

——郑玄注:"轻车,所用驰敌致师之车也。"

(145) 有自晋师告寅者,将为轻车千乘,以厌齐师之门,则可尽也。(《左传·哀公二十七年》)

(146) 百乘之国,……为轻车百乘,为马四百匹。千乘之国,……为轻车千乘,为马四千匹。万乘之国,……为轻车万乘,为马四万匹。(《管子·揆度》)

(147) 轻车先出其侧者,阵也。(《孙子·行军篇》)

巢车/楼车/轩车^2,军中窥敌的兵车。巢车,在所测查的文献中仅 1 例,见于《左传》。如下:

(148) 楚子登巢车以望晋军。(《左传·成公十六年》)

楼车，在所测查的文献中仅 1 例，见于《左传》。如下：

（149）登诸楼车，使呼宋人而告之。（《左传·宣公十五年》）

轩车[2]，在所测查的文献中仅 1 例，见于《墨子》。如下：

（150）今之世常所以攻者……轒辒、轩车，敢问守此十二者奈何？（《墨子·备城门》）
——孙诒让间诂："此攻城轩车，未详其制。《左宣十五年传》云'登诸楼车'，杜注云'车上望橹'。此轩车疑即楼车。"

轒辒，古代的战车，用于攻城。在所测查的文献中共 5 例。其中，《墨子》4 例，《孙子兵法》1 例。如：

（151）计四有方，必善以船为轒辒。（《墨子·备水》）
（152）视水可决，以临轒辒。（《墨子·备水》）
（153）修橹轒辒，具器械，三月而后成。（《孙子·谋攻篇》）

戎车，兵车。在所测查的文献中共 6 例。其中，《周礼》1 例，《左传》3 例，《国语》1 例，《吕氏春秋》1 例，如：

（154）唯吾子戎车是利，无顾土宜。（《左传·成公二年》）
（155）戎士冻馁，戎车待游车之裂，戎士待陈妾之余。（《国语·齐语》）
（156）刘康公乃儆戎车卒士以待之。（《吕氏春秋·精谕》）
（157）戎右掌戎车之兵革使。（《周礼·夏官·司马》）

戎路/革路，古代帝王军中所乘的车。戎路，在所测查的文献中共 6 例，其中，《周礼》1 例，《左传》2 例，《吕氏春秋》3 例。如：

(158) 车仆，掌戎路之萃。(《周礼·春官·车仆》)

(159) 公丧戎路，传乘而归。(《左传·庄公九年》)

(160) 天子居总章右个，乘戎路，驾白骆，载白旂，衣白衣，服白玉，食麻与犬。(《吕氏春秋·季秋纪》)

革路，在所测查的文献中仅1例，见于《周礼》。如下：

(161) 革路，龙勒，条缨五就，建大白，以即戎，以封四卫。(《周礼·春官·巾车》)
　　——郑玄注："革路，鞔之以革而漆之，无他饰。"
　　——孙诒让正义："'革路'者，五路之四也。《戎右》谓之戎车，《左·庄六年传》谓之戎路。"

元戎，大兵车。在所测查的文献中共2例，均见于《左传》。如下：

(162) 元戎十乘，以先启行。(《左传·宣公十二年》)

(163) 元戎十乘，以先启行。(《左传·昭公十三年》)

苹车，有屏蔽的车。在所测查的文献中，仅见于《周礼》1例：

(164) 车仆掌戎路之萃，广车之萃，阙车之萃，苹车之萃，轻车之萃。(《周礼·春官·车仆》)
　　——郑玄注："苹，犹屏也，所用对敌自蔽隐之车也。"
　　——孙诒让正义："苹，犹屏也。此车盖以韦革周匝四面为屏蔽，故对敌时可蔽隐以避矢石也。"

3）上古后期

上古后期，本类别共有8个词项：轻车、軿车/楼车、戎车、戎路、元戎、冲车、武刚车。

轻车，兵车。在所测查的文献中共17例，其中《淮南子》1例，《史记》15例，《战国策》1例。如：

(165) 末世之御，虽有轻车良马，劲策利锻，不能与之争先。（《淮南子·原道训》）

(166) 太仆公孙贺为轻车将军，出云中。（《史记·卫将军骠骑列传》）

(167) 使轻车锐骑冲雍门。（《战国策·齐策一》）

輣车/楼车，军中窥敌的兵车。輣车，在所测查的文献中共2例，均见于《史记》。如下：

(168) 言孝作輣车镞矢，与王御者奸，欲以败孝。（《史记·淮南衡山列传》）

(169) 王乃使孝客江都人救赫、陈喜作輣车镞矢。（《史记·淮南衡山列传》）

楼车，在所测查的文献中共2例，均见于《史记》。如下：

(170) 于是楚登解扬楼车，令呼宋。（《史记·郑世家》）

(171) 淮南王谋反时，寄微闻其事，私作楼车镞矢战守备，候淮南之起。（《史记·五宗世家》）

戎车，兵车。在所测查的文献中仅1例，见于《史记》。如下：

(172) 乃遵文王，遂率戎车三百乘，虎贲三千人，甲士四万五千人，以东伐纣。（《史记·周本纪》）

戎路，古代帝王军中所乘的车。在所测查的文献中仅1例，见于《礼记》。如下：

(173) 天子居总章左个，乘戎路，驾白骆。(《礼记·月令》)

元戎，大兵车。在所测查的文献中仅 1 例，见于《史记》。如下：

(174) 虚御府之藏以赏元戎，开禁仓以振贫穷，减戍卒之半。(《史记·三王世家》)

武刚车，战车名。在所测查的文献中仅 1 例，见于《史记》。如下：

(175) 于是大将军令武刚车自环为营，而纵五千骑往当匈奴。(《史记·卫将军骠骑列传》)

冲车，在所测查的文献中仅 1 例，见于《淮南子》。如下：

(176) 大冲车，高重京。(《淮南子·览冥训》)

战车类交通词汇都是上古时期用于陆上战斗车辆的名称，共有 15 个词项。其中单音词 1 个，冲；复音词 14 个，冲车、轻车/辒车、輣车/巢车/楼车/轩车²、轒辒、戎车、戎路/革路、元戎、苹车、武刚车。

该类别词汇中，"冲"的词义来源为引申义，14 个复音词均为偏正式构词方式。该类词汇的具体语义属性可以通过形制和功能等特征进行区分。

从使用频次上看，"辒车"仅见于上古前期，使用频次较低；"革路、輣车、巢车、苹车、轒辒"仅见于上古中期，使用频次较低；"冲车、武刚车、轩车²"仅见于上古后期，使用频次较低；"冲"见于上古前期和中期，使用频次较低；"楼车、戎路、轻车"见于上古中期和后期，其中"轻车"使用频次最高，共 23 次；"戎车、元戎"见于上古各时期，其中"戎车"使用频次较高，共 13 次。

战车类交通词汇词项属性差异见表 2-9，词频统计情况见表 2-10。

表 2-9 战车类交通词汇词项属性分析

单位：次

词项	语义属性				生成属性		使用属性			
	类义素	表义素			来源	结构	使用频次			
		中心义素	关涉义素				前期	中期	后期	总计
			形制	功能						
戎车	作战用的车辆	专名	单辕、两轮、后面辟门的横长方形车厢	进攻	语素组合	复合	6	6	1	13
戎路/革路		专名	大；鞔之以革，无他饰	帝王指挥作战	语素组合	复合	—	7	1	8
棚车/楼车/轩车²/巢车		专名	有望楼	侦察	语素组合	复合	—	3	4	7
苹车		专名	韦革周匝四面为屏蔽	防守	语素组合	复合	—	1	—	1
轻车/轘车		专名	无巾无盖；轻便，灵活	冲锋陷阵	语素组合	复合	1	6	17	24
元戎		专名	军前；大	冲锋陷阵	语素组合	复合	1	2	1	4
轒辒		专名	大；上蒙牛皮，下容十数人	攻城	语素组合	复合	—	5	—	5
冲		专名	辀傅金，马披甲，轮有刃，衡作剑，舆披甲	冲城攻坚	引申	单纯	1	2	—	3
冲车					语素组合	复合	—	—	1	1
武刚车		专名	有巾有盖，外绑长矛，内置大盾	载兵进攻	语素组合	复合	—	—	1	1

表 2-10 战车类交通词汇词频统计

单位：次

文献		戎车	戎路	革路	棚车	楼车	轩车²	巢车	苹车	轻车	轘车	元戎	轒辒	冲	冲车	武刚车
上古前期	《尚书》	1														
	《诗经》	5								1	1	1				
	《周易》															
	总计	6	0	0	0	0	0	0	0	1	1	0	1	0	0	

续表

文献		戎车	戎路	革路	輣车	楼车	轩车²	巢车	苹车	轻车	辒车	元戎	辒辌	冲	冲车	武刚车
上古中期	《周礼》	1	1	1					1	1						
	《仪礼》															
	《老子》															
	《左传》	3	2			1		1		1		2		1		
	《荀子》															
	《墨子》						1						4	1		
	《管子》									3						
	《孙子兵法》									1			1			
	《吕氏春秋》	1	3													
	《韩非子》															
	《国语》	1														
	《论语》															
	《孟子》															
	《庄子》															
	总计	6	6	1	0	1	1	1	1	6	0	2	5	2	0	0
上古后期	《史记》	1			2	2				15		1				1
	《淮南子》									1				1		
	《礼记》		1													
	《战国策》									1						
	总计	1	1	0	2	2	0	0	0	17	0	1	0	0	1	1

（五）丧车类交通词汇

丧车类交通词汇都是上古时期用于丧葬车辆的名称。上古时期，本类别共有13个词项：丧车、辌、龙辌、栈/柩车/蜃车、广柳车、輼车、木车、素车、藻车、駹车、漆车。

1. 丧车类交通词汇词项语义特征

【丧车】

丧车，送葬者坐的车子。《周礼·春官·巾车》："王之丧车五乘。"

孙诒让正义："丧车，生人所乘。"《礼记·杂记上》："端衰、丧车皆无等。"孔颖达疏："丧车者，孝子所乘恶车也。"

【辁】

辁，载柩车。《礼记·丧服大记》："君殡用辁，攒至于上，毕涂屋。"《吕氏春秋·节丧》："世俗之行丧，载之以大辁。"

【龙辁】

龙辁，载天子棺柩的车，其车辕画以龙。《礼记·檀弓上》："天子之殡也。菆涂龙辁以椁。"郑玄注："天子殡以辁车，画辕为龙。""死者等级不同，殡棺之具也不同，天子用龙辁载棺，周围攒木象椁之形，然后整个进行涂饰。诸侯用辁，但不画龙，也攒木围起涂之。"①

【栈/柩车/蜃车】

栈，柩车。《说文·木部》："栈，竹木之车曰栈。"《仪礼·既夕礼》："主人哭拜稽颡，成踊，宾奠币于栈，左服出。"郑玄注："栈，谓柩车也。"贾公彦疏："栈车，柩车，即蜃车。四轮迫地，无漆饰。"

柩车，载柩之车。《淮南子·说山训》："曾子攀柩车，引輴者为之止也。"

蜃车，载棺的丧车。《周礼·地官·遂师》："大丧，使帅其属以幄帟先，道野役及窆，抱磨，共丘笼及蜃车之役。"郑玄注："蜃车，柩路也，柩路载柳，四轮迫地而行，有似于蜃，因取名焉。"

【广柳车】

广柳车，运载棺柩的大车，柳为棺车之饰。《史记·季布栾布列传》："乃髡钳季布，衣褐衣，置广柳车中，并与其家僮数十人，之鲁朱家所卖之。"裴骃集解引邓展曰："皆棺饰也，载以丧车，欲人不知也。"

【輲车】

輲车，没有辐条，以圆木作车轮的车子，用以运载棺柩。《礼记·杂记上》："大夫以布为輤而行，至于家而说輤，载以輲车，入自门，至于阼阶下而说车。"郑玄注："輲，读为辁，或作槫。许氏《说文解字》曰：

---

① 高崇文：《再论西汉诸侯王墓车马殉葬制度》，《考古》2008年第11期，第86页。

'有辐曰轮，无辐曰辁。'"孙希旦集解："戴氏震曰：'輲车，四轮迫地而行，其轮无辐。然郑以为即辁，亦非也。輲者，车之名；辁者，轮之名。'……愚谓在道载柩载尸，皆以輲车，以其上有四周，下有四轮，又轮用全木，承载稳，行地安，而无倾败之患也。"

【木车】

木车，帝王丧葬时所用的一种车子，不加漆饰。《周礼·春官·巾车》："王之丧车五乘，木车，蒲蔽，犬𧞤，尾囊，疏饰，小服皆疏。"郑玄注："木车，不漆者。"

【素车】

素车，帝王丧葬时所用的一种车子，以白土涂刷。《周礼·春官·巾车》："素车，棼蔽，犬𧞤，素饰。小服皆素。"郑玄注："素车，以白土垩车也。"

【藻车】

藻车，帝王丧葬时所用的一种车子，车身垩青色土。《周礼·春官·巾车》："藻蔽，鹿浅𧞤，革饰。"

【駹车】

駹车，帝王丧葬时所用的一种车子，车侧有漆，以蓬草席作车蔽。《周礼·春官·巾车》："雚蔽，然𧞤，髹饰。"

【漆车】

漆车，帝王丧葬时所用的一种车子，漆以黑色。《周礼·春官·巾车》："漆车，藩蔽，豻𧞤，雀饰。"

2. 丧车类交通词汇词项属性差异

1）上古前期

上古前期，本类别没有成员。

2）上古中期

上古中期，本类别共有9个词项：輴、丧车、素车、木车、漆车、藻车、駹车、栈/蜃车。

輴，载柩车。在所测查的文献中仅1例，见于《吕氏春秋》。如下：

（177）世俗之行丧，载之以大輴。（《吕氏春秋·节丧》）

栈/蜃车,柩车。栈,在所测查的文献中仅 1 例,见于《仪礼》。如下:

(178) 主人哭拜稽颡,成踊,宾奠币于栈,左服出。(《仪礼·既夕礼》)

——郑玄注:"栈,谓柩车也。"

蜃车,在所测查的文献中共 2 例,均见于《周礼》。如下:

(179) 大丧,使帅其属以幄帟先,道野役及窆,抱磨,共丘笼及蜃车之役。(《周礼·地官·遂师》)

(180) 大丧,帅蜃车与其役以至,掌其政令,以听于司徒。(《周礼·地官·稍人》)

丧车,送葬者坐的车子。在所测查的文献中共仅 1 例,见于《周礼》。如下:

(181) 王之丧车五乘。(《周礼·春官·巾车》)

素车,古代凶、丧事所用之车,以白土涂刷。在所测查的文献中仅 1 例,见于《周礼》。如下:

(182) 素车,棼蔽。(《周礼·春官·巾车》)

——郑玄注:"素车,以白土垩车也。"

木车,帝王丧葬时所用的一种车子,不加漆饰。在所测查的文献中仅 1 例,见于《周礼》。如下:

(183) 王之丧车五乘,木车,蒲蔽,犬𧞤,尾橐,疏饰,小服皆疏。(《周礼·春官·巾车》)

漆车，漆以黑色之车。在所测查的文献中仅1例，见于《周礼》。如下：

(184) 漆车，藩蔽，豻𧛟，雀饰。(《周礼·春官·巾车》)

藻车，帝王丧葬时所用的一种车子，车身涂以苍草色。在所测查的文献中仅1例，见于《周礼》。如下：

(185) 藻车，藻蔽，鹿浅𧜡，革饰。(《周礼·春官·巾车》)

駹车，帝王丧葬时所用的一种车子，车侧有漆，以蓬草席作车蔽。在所测查的文献中仅1例，见于《周礼》。如下：

(186) 駹车，雚蔽，然𧜡，髹饰。(《周礼·春官·巾车》)

3）上古后期

上古后期，本类别共有6个词项：輴、龙輴、丧车、广柳车、輲车、柩车。

輴，载柩车。在所测查的文献中共6例，其中，《礼记》5例，《淮南子》1例。如：

(187) 曾子攀柩车，引輴者为之止也。(《淮南子·说山训》)
(188) 君殡用輴，欑至于上，毕涂屋。(《礼记·丧服大记》)

龙輴，载天子棺柩的车。在所测查的文献中共2例，见于《礼记》。如下：

(189) 天子之殡也，菆涂龙輴以椁。(《礼记·檀弓上》)
——郑玄注："天子殡以輴车，画辕为龙。"
(190) 天子龙輴而椁帱。(《礼记·檀弓下》)

丧车，送葬者坐的车子。在所测查的文献中共仅1例，见于《礼记》。如下：

（191）端衰、丧车皆无等。（《礼记·杂记上》）

广柳车，运载棺柩的大车。在所测查的文献中仅1例，见于《史记》。如下：

（192）乃髡钳季布，衣褐衣，置广柳车中，并与其家僮数十人，之鲁朱家所卖之。（《史记·季步栾布列传》）

輤车，没有辐条，以圆木作车轮的车子，用以运载棺柩。在所测查的文献中仅1例，见于《礼记》。如下：

（193）大夫以布为輤而行，至于家而说輤，载以輤车，入自门，至于阼阶下而说车。（《礼记·杂记上》）

柩车，载柩之车。在所测查的文献中仅1例，见于《淮南子》。如下：

（194）曾子攀柩车，引輴者为之止也。（《淮南子·说山训》）

丧车类交通词汇都是上古时期丧葬用车的名称，共有13个词项。其中单音词2个，輴、栈；复音词11个，丧车、龙輴、柩车/蜃车、广柳车、輤车、木车、素车、藻车、駹车、漆车。

该类别2个单音词中，"輴"的词义来源为约定俗成的本义，"栈"为引申义；11个复音词均为偏正式构词方式。该类词汇的具体语义属性可以通过形制和功能等特征进行区分。

从使用频次上看，上古前期，本类别词汇没有用例。"栈、木车、素车、漆车、藻车、駹车"仅见于上古中期，且仅各有1例，使用频次极低；"龙輴、輤车、广柳车"仅见于上古后期，使用频次极低；"丧车、柩车/蜃车、辒"见于上古中期和后期，使用频次较低，其中"辒"使用频次最高，共7次。

丧车类交通词汇属性差异见表2-11，词频统计情况见表2-12。

表2-11　丧车类交通词汇词项属性分析

单位：次

词项	类义素	语义属性			生成属性		使用属性			
		表义素			来源	结构	使用频次			
		中心义素	关涉义素				前期	中期	后期	总计
			形制	功能						
丧车	丧葬用车	专名		载送葬者	语素组合	复合	—	1	1	2
辒		专名	攒木围起涂之	载棺柩	约定俗成	单纯	—	1	6	7
龙辒		专名	攒木围起涂之；车辕画以龙	载天子棺柩	语素组合	复合	—	—	2	2
栈		专名			引申	单纯	—	1	—	1
柩车/蜃车		专名	无漆饰；四轮迫地；形似蜃	载棺柩	语素组合	复合	—	2	1	3
广柳车		专名	大；以柳饰	载棺柩	语素组合	复合	—	—	1	1
辁车		专名	无辐条，以圆木作车轮	载棺柩	语素组合	复合	—	—	1	1
木车		专名	不加漆饰；以蒲草饰蔽车的两侧	帝王丧葬	语素组合	复合	—	1	—	1
素车		专名	以白土涂刷；以麻编成车蔽	帝王丧葬	语素组合	复合	—	1	—	1
漆车		专名	漆以黑色；以漆席作车蔽	帝王丧葬	语素组合	复合	—	1	—	1
藻车		专名	车身涂以苍草色；以青色绸作车蔽	帝王丧葬	语素组合	复合	—	1	—	1
駹车		专名	车侧有漆、以蓬草席作车蔽	帝王丧葬	语素组合	复合	—	1	—	1

表 2-12 丧车类交通词汇词频统计

单位：次

文献		辁	龙辁	栈	丧车	广柳车	輼车	柩车	蜃车	木车	素车	漆车	藻车	駹车
上古中期	《周礼》				1				2	1	1	1	1	1
	《仪礼》			1										
	《老子》													
	《左传》													
	《荀子》													
	《墨子》													
	《管子》													
	《孙子兵法》													
	《吕氏春秋》	1												
	《韩非子》													
	《国语》													
	《论语》													
	《孟子》													
	《庄子》													
	总计	1	0	1	1	0	0	0	2	1	1	1	1	1
上古后期	《史记》					1								
	《淮南子》	1						1						
	《礼记》	5	2		1		1							
	《战国策》													
	总计	6	2	0	1	1	1	1	0	0	0	0	0	0

二 部件类交通词汇

部件类交通词汇就是指上古时期车舆某一种部件的名称。根据语义特征，我们将部件类交通词汇分为轮轴类、箱舆类、驾具类和马具类交通词汇四类。

（一）轮轴类交通词汇

轮轴类交通词汇就是指上古时期车轮、轴及相关构件的名称。上古时期，本类别共有 18 个词项：轮、牙、毂/车毂、贤、轵[1]、錧、釭、辐/輹[1]、軬/辖/车辖、轴、轊、軝、辅、軔。

1. 轮轴类交通词汇词项的语义特征

【轮】

轮，车轮。《说文·车部》："轮，有辐曰轮，无辐曰辁。"段玉裁注："云有辐者，对无辐而言也。轮之言伦也。从仑，仑，理也。三十辐两两相当而不迆，故曰轮。"《释名·释车》："轮，纶也。言弥纶也，周匝之言也。"《玉篇·车部》："轮，车轮也。"《诗·魏风·伐檀》："坎坎伐轮兮。"《周礼·考工记·总叙》："凡察车之道，必自载于地者始也，是故察车自轮始。"汉冯衍《车铭》："乘车必护轮，治国必爱民。"

【牙】

牙，车辋，车轮的外周部分。《集韵·福韵》："牙，车辋也。"《周礼·考工记·轮人》："牙也者，以为固抱也。"郑玄注引郑司农云："牙，读如'跛者讶跛者'之'讶'，谓轮辋也。世间或谓之罔，书或作輮。"贾公彦疏："讶，迎也。此车牙亦輮之使两头相迎，故读从之。"

【毂/车毂】

毂，车轮中心穿轴承辐的部件叫毂。《说文·车部》："毂，辐所凑也。"《六书故》："轮之正中为毂，空其中轴所贯也。"《诗·秦风·小戎》："文茵畅毂。"朱熹集传："毂者，车轮之中外持辐内受轴者也。"《战国策·齐策一》："临淄之途，车毂击，人肩摩，连衽成帷，举袂成幕，挥汗成雨。"

车毂，车轮中心插轴的部分，亦泛指车轮。《汉书·韩延寿传》："吏民数千人送至渭城，老小扶持车毂，争奏酒炙。"

【贤】

贤，车毂所穿之孔，在辐以内一端略大者之称。《集韵·霰韵》："贤，车大穿也。"《周礼·考工记·轮人》："五分其毂之长，去一以为贤。"郑玄注引郑司农云："贤，大穿也。"清戴震《考工记图·释车》："大釭谓之贤。"

【轵[1]】

轵[1]，古代车毂外端贯穿车轴的小孔。《说文·车部》："轵，车轮小

穿也。"桂馥义证:"车轴之端,母毂者名为轊,毂末之小穿容轊者名为軑。"《周礼·考工记·轮人》:"五分其毂之长,去一以为贤,去三以为軑。"郑玄引郑司农云:"贤,大穿也;軑,小穿也。"

【錔】

錔,车毂端包的冒盖。同"軤"。《说文·车部》:"軤,毂耑沓也。"段玉裁注:"錔者,以金有所冒也。毂孔之里以金里之曰釭,毂孔之外以金表之曰軤。"《方言》卷九:"关之东西曰軤,南楚曰軑。"钱绎笺疏:"軤之言管也。以铁为管,约毂外两端,以金冒之曰軤。"

《玉篇·金部》:"錔,车具也。"《六书故·地理一》:"錔,毂空里金如管也。"《篇海类编·珍宝类·金部》:"錔,与軤同。"《仪礼·既夕礼》:"木錔,约绥约辔。"贾公彦疏:"其车錔常用金,丧用木,是取少声也。"

【釭】

釭,车毂口穿轴用的金属圈。《方言》卷九:"车釭……自关而西谓之釭。"钱绎笺疏:"釭之言空也。毂口之内,以金嵌之曰釭。"清王念孙《广雅疏证·释器》:"凡铁之空中而受枘者谓之釭。"杨英杰指出,从考古发掘情况看,毂端内里嵌釭出现得比较晚,大约始于战国,秦汉以后渐多。[1]

【辐/輹[1]】

辐,连接车毂和车辋的直条。古代又叫"䡅"。《说文·车部》:"辐,轮䡅也。"《正字通·车部》:"辐,注轮中木之直指者,下有菑以指辋,上有爪以凑毂。"《诗·魏风·伐檀》:"坎坎伐辐兮,置之河之侧兮。"《老子》第十一章:"三十辐共一毂。"

輹[1],通"辐"。《字汇·车部》:"輹,辐、輹二字本相通用。"《易·大壮》:"藩决不羸,壮于大舆之輹。"陆德明释文:"輹,本又作辐。"

【轄/辖/车辖】

辖,车键,车轴两端扣住害的插栓。《说文·车部》:"辖,键也。"

---

[1] 杨英杰:《战车与车战》,东北师范大学出版社,1986,第14页。

《左传·襄公三十一年》："巾车脂辖，隶人、牧、圉各瞻其事。"《汉书·游侠传·陈遵》："取客车辖投井中，虽有急，终不得去。"

𨍋，同"辖"。《说文·舛部》："𨍋，车轴耑键也。"段玉裁注："以铁竖贯轴头而制毂如键闭然。"王筠句读："轴贯于轮，恐毂出也，以鐵直键其轴，谓之𨍋。"唐慧琳《一切经音义》卷十七："辖，又作𨍋、鎋二形。"《诗·小雅·车𨍋》："间关车之𨍋兮，思娈季女逝兮。"

车辖，车轴两端的键，即销钉。《汉书·游侠传·陈遵》："遵耆酒，每大饮，宾客满堂，辄关门，取客车辖投井中，虽有急，终不得去。"

【轴】

轴，轮轴，即贯穿车轮中间用以持轮的柱形长杆。《说文·车部》："轴，持轮也。"《释名·释车》："轴，抽也，入毂中可抽出也。"《周礼·考工记·輈人》："輈有三度，轴有三理。"《管子·乘马》："其木可以为材，可以为轴。"《汉书·临江闵王刘荣传》："既上车，轴折车废。"

【𨍗】

𨍗，车轴末端的金属筒状物。《方言》卷九："车𨍗，齐谓之𥬱。"郭璞注："车轴头也。"《邓析子·无厚》："夫木击折𨍗，水戾破舟。"《史记·田单列传》："燕师长驱平齐，而田单走安平，令其宗人尽断其车轴末而傅铁笼。已而燕军攻安平，城坏，齐人走，争涂，以𨍗折车败，为燕所虏，唯田单宗人以铁笼故得脱。"裴骃集解引徐广曰："𨍗，车轴头也。"

【軝】

軝，车毂上的装饰。《说文·车部》："軝，长毂之軝也。以朱约之。……軝，或从革。"徐灏注笺："毂上置辐，前后皆以革约而朱饰之谓之軝。……氏者，侧出之义。毂在舆之两旁，故谓之軝也。"桂馥义证："惟长毂尽饰，大车短毂则无饰，故曰长毂之軝。"《玉篇·车部》："軝，毂饰。"《诗·小雅·采芑》："约軝错衡，八鸾玱玱。"毛传："軝，长毂之軝也，朱而约之。"孔颖达疏："谓以朱色缠束车毂以为饰。"

【辅】

辅，在车轮外旁用以夹毂的两条直木，能增强轮辐的载重力。《诗·

小雅·正月》:"其车既载,乃弃尔辅。"孔颖达疏:"此云'乃弃尔辅',则辅是可解脱之物,盖如今人缚杖于辐,以防辅事也。"

【轫】

轫,阻碍车轮滚动的木头。《说文·车部》:"轫,碍车也。"徐锴系传:"止轮之转,其物名轫。"《玉篇·车部》:"轫,碍车轮木。"《字汇·车部》:"去轫轮动而车行,故凡初为则曰发轫。"《楚辞·离骚》:"朝发轫于苍梧兮,夕余至乎县圃。"王逸注:"轫,搘轮木也。"汉扬雄《长杨赋》:"是以车不安轫,日未靡旃,从者仿佛,委属而还。"

2. 轮轴类交通词汇词项的属性差异

1) 上古前期

上古前期,本类别共有 7 个词项:轮、辐/輹[1]、毂、軝、辅、䡝。

轮,车轮。在所测查的文献中共 4 例,其中《诗经》1 例,《周易》3 例。如:

(1) 坎坎伐轮兮,置之河之漘兮。(《诗·魏风·伐檀》)
(2) 曳其轮,濡其尾,无咎。(《易·既济》)

辐/輹[1],连接车毂和车辋的直条。辐,在所测查的文献中共 2 例,见于《诗经》。如:

(3) 坎坎伐辐兮,置之河之侧兮。(《诗·魏风·伐檀》)

輹[1],在所测查的文献中仅 1 例,见于《周易》。如下:

(4) 藩决不羸,壮于大舆之輹。(《易·大壮》)
——陆德明释文:"輹,本又作辐。"

毂,车轮的正中,外面连接辐条,套在车轴上的部件叫毂。在所测查的文献中仅 1 例,见于《诗经》。如下:

(5) 文茵畅毂，驾我骐馵。(《诗·秦风·小戎》)

——朱熹集传："毂者，车轮之中外持辐内受轴者也。"

軝，车毂上的装饰。在所测查的文献中共 2 例，均见于《诗经》。如：

(6) 约軝错衡，八鸾玱玱。(《诗·小雅·采芑》)
——毛传："軝，长毂之軝也，朱而约之。"
——孔颖达疏："谓以朱色缠束车毂以为饰。"

辅，在车轮外旁用以夹毂的两条直木。在所测查的文献中仅 1 例，见于《诗经》。如下：

(7) 其车既载，乃弃尔辅。(《诗·小雅·正月》)
——孔颖达疏："此云'乃弃尔辅'，则辅是可解脱之物，盖如今人缚杖于辐，以防辅事也。"

舝，车键，车轴两端扣住䡈的插栓。在所测查的文献中共 2 例，见于《诗经》。如下：

(8) 间关车之舝兮，思娈季女逝兮。(《诗·小雅·车舝》)
(9) 饮饯于言，载脂载舝。(《诗·邶风·泉水》)

2）上古中期

上古中期，本类别共有 12 个词项：轮、辐、辖/车辖、毂/车毂、轴、牙、贤、轵[1]、錧、釭。

轮，车轮。在所测查的文献中共 56 例，其中，《周礼》24 例，《左传》2 例，《庄子》5 例，《荀子》3 例，《孙子兵法》1 例，《墨子》13 例，《孟子》1 例，《韩非子》4 例，《管子》3 例。如：

(10) 旅贲氏掌执戈盾，夹王车而趋，左八人，右八人，车止则持轮。（《周礼·夏官·旅贲氏》）

(11) 狄虒弥建大车之轮，而蒙之以甲，以为橹。（《左传·襄公十年》）

(12) 桓公读书于堂上，轮扁斫轮于堂下。（《庄子·天道》）

(13) 木直中绳，𫐓以为轮，其曲中规，虽有槁暴，不复挺者，𫐓使之然也。（《荀子·劝学》）

(14) 是故，方马埋轮，未足恃也，齐勇若一，政之道也。（《孙子·九地篇》）

(15) 两轮高，两轮为輲，车梯也。（《墨子·经说下》）

(16) 抽矢扣轮，去其金，发乘矢而后反。（《孟子·离娄下》）

(17) 夫必恃自直之箭，百世无矢；恃自圜之木，千世无轮矣。（《韩非子·显学》）

(18) 不明于化，而欲变俗易教，犹朝揉轮而夕欲乘车。（《管子·七法》）

辐，连接车毂和车辋的直条。在所测查的文献中共16例。其中《周礼》14例，《老子》1例，《荀子》1例。如：

(19) 辐也者，以为直指也。（《周礼·考工记·轮人》）

(20) 三十辐共一毂，当其无，有车之用。（《老子》第十一章）

(21) 涓涓源水，不雍不塞。毂已破碎，乃大其辐。（《荀子·法行》）

辖/车辖，车键，车轴两端扣住害的插栓。辖，在所测查的文献中共4例。其中，《左传》2例，《韩非子》2例。如：

(22) 巾车脂辖，隶人、牧、圉各瞻其事。（《左传·襄公三十一年》）

(23) 周主索曲杖而群臣惧，卜皮使庶子，西门豹详遗辖。(《韩非子·内储说上》)

车辖，在所测查的文献中共3例，其中《左传》1例，《墨子》1例，《韩非子》1例。如下：

(24) 子之为鹊也，不如匠之为车辖。(《墨子·鲁问》)
(25) 西门豹为邺令，佯亡其车辖，令吏求之不能得。(《韩非子·内储说上》)
(26) 昭子赋车辖。(《左传·昭公二十五年》)

毂/车毂，车轮中心插轴的部分。毂，在所测查的文献中共24例。其中，《周礼》17例，《庄子》1例，《荀子》1例，《墨子》1例，《吕氏春秋》1例，《老子》1例，《韩非子》2例。如：

(27) 毂也者，以为利转也。(《周礼·考工记·轮人》)
(28) 委蛇，其大如毂，其长如辕，紫衣而朱冠。(《庄子·达生》)
(29) 涓涓源水，不雍不塞。毂已破碎，乃大其辐。(《荀子·法行》)
(30) 轮毂，广十尺，辕长丈，为三幅，广六尺。(《墨子·杂守》)
(31) 断毂而行，至卫七日而仇繇亡。(《吕氏春秋·权勋》)
(32) 三十辐共一毂，当其无，有车之用。(《老子》第十一章)
(33) 赤章曼枝因断毂而驱，至于齐七月，而仇由亡矣。(《韩非子·说林下》)

车毂，在所测查的文献中仅1例，见于《管子》。如下：

(34) 车毂齲，骑连伍而行。(《管子·轻重戊》)

轴，轮轴，即贯穿车轮中间用以持轮的柱形长杆。在所测查的文献中共 9 例。其中《周礼》3 例，《墨子》3 例，《左传》1 例，《管子》2 例。如：

(35) 辀有三度，轴有三理。(《周礼·考工记·辀人》)
(36) 两轴三轮，轮居筐中，重下上筐。(《墨子·备高临》)
(37) 锲其轴，麻约而归之。(《左传·定公九年》)
(38) 蔓山，其木可以为材，可以为轴。(《管子·乘马》)

牙，车辋，车轮的外周部分。在所测查的文献中共 8 例，均见于《周礼》。如：

(39) 牙也者，以为固抱也。(《周礼·考工记·轮人》)

贤，车毂所穿之孔，在辐以内一端略大者之称。在所测查的文献中仅 1 例，见于《周礼》。如下：

(40) 五分其毂之长，去一以为贤，去三以为轵。(《周礼·考工记·轮人》)

——郑玄注引郑司农云："贤，大穿也。"

轵[1]，古代车毂外端贯穿车轴的小孔。在所测查的文献中仅 1 例，见于《周礼》。如下：

(41) 五分其毂之长，去一以为贤，去三以为轵。(《周礼·考工记·轮人》)

——郑玄引郑司农云："贤，大穿也；轵，小穿也。"

錧，车毂端包的冒盖。在所测查的文献中仅1例，见于《仪礼》。如下：

（42）木錧，约绥约辔。（《仪礼·既夕礼》）
——贾公彦疏："其车錧常用金，丧用木，是取少声也。"

钉，车毂口穿轴用的金属圈。在所测查的文献中仅1例，见于《管子》。如下：

（43）一车必有一斤、一锯、一钉、一钻、一凿、一铢、一轲，然后成为车。（《管子·轻重乙》）

3）上古后期

上古后期，本类别共有8个词项：轮、辐、辕、毂/车毂、轴、辖、轫。

轮，车轮。在所测查的文献中共22例，其中，《淮南子》14例，《礼记》3例，《战国策》1例，《史记》4例。如：

（44）轮圆舆方，辕从衡横，势施便也。（《淮南子·泰族训》）
（45）降出，御妇车，而婿授绥，御轮三周，先俟于门外。（《礼记·昏义》）
（46）有狂兕牂车依轮而至。（《战国策·楚策一》）
（47）鹜于盐浦，割鲜染轮。（《史记·司马相如列传》）

辐，连接车毂和车辋的直条。在所测查的文献中共9例。其中，《淮南子》8例，《史记》1例。如：

（48）盖非橑不能蔽日，轮非辐不能追疾，然而橑辐未足恃也。（《淮南子·说林训》）
（49）二十八宿环北辰，三十辐共一毂。（《史记·太史公自序》）

辖，车键，车轴两端扣住毂的插栓。在所测查的文献中仅1例，见于《淮南子》。如下：

（50）夫车之所以能转千里者，以其要在三寸之辖。（《淮南子·人间训》）

毂/车毂，车轮中心插轴的部分。毂，在所测查的文献中共18例。其中，《淮南子》7例，《礼记》5例，《战国策》1例，《史记》5例。如：

（51）钧旋毂转，周而复匝。（《淮南子·原道训》）

（52）其在野，则升其乘车之左毂而复。（《礼记·丧大记》）

（53）当秦之隆，黄金万溢为用，转毂连骑。（《战国策·秦策一》）

车毂，在所测查的文献中共4例，其中，《战国策》2例，《史记》1例，《淮南子》1例。如下：

（54）古者使车毂击驰，言语相结，天下为一。（《战国策·秦策一》）

（55）临淄之途，车毂击，人肩摩，连衽成帷，举袂成幕。（《史记·苏秦列传》）

（56）郢人有买屋栋者，求大三围之木，而人予车毂，跪而度之。（《淮南子·说山训》）

轴，轮轴，即贯穿车轮中间用以持轮的柱形长杆。在所测查的文献中共13例。其中，《淮南子》7例，《战国策》1例，《史记》5例。如：

（57）是故积羽沉舟，群轻折轴，故君子禁于微。（《淮南子·缪称训》）

（58）臣闻积羽沉舟，群轻折轴，众口铄金，故愿大王之熟计之

也。(《战国策·魏策一》)

(59) 既已上车，轴折车废。(《史记·五宗世家》)

辖，车轴末端的金属筒状物。在所测查的文献中共 2 例，见于《史记》《淮南子》。如下：

(60) 城坏，齐人走，争涂，以辖折车败，为燕所虏。(《史记·田单列传》)

(61) 木击折辖，水戾破舟，不怨木石而罪巧拙者，知故不载焉。(《淮南子·主术训》)

轫，阻碍车轮滚动的木头。在所测查的文献中仅 1 例，见于《淮南子》。如下：

(62) 故得道之兵，车不发轫，骑不被鞍。(《淮南子·兵略训》)

轮轴类交通词汇都是车轮、轴及相关构件的名称，共有 18 个词项。其中单音词 16 个，轮、牙、毂、贤、轵[1]、䡅、釭、辐/輹[1]、蓥/辖、轴、辖、軝、辅、轫；复音词 2 个，车毂、车辖。

该类别 16 个单音词均为约定俗成的本义，2 个复音词"车毂、车辖"均为偏正式构词方式。该类词汇的具体语义属性可以通过形制、位置和功能等特征进行区分。

从使用频率上看，"軝、辅、蓥"仅见于上古前期，"辖、轫"仅见于上古后期，"牙、贤、轵[1]、䡅、釭、车辖"仅见于上古中期，使用频次都较低；"轴、辖、车毂"见于上古中期和后期，其中"轴"的使用频次最高，共 22 次；"轮、毂、辐/輹[1]"见于上古各时期，其中"轮"使用频次最高，共 82 次。

轮轴类交通词汇词项属性差异见表 2-13，词频统计情况见表 2-14。

表 2-13　轮轴类交通词汇词项属性分析

单位：次

词项	类义素	语义属性			生成属性		使用属性			
^	^	中心义素	表义素			来源	结构	使用频次			
^	^	^	关涉义素			^	^	前期	中期	后期	总计
^	^	^	形制	位置	功能	^	^	^	^	^	^
轮	车轮轴的相关构件	车轮	有辐条	舆下	旋转	约定俗成	单纯	4	56	22	82
轴	^	轮轴	圆柱形长杆，中间粗，两头略细	贯穿车轮中间	用以持轮	约定俗成	单纯	—	9	13	22
毂	^	构件	圆木；中空	车轮正中	贯轴	约定俗成	单纯	1	24	18	43
车毂	^	构件	圆木；中空	车轮正中	贯轴	语素组合	复合	—	1	4	5
辐/輹[1]	^	构件	圆木条；直	车毂和车辋之间	连接车毂和车辋，用以撑轮	约定俗成	单纯	3	16	9	28
牙	^	构件	弧形	车轮外周	接触地面	约定俗成	单纯	—	8	—	8
贤	^	构件	中空；大	毂孔大端	内端贯轴	约定俗成	单纯	—	1	—	1
軹[1]	^	构件	中空；小	毂孔小端	外端出轴	约定俗成	单纯	—	1	—	1
輨	^	构件	帽形	毂口外	加固车毂	约定俗成	单纯	—	1	—	1
釭	^	构件	铁圈；环形	毂口内	保护轴、毂	约定俗成	单纯	—	1	—	1
舝/辖	^	构件	铁棍；小	车轴两端	扣住軎防止脱轴	约定俗成	单纯	2	4	1	7
车辖	^	构件	铁棍；小	车轴两端	扣住軎防止脱轴	语素组合	复合	—	3	—	3
軎	^	构件	金属套；筒状	车轴末端	保护轴头	约定俗成	单纯	—	—	2	2
軝	^	构件	革制；红色	车毂末端	装饰；保护轴头	约定俗成	单纯	2	—	—	2
辅	^	构件	木头；直；两条	车轮外旁	增强轮辐的载重力	约定俗成	单纯	1	—	—	1
轫	^	构件	木头；楔形	车轮前	阻碍车轮滚动	约定俗成	单纯	—	—	1	1

表 2-14　轮轴类交通词汇词频统计

文献		轮	轴	毂	车毂	辐	輹¹	牙	贤	轵¹	錧	釭	軎	辖	车辖	轊	軧	辅	軔
上古前期	《尚书》																		
	《诗经》	1		1		2							2				2	1	
	《周易》	3					1												
	总计	4	0	1	0	2	1	0	0	0	0	0	2	0	0	0	2	1	0
上古中期	《周礼》	24	3	17		14		8	1	1									
	《仪礼》										1								
	《老子》			1		1													
	《左传》	2	1										2	1					
	《荀子》	3		1		1													
	《墨子》	13	3	1										1					
	《管子》	3	2		1							1							
	《孙子兵法》	1																	
	《吕氏春秋》				1														
	《韩非子》	4		2									2	1					
	《国语》																		
	《论语》																		
	《孟子》	1																	
	《庄子》	5		1															
	总计	56	9	24	1	16	0	8	1	1	1	1	0	4	3	0	0	0	0
上古后期	《史记》	4	5	5	1	1									1				
	《淮南子》	14	7	7	1	8													1
	《礼记》	3		5															
	《战国策》	1	1	1	2														
	总计	22	13	18	4	9	0	0	0	0	0	0	0	1	0	2	0	0	1

（二）箱舆类交通词汇

箱舆类交通词汇就是指构成车身部件的名称。上古时期，本类别共有 14 个词项：箱、舆¹、轼、軫、輢、伏兔/樸、輹²、较、輶、轵²、軨、盖、茵。

1. 箱舆类交通词汇词项的语义特征

【箱】

箱，车内可供人乘坐或装载物品的地方。又名牝服。《说文·竹部》："箱，大车牝服也。"段玉裁注："《（周礼）考工记》：'大车，牝服二柯，又参分柯之二。'（郑玄）注云：'大车，平地载任之车，牝服长八尺，谓较也。郑司农云：牝服谓车箱，服读为负。'《小雅》传曰：'服，牝服也；箱，大车之箱也。'按：许与大郑同，箱即谓大车之舆也。毛二之，大郑一之，要无异义。后郑云'较'者，以左右有两较，故名之曰箱。其实一也。"《诗·小雅·大东》："睆彼牵牛，不以服箱。"马瑞辰通释："以经文求之，服当作虚字解，不得以为牝服。服之言负也，车箱以负器物，谓之服，牛以负车箱，亦谓之服。"

【舆¹】

舆¹，车箱。《说文·车部》："舆，车舆也。"段玉裁注："车舆谓车之舆也。……舆为人所居，可独得车名也。轼、较、轸、轵、轛，皆舆事也。"《古今韵会举要·鱼韵》："舆，《诗诂》曰：辀轴之上加板以载物；又轸、轼、较、轛之所附植。舆其总名也。"《易·大畜》："九二，舆说輹。"孔颖达疏："若遇斯而进，则舆说其輹，车破败也。以其居中，能遇难而止，则无尤过。"《潜夫论·相列》："（材木）曲者宜为轮，直者宜为舆。"宋王安石《易泛论》："舆有承载之材，而亦非车之全者也。"

【轼】

轼，古代车箱前面供立乘者凭扶的横木。有三面，其形如半框。也作"式"。《说文·车部》："轼，车前也。"段玉裁注："此当作车舆前也。不言舆者，舆人为车，车即舆也。舆之在前者曰轼，在旁者曰輢，皆舆之体，非与舆二物也。戴先生曰：'轼与较皆车阑上之木，周于舆外，非横在舆中。较有两，在两旁，轼有三面，故《说文》概言之曰车前。'"《左传·僖公二十八年》："君冯轼而观之。"

【轸】

轸，古代车箱底部四面的横木。《说文·车部》："轸，车后横木也。"段玉裁注："合舆下三面之材与后横木而正方，故谓之轸……浑言之，四面曰轸;析言之,輢轼所对曰軹,輢后曰轸。"《六书故·工事三》:"轸,四面木匡合成舆者也。"《周礼·考工记·总叙》:"车轸四尺,谓之一等。"

【轛】

轛,车轼下面横直交接的栏木。《说文·车部》:"轛,车横軨也。"段玉裁注:"轛,谓车阑也。"《周礼·考工记·舆人》:"参分轵围,去一以为轛围。"郑玄注:"郑司农云:'轛读如系缀之缀,谓车舆軨立者也,立者为轛,横者为轵。'……玄谓轛者以其乡人为名。"

【伏兔/輹/輻²】

伏兔,古代车上的部件,勾连车箱底板和车轴,以其形如蹲伏之兔,故名。《周礼·考工记·辀人》:"良辀环灂,自伏兔不至軓七寸。"贾公彦疏:"伏兔衔车轴,在舆下,短不至軓。""此物最初见于西周,商车上尚未发现。西周的伏兔作屐形或长方形,顺放在轴上。"①

輹,车伏兔,即车箱底板下两个扣住横轴的装置。也叫钩心、车屐。用以连接车箱,固定车轴。《说文·车部》:"輹,车伏兔也。"徐灏注笺:"盖輹在舆底轸下,为半规形,与轴相衔,状似伏兔,又与屐齿相类,故因名焉。亦谓之钩心。"《周礼·考工记·总叙》:"轵崇三尺又三寸,加轸与輹焉,四尺也。"郑玄注引郑司农云:"輹,谓伏兔也。"贾公彦疏:"云'谓伏兔也'者,汉时名。今人谓之车屐是也。"孙诒让正义:"其伏兔有二,在车箱两旁。此经谓之輹。大车两辕居旁。其伏兔则止一,在舆腹正中,当小车设辀之处。"

輻²,车箱下面钩住车轴的木头,即伏兔。《说文·车部》:"輻,车轴缚也。"《易·大畜》:"舆说輻。"陆德明释文:"輻,车下缚也。"《左传·僖公十五年》:"车说其輻,火焚其旗。"杜预注:"輻,车下缚也。"孔颖达疏:"輻,车下伏兔也,今人谓之车屐,形如伏兔,以绳缚于轴,因名缚也。"

【较】

较,车箱两旁车栏上的横木。士大夫以上的乘车,较上饰有曲铜

---

① 孙机:《中国古独辀马车的结构》,《文物》1985年第8期,第28页。

钩。《集韵·觉韵》:"较,《说文》:'车骑（輢）上曲铜（钩）也。'或作较。"《诗·卫风·淇奥》:"宽兮绰兮,猗重较兮。"陆德明释文:"较,车两傍上出轼也。"马瑞辰通释:"车輢上之木为较,较上更饰以曲钩若重起者然,是为重较。"《周礼·考工记·舆人》:"以其隧之半为之较崇。"孙诒让正义:"盖周制庶人乘役车,方箱无较;士乘栈车以上皆有较。唯士车两较出轼上者,正方无饰,则有较而不重也。大夫以上所乘之车,则于较上更以铜为饰,谓之曲铜钩。其形圜句,边缘卷曲,反出向外,故谓之軓。自前视之,则如角之句;自旁视之,则高出轼上,如人之耳,故谓之车耳。凡车两旁最下者为輢,輢下附軫,象耴下垂,故又谓之軧。较在輢上,则象耳之上耸,是则车耳者,较輢之通名也。其较上更设曲铜钩,向外反出,则是在较耳上重累为之,斯谓之重较、重耳矣。"

【輢】

輢,车箱两旁人可凭倚的车栏。兵车则插兵器于其上。《说文·车部》:"輢,车旁也。"段玉裁注:"谓车两旁,式之后,较之下也。注家谓之輢。按:輢者,言人所倚也……旁者倚之,故曰輢。兵车戈殳戟矛皆臿于车輢。"《类篇·车部》:"輢,车旁兵邪插处。"《周礼·考工记·总叙》:"车轸四尺。"郑玄注:"戈殳戟矛,皆插车輢。郑司农云:谓著戈于车邪倚也。"《战国策·赵策三》:"今王憧憧,乃輦建信以与强秦角逐,臣恐秦折王之輢也。"

【轵²】

轵²,古代车厢两侧由方格组成的挡板。《周礼·考工记·舆人》:"参分较围,去一以为轵围。"郑玄注:"轵,輢之植者,衡者也。"清戴震《释车》:"车栏谓之軨,輢内之軨谓之轵。"段玉裁《说文解字注·车部》:"轵,輢軨谓之轵。"汉张衡《思玄赋》:"抚軨轵而还睨兮,心勺燱其若汤。"

【軨】

軨,车箱前面和左右两面用木条构成的大方格的围栏,称为軨。《说文·车部》:"车轖间横木。"段玉裁注:"车轖间横木,谓车轖之直者衡者也。轼与车輢皆以木一横一直为方格成之。如今之大方格然。……戴先生曰：軨者，轼较下纵横木总名，即《考工记》之轵，軹也。"《楚辞·九辩》："倚结軨兮长太息，涕潺湲兮下沾轼。"洪兴祖补注："軨，车辀间横木。"

【盖】

盖，车盖。《释名·释车》："盖，在上覆盖人也。"《周礼·考工记·轮人》："轮人为盖。……盖已崇，则难为门也，盖已卑，是蔽目也，是故盖崇十尺。"《史记·鲁仲连邹阳列传》："谚曰：'有白头如新，倾盖如故。'"

【茵】

茵，车上的垫褥。《说文·艸部》："茵，车重席。"《诗·秦风·小戎》："文茵畅毂，驾我骐馵。"毛传："文茵，虎皮也。"孔颖达疏："茵者，车上之褥，用皮为之。言文茵则皮有文采，故知虎皮也。"《汉书·丙吉传》："此不过污丞相车茵耳。"颜师古注："茵，蓐也。"

2. 箱舆类交通词汇词项的属性差异

1）上古前期

上古前期，本类别共有 5 个词项：箱、舆[1]、较、輹[2]、茵。

箱，车内可供人乘坐或装载物品的地方。在所测查的文献中仅 1 例，见于《诗经》。如下：

(63) 睆彼牵牛，不以服箱。(《诗·小雅·大东》)

舆[1]，车箱。在所测查的文献中共 2 例，均见于《周易》。如下：

(64) 九二，舆说輹。(《易·大畜》)
(65) 九三，舆说辐，夫妻反目。(《易·小畜》)

较，车箱两旁车栏上的横木。在所测查的文献中仅 1 例，见于《诗经》。如下：

（66）宽兮绰兮，猗重较兮。（《诗·卫风·淇奥》）
——陆德明释文："较，车两傍上出轼也。"

輹²，车箱下面钩住车轴的木头，即伏兔。在所测查的文献中共 2 例，均见于《周易》。如：

（67）舆说輹。（《易·大畜》）
——陆德明释文："輹，车下缚也。"

茵，车上的垫褥。在所测查的文献中仅 1 例，见于《诗经》。如下：

（68）文茵畅毂，驾我骐馵。（《诗·秦风·小戎》）
——毛传："文茵，虎皮也。"
——孔颖达疏："茵者，车上之褥，用皮为之。"

2）上古中期

上古中期，本类别共有 11 个词项：箱、轼、轸、轛、伏兔/輹/輹²、较、轵²、盖、茵。

箱，车内可供人乘坐或装载物品的地方。在所测查的文献中仅 1 例，见于《墨子》。如下：

（69）为板箱，长与辕等，高四尺，善盖上治中，令可载矢。（《墨子·杂守》）

轼，古代车箱前面供立乘者凭扶的横木。在所测查的文献中共 6 例，其中，《左传》3 例，《吕氏春秋》1 例，《庄子》2 例。如：

（70）下视其辙，登轼而望之。（《左传·庄公十年》）
（71）今汝拔剑则不能举臂，上车则不能登轼，汝恶能？（《吕氏春秋·忠廉》）

（72）目芒然无见，色若死灰，据轼低头，不能出气。(《庄子·盗跖》)

轸，古代车箱底部四面的横木。在所测查的文献中共9例，其中，《周礼》8例，《左传》1例。如：

（73）车轸四尺，谓之一等。(《周礼·考工记·总叙》)
（74）扶伏而击之，折轸。(《左传·昭公二十一年》)

轛，车轼下面横直交接的栏木。在所测查的文献中仅1例，见于《周礼》。如下：

（75）参分轵围，去一以为轛围。(《周礼·考工记·舆人》)

伏兔，即车箱底板下两个扣住横轴的装置。在所测查的文献中仅1例，见于《周礼》。如下：

（76）良辀环灂，自伏兔不至軓七寸。(《周礼·考工记·辀人》)

——贾公彦疏："伏兔衔车轴，在舆下，短不至軓。"

鞪，车伏兔。在所测查的文献中仅1例，见于《周礼》。如下：

（77）轵崇三尺有三寸，加轸与鞪焉，四尺也。(《周礼·考工记·总叙》)

——郑玄注引郑司农云："鞪，谓伏兔也。"

輹[2]，车箱下面钩住车轴的木头，即伏兔。在所测查的文献中仅1例，见于《左传》。如下：

(78) 车说其輹，火焚其旗。(《左传·僖公十五年》)
——杜预注："輹，车下缚也。"
——孔颖达疏："輹，车下伏兔也，今人谓之车屐，形如伏兔，以绳缚于轴，因名缚也。"

较，车箱两旁车栏上的横木。在所测查的文献中共 3 例，均见于《周礼》。如：

(79) 以其隧之半为之较崇。(《周礼·考工记·舆人》)

轵^2，古代车厢两侧由方格组成的挡板。在所测查的文献中共 2 例，见于《周礼》。如：

(80) 参分较围，去一以为轵围。(《周礼·考工记·舆人》)
——郑玄注："轵，輢之植者，衡者也。"

盖，车盖。在所测查的文献中共 17 例，其中，《周礼》12 例，《韩非子》2 例，《管子》3 例。如：

(81) 轮人为盖，达常围三寸。(《周礼·考工记·轮人》)
(82) 管仲父，出，朱盖青衣，置鼓而归。(《韩非子·外储说左下》)
(83) 帷盖不修，衣服不众，则女事不泰。(《管子·事语》)

茵，车上的垫褥。在所测查的文献中仅 1 例，见于《韩非子》。如下：

(84) 墨染其外，而朱画其内，缦帛为茵。(《韩非子·十过》)

3）上古后期

上古后期，本类别共有 6 个词项：轼、轸、輢、軨、盖、茵。

轼，古代车箱前面供立乘者凭扶的横木。在所测查的文献中共 12 例，其中，《礼记》1 例，《战国策》4 例，《史记》7 例。如：

(85) 苟有车，必见其轼。苟有衣，必见其敝。（《礼记·缁衣》）

(86) 伏轼结靷西驰者，未有一人言善韩者也。（《战国策·韩策三》）

(87) 淮阴侯闻郦生伏轼下齐七十余城，乃夜度兵平原袭齐。（《史记·郦生陆贾列传》）

轸，古代车箱底部四面的横木。在所测查的文献中仅 1 例，见于《史记》。如下：

(88) 头悬车轸，四马曳行。（《史记·龟策列传》）

輢，车箱两旁人可凭倚的车栏。在所测查的文献中仅 1 例，见于《战国策》。如下：

(89) 今王憧憧，乃辇建信以与强秦角逐，臣恐秦折王之輢也。（《战国策·赵策三》）

軨，车箱前面和左右两面用木条构成的大方格的围栏，称为軨。在所测查的文献中仅 1 例，见于《礼记》。如下：

(90) 君车将驾，则仆执策，立于马前；已驾，仆展軨，效驾。（《礼记·曲礼上》）

盖，车盖。在所测查的文献中共 8 例，其中，《史记》2 例，《淮南子》6例。如：

（91）五羖大夫之相秦也，劳不坐乘，暑不张盖。(《史记·商君列传》)

（92）以天为盖，以地为舆；四时为马，阴阳为御。(《淮南子·原道训》)

茵，车上的垫褥。在所测查的文献中共2例，见于《礼记》《史记》。如下：

（93）笏、书、修、苞苴、弓、茵、席。(《礼记·少仪》)

（94）俱在二千石列，同车未尝敢均茵伏。(《史记·酷吏列传》)

箱舆类词汇都是构成车身部件的名称，共有14个词项。其中单音词13个：箱、舆¹、轼、轸、輢、较、輴、轵²、軨、蝮/輹²、盖、茵；复音词1个：伏兔。

该类别13个单音词中，"盖"的词义来源为引申，其他为约定俗成的本义；复音词"伏兔"为偏正式构词方式。从语义属性上看，"箱、舆¹"指车身整体，"轼、较"为扶手，"轸"为车身底架，"軨"指车身四周围栏，"輢、輴、轵²"指车身围栏的不同部分，"伏兔/蝮/輹²"为勾连车箱底板和车轴的部件，"盖"指车盖，"茵"指车上的垫褥。该类词汇的具体语义属性可以通过形制、位置和功能等特征进行区分。

从使用频率上看，"舆¹"仅见于上古前期，"輴、轵²"仅见于上古中期，"輢、軨"仅见于上古后期，使用频次都较低；"箱、较、伏兔/蝮/輹²"见于上古前期和中期，使用频次都较低；"茵"虽见于上古各时期，但使用频次较低；"轼、轸、盖"见于上古中期和后期，使用频次较高，其中"盖"使用频次最高，共25次。

箱舆类词汇词项属性差异见表2-15，词频统计情况见表2-16。

表 2-15 箱舆类交通词汇词项属性分析

单位：次

词项	类义素	语义属性				生成属性		使用属性		
		中心义素	表义素			来源	结构	使用频次		
			关涉义素					前期	中期	后期	总计
			形制	位置	功能						
箱		车箱	方形	轴上	载物	约定俗成	单纯	1	1	—	2
舆¹		车箱	方形	轴上	载人	约定俗成	单纯	2	—	—	2
轼		构件	横木；拱形	车箱前部；三面	供人凭扶	约定俗成	单纯	—	6	12	18
軫		构件	横木；方形	车箱底部；四面	枕托舆底	约定俗成	单纯	—	9	1	10
輢		构件	大木格	轼后左右两侧	倚靠	约定俗成	单纯	—	—	1	1
较	构成车身的部件	构件	横木	輢的上沿	供人凭依	约定俗成	单纯	1	3	—	4
輚		构件	栏木；横直交接	车轼下	拦护	约定俗成	单纯	—	1	—	1
轵²		构件	小方木格	车箱两侧	拦护	约定俗成	单纯	—	—	2	2
軨		构件	大方木格	车箱前左右三面	拦护	约定俗成	单纯	—	—	1	1
伏兔		构件	履形或长方形；状如伏兔	车箱底板	连接车箱固定车轴	语素组合	复合	—	1	—	1
轐/輹²						约定俗成	单纯	2	2	—	4
盖		构件	圆形、伞状	车箱中	遮蔽	引申	单纯	—	17	8	25
茵		车垫	皮质	车箱中	舒适	约定俗成	单纯	1	1	2	4

表 2-16　箱舆类交通词汇词频统计

单位：次

文献		箱	舆[1]	轼	轸	畸	较	轛	轵[2]	轻	伏兔	轐	輹[2]	盖	茵
上古前期	《尚书》														
	《诗经》	1					1							1	
	《周易》		2										2		
	总计	1	2	0	0	0	1	0	0	0	0	0	2	0	1
上古中期	《周礼》			8		3	1	2		1	1			12	
	《仪礼》														
	《老子》														
	《左传》			3	1								1		
	《荀子》														
	《墨子》	1													
	《管子》													3	
	《孙子兵法》														
	《吕氏春秋》			1											
	《韩非子》													2	1
	《国语》														
	《论语》														
	《孟子》														
	《庄子》			2											
	总计	1	0	6	9	0	3	1	2	0	1	1	1	17	1
上古后期	《史记》			7	1									2	1
	《淮南子》													6	
	《礼记》								1						1
	《战国策》			4		1									
	总计	0	0	12	1	1	0	0	0	1	0	0	0	8	2

（三）驾具类交通词汇

驾具类交通词汇就是指驾牲畜所用器具的名称。上古时期，本类别共有 8 个词项：鞒、辕、衡、轭、輗、轙、軛、鞘。

1. 驾具类交通词汇词项的语义特征

【辀】

辀，小车上的独辕，一木居舆前正中，朝前曲而向上。也泛指车辕。《说文·车部》："辀，辕也。"朱骏声通训定声："小车居中一木曲而上者谓之辀，故亦曰轩辕，谓其穹隆而高也。"《篇海类编·器用类·车部》："辀，车前曲木上句衡者谓之辀。"《诗·秦风·小戎》："小戎俴收，五楘梁辀。"毛传："梁辀，辀上句衡也。"《周礼·考工记·辀人》："辀人为辀。"郑玄注："辀，辕也。"孙诒让正义："小车曲辀，此辀人所为者是也。大车直辕，车人所为者是也。散文则辀、辕亦通称。王宗涑云：'析言之，曲者为辀，直者为辕。小车曲辀，一木居中，两服马夹辀左右。任载车直辕，两木分左右，一牛在两辕中。'《说文》云'辀，辕也''辕，辀也'，浑言之也。"汉张衡《思玄赋》："魂眷眷而屡顾兮，马倚辀而徘徊。""中国古代的马车起初只有独辀，战国时才出现双辕。……先秦文献中提到的战车和贵族出行之车，大抵皆为独辀马车。所以我国上古时代的车型，应以独辀马车为代表。"①

【辕】

辕，车前用来驾牲畜拉车的长木。大车双辕平而直，其名叫辕；小车独辕曲而向上隆起，其名叫辀。后世浑言不分。汉以后的车多为双辕。《说文·车部》："辕，辀也。"段玉裁注："《考工记》：'辀人为辀'，'车人为大车之辕'，是辀与辕别也。许浑言之者，通俗则一也。"朱骏声通训定声："大车、柏车、羊车皆左右两木，曰辕。其形直，一牛在辕间。田车、兵车、乘车，皆居中一木穹隆而上，曰辀。其形曲，两马在辀旁。辕与辀对文则别，散文则通。"《周礼·考工记·车人》："凡为辕，三其轮崇。"孙诒让正义："凡为辕三其轮崇者，明牛车为两直辕，异于马车之一曲辀也。"

【衡】

衡，车辕头上的横木。《释名·释车》："衡，横也。横马颈上也。"清阮元《车制图解下》："衡与车广等，长六尺四寸是也。"《诗·小雅·

---

① 孙机：《中国古独辀马车的结构》，《文物》1985年第8期，第25页。

采芑》:"约軝错衡,八鸾玱玱。"《论语·卫灵公》:"在舆,则见其倚于衡也。"刘宝楠正义:"衡之言横也,谓横于车前。"《庄子·马蹄》:"加之以衡扼。"陆德明释文:"衡,辕前横木,缚轭者也;扼,叉马颈者也。"《天工开物·舟车》:"凡大车,脱时则诸物星散收藏;驾则先上两轴,然后以次间架,凡轼、衡、軫、轭,皆从轴上受基也。"

【軏】

軏,古代车上置于辕的前端与车横木衔接处的销钉。《说文·车部》:"车辕耑持衡者。从车元声。"段玉裁注:"衡者,横木,长六尺六寸;以施轭驾马颈者也。持衡者曰軏,则衡与辕耑相接之关键也。"《玉篇·车部》:"軏,车辕端曲木也。軏,同上。"戴震曰:"大车鬲以驾牛,小车衡以驾马。辕端持鬲,其关键名輗;辀端持衡,其关键名軏。辀辕所以引车,必施輗軏,然后行。信之在人,亦交接相持之关键,故孔子以輗軏喻信。"《论语·为政》:"子曰:人而无信,不知其可也。大车无輗,小车无軏,其何以行之哉?"包咸注:"軏者,辕端上曲钩衡。"凌焕《古今车制图考》:"軏之用与辖同,辖为键,軏亦为键。"

【輗】

輗,古代大车车辕和横木相衔接的活销。《说文·车部》:"輗,大车辕耑持衡者。"段玉裁注:"辕与衡相接之关键也。"《论语·为政》:"大车无輗,小车无軏,其何以行之哉?"皇侃义疏引郑玄曰:"輗穿辕端着之,軏因辕端着之。"

【輨】

輨,车衡上贯穿缰绳的大环。《尔雅·释器》:"载辔谓之輨。"郭璞注:"车軛上环,辔所贯也。"《说文·车部》:"輨,车衡载辔者。"段玉裁注:"四马八辔,除骖马内辔纳于軾前之觼,在手者惟六辔。骖马外辔,复有游环,以与服马四辔同入轭上大环,以便总持。大环谓之輨。"《淮南子·说山训》:"遗人车而税其輨。"汉张衡《东京赋》:"龙辀华輨,金錽镂钖。"

【軶】

軶,牲口拉东西时驾在颈上的器具。同軛。《说文·车部》:"軶,辕

前也。"朱骏声通训定声："辀耑之衡，辕耑之楅皆名軛，以其下缺处为軥，所以扼制牛马领而称也。"《玉篇·车部》："軛，牛领軛也。亦作轭。"汉刘向《九叹·离世》："执组者不能制兮，必折軛而摧辕。"

【軥】

軥，车軛两边下伸反曲以备系革带的部分。《说文·车部》："軥，軛下曲者。"段玉裁注："軛木上平而下为两坳，加于两服马之颈，是曰軥。"朱骏声通训定声："軛下为两坳以叉服马之颈者，亦谓之乌啄。"《左传·襄公十四年》："射两軥而还。"杜预注："軥，车軛卷者。"孔颖达疏引服虔云："车軛两边叉马颈者。"

2. 驾具类交通词汇词项的属性差异

1) 上古前期

上古前期，本类别共有 2 个词项：辀、衡。

辀，小车上的独辕。在所测查的文献中仅 1 例，见于《诗经》。如下：

（95）小戎俴收，五楘梁辀。（《诗·秦风·小戎》）
——毛传："梁辀，辀上句衡也。"

衡，车辕头上的横木。在所测查的文献中共 3 例，均见于《诗经》。如：

（96）约軧错衡，八鸾玱玱。（《诗·小雅·采芑》）

2) 上古中期

上古中期，本类别共有 7 个词项：辀、辕、衡、軏、輗、軛、軥。

辀，小车上的独辕。在所测查的文献中共 23 例，其中，《周礼》16 例，《仪礼》1 例，《左传》4 例，《韩非子》2 例。如：

（97）辀有三度，轴有三理。（《周礼·考工记·辀人》）
（98）荐车，直东荣，北辀。（《仪礼·既夕礼》）

(99) 公孙阏与颍考叔争车，颍考叔挟辀以走，子都拔棘以逐之。（《左传·隐公十一年》）

(100) 群臣大夫诸公子入朝，马蹄践霤者，廷理斩其辀，戮其御。（《韩非子·外储说右上》）

辕，车前用来驾牲畜拉车的长木。在所测查的文献中共17例，其中《周礼》6例，《左传》1例，《庄子》2例，《墨子》3例，《韩非子》4例，《国语》1例。如：

(101) 今夫大车之辕挚，其登又难。（《周礼·考工记·辀人》）

(102) 执而梏之，与其父母妻子同一辕。（《左传·成公十七年》）

(103) 委蛇，其大如毂，其长如辕，紫衣而朱冠。（《庄子·达生》）

(104) 应孰辞而称议，是犹荷辕而击蛾也。（《墨子·公孟》）

(105) 因事之理，则不劳而成，故兹郑之踞辕而歌以上高梁也。（《韩非子·外储说右下》）

(106) 夫郤氏有车辕之难。（《国语·晋语九》）

衡，车辕头上的横木。在所测查的文献中共9例，其中，《周礼》3例，《仪礼》1例，《左传》1例，《论语》1例，《庄子》1例，《荀子》2例。如：

(107) 朝位宾主之间五十步，立当车衡。（《周礼·秋官·大行人》）

(108) 缨辔贝勒，县于衡。（《仪礼·既夕礼》）

(109) 少进，马还，又恭之拔旆投衡，乃出。（《左传·宣公十二年》）

(110) 在舆，则见其倚于衡也。（《论语·卫灵公》）

——刘宝楠正义："衡之言横也，谓横于车前。"

(111) 夫加之以衡扼，齐之以月题。(《庄子·马蹄》)

——陆德明释文："衡，辕前横木，缚轭者也；扼，叉马颈者也。"

(112) 前有错衡，所以养目也。(《荀子·礼论》)

轫，古代车上置于辕的前端与车横木衔接处的销钉。在所测查的文献中仅 1 例，见于《论语》。如下：

(113) 大车无輗，小车无軏，其何以行之哉？(《论语·为政》)

——包咸注："軏者，辕端上曲钩衡。"

輗，古代大车车辕和横木相衔接的活销。在所测查的文献中共 3 例，其中《论语》1 例，《韩非子》2 例。如：

(114) 大车无輗，小车无軏，其何以行之哉？(《论语·为政》)

——皇侃义疏引郑玄曰："輗穿辕端着之，軏因辕端着之。"

(115) 墨子大巧，巧为輗，拙为鸢。(《韩非子·外储说左上》)

轭，牲口拉东西时驾在颈上的器具。在所测查的文献中共 8 例，其中，《荀子》1 例，《仪礼》1 例，《韩非子》5 例，《管子》1 例。如：

(116) 三公奉轭、持纳，诸侯持轮、挟舆、先马。(《荀子·正论》)

(117) 楔貌如轭上两末。(《仪礼·既夕礼》)

(118) 郑县人有得车轭者，而不知其名。(《韩非子·外储说左上》)

(119) 牵家马轭家车者几何乘？(《管子·问》)

鞘，车轭两边下伸反曲以备系革带的部分。在所测查的文献中仅 1 例，见于《左传》。如下：

(120) 射两靷而还。(《左传·襄公十四年》)
——杜预注:"靷,车轭卷者。"
——孔颖达疏引服虔云:"车轭两边叉马颈者。"

3) 上古后期

上古后期,本类别共有 5 个词项:辀、辕、衡、轙、轭。

辀,小车上的独辕。在所测查的文献中仅 1 例,见于《礼记》。如下:

(121) 陈乘黄大路于中庭,北辀。(《礼记·杂记上》)

辕,车前用来驾牲畜拉车的长木。在所测查的文献中共 8 例,其中,《淮南子》3 例,《史记》4 例,《战国策》1 例。如:

(122) 轮圆舆方,辕从衡横,势施便也。(《淮南子·泰族训》)
(123) 今日廷论,局趣效辕下驹,吾并斩若属矣。(《史记·魏其武安侯列传》)
(124) 输饮食而待死士,令折辕而炊之。(《战国策·齐策五》)

衡,车辕头上的横木。在所测查的文献中共 6 例,其中《淮南子》3 例,《史记》3 例。如:

(125) 轮圆舆方,辕从衡横,势施便也。(《淮南子·泰族训》)
(126) 立则见其参于前也,在舆则见其倚于衡,夫然后行。(《史记·仲尼弟子列传》)

轙,车衡上贯穿缰绳的大环。在所测查的文献中仅 1 例,见于《淮南子》。如下:

(127) 遗人车而税其辕。(《淮南子·说山训》)

轭,牲口拉东西时驾在颈上的器具。在所测查的文献中共2例,均见于《淮南子》。如:

(128) 冬间无事,以伐林而积之,负轭而浮之河,是用民不得休息也。(《淮南子·人间训》)

驾具类交通词汇都是驾牲畜所用器具的名称,共有8个单音词:辀、辕、衡、轭、鞅、轫、輗、轙。该类别8个单音词的词义来源均为约定俗成的本义。语义属性可以通过形制、功能和等特征进行区分。从使用频次上看,"辀、衡"见于上古各时期,"辕、轭"见于上古中期和后期,使用频次较高;"鞅、轫、輗"仅见于上古中期,"轙"仅见于上古后期,使用频次都较低。

驾具类交通词汇词项属性差异见表2-17,词频统计情况见表2-18。

表 2-17 驾具类交通词汇词项属性分析

单位:次

词项	语义属性					生成属性		使用属性			
^	类义素	表义素				来源	结构	使用频次			
^	^	中心义素	关涉义素			^	^	前期	中期	后期	总计
^	^	^	形制	位置	功能	^	^	^	^	^	^
辀	驾牲畜的器具	驾具	独木;曲而上	车前	驾牲畜	约定俗成	单纯	1	23	1	25
辕	^	驾具	两木;平而直	车前	驾牲畜	约定俗成	单纯	—	17	8	25
衡	^	驾具	横木	辀端	缚轭驾马	约定俗成	单纯	3	9	6	18
轭	^	驾具	人字形	衡两边	扼制马颈	约定俗成	单纯	—	8	2	10

续表

词项	类义素	语义属性				生成属性		使用属性			
^	^	表义素				来源	结构	使用频次			
^	^	中心义素	关涉义素			^	^	前期	中期	后期	总计
^	^	^	形制	位置	功能	^	^	^	^	^	^
鞙	驾牲畜的器具	驾具	卷而向上	轭两脚端	系约颈之绳索	约定俗成	单纯	—	1	—	1
轫	^	销钉	木橛	鞙与衡衔接处	衔接鞙衡	约定俗成	单纯	—	1	—	1
輗	^	销钉	木橛	辕与衡衔接处	衔接辕衡	约定俗成	单纯	—	3	—	3
轙	^	驾具	环状	衡上	贯穿缰绳	约定俗成	单纯	—	—	1	1

表 2-18 驾具类交通词汇词频统计

单位：次

	文献	鞙	辕	衡	轭	鞙	轫	輗	轙
上古前期	《尚书》								
^	《诗经》	1		3					
^	《周易》								
^	总计	1	0	3	0	0	0	0	0
上古中期	《周礼》	16	6	3					
^	《仪礼》	1		1	1				
^	《老子》								
^	《左传》	4	1	1	1				
^	《荀子》			2	1				
^	《墨子》		3						
^	《管子》				1				
^	《孙子兵法》								
^	《吕氏春秋》								
^	《韩非子》	2	4		5			2	
^	《国语》		1						
^	《论语》			1			1	1	
^	《孟子》								
^	《庄子》		2	1					
^	总计	23	17	9	8	1	1	3	0

续表

文献		鞅	辕	衡	轭	鞠	轪	軦	轙
上古后期	《史记》		4	3					
	《淮南子》		3	3	2				1
	《礼记》	1							
	《战国策》		1						
	总计	1	8	6	2	0	0	0	1

（四）马具类交通词汇

马具类交通词汇就是指在马身上所配备器具、物品的名称。上古时期，本类别共有 27 个词项：鞅、靳、靷、樧、鞦、游环、胁驱、輈、辔、羁、勒、衔、镳、靮、羁靮、羁绁、衔樧、衔辔、紒、韏、鞭、策、马箠/马捶、鞭策/鞭筴、捶策。

1. 马具类交通词汇词项语义特征

【鞅】

鞅，套在牛马颈上的皮带。《说文·革部》："鞅，颈靼也。"段玉裁注："《释名》：'鞅，婴也，喉下称婴，言婴络之也。'按：刘与许合。杜云'在腹曰鞅'，恐未然也。"辽希麟《续一切经音义》卷一："鞅，《切韵》云：'牛项索也。'"《左传·僖公二十八年》："晋车七百乘，鞦、靷、鞅、韏。"陆德明释文："鞅，《说文》云：'颈皮也。'"

【靳】

靳，服马当胸的皮革。因作服马的代称。《说文·革部》："靳，当膺也。"《墨子·鲁问》："今绰也禄厚而谲夫子，夫子三侵鲁而绰三从，是鼓鞭于马靳也。"孙诒让间诂："毕云：《说文》云：'靳，当膺也。从革，斤声。'……言马欲行而鞭其前，所以自困……"《左传·定公九年》："吾从子，如骖之靳。"杜预注："靳，车中马也。"孔颖达疏："古人车驾四马：夹辕二马谓之服，两首齐；其外二马谓之骖，首差退。……靳是当胸之皮也，骖马之首，当服马之胸，胸上有靳。"

【靷】

靷，引车前行的皮带。骖马的外辔，穿过服马背上的游环系于车轴，

以引车前进。《说文·革部》:"靷,引轴也。"《诗·秦风·小戎》:"游环胁驱,阴靷鋈续。"毛传:"游环,靷环也。……靷,所以引也。"郑玄笺:"游环在背上,无常处,贯骖之外辔,以禁其出。"《左传·哀公二年》:"我两靷将绝,吾能止之。"孔颖达疏:"古之驾四马者,服马夹辕,其颈负轭,两骖在旁,挽靷助之。"

【鞧】

鞧,驾牛马的皮件,在腋的叫"鞧"。《集韵·霰韵》:"鞧,驾牛具。"《字汇·革部》:"鞧,马驾具。"《史记·礼书》:"寝兕持虎,鲛鞧弥龙,所以养威也。"裴骃集解引徐广曰:"鞧者,当马腋之革。"一说在背的叫"鞧"。《广韵·铣韵》:"鞧,在背曰鞧。"《左传·僖公二十八年》:"鞧靷鞅靽。"杜预注:"在背曰鞧。"明张岱《陶庵梦忆·麋公》:"万历甲辰,有老医驯一大角鹿,以铁钳其趾,设鞧其上,用笼头衔勒,骑而走。"一说马腹带。《释名·释车》:"鞧,经也,横经其腹下也。"唐慧琳《一切经音义》卷五十五引《苍颉篇解诂》:"鞧,马腹带也。"

【游环】

游环,服马背上的皮环。用皮革制造,在四驾马车的当中两匹马的背上滑动,中穿旁边两匹骖马的缰绳,其作用是防止骖马外逸。《诗·秦风·小戎》:"游环胁驱,阴靷鋈续。"毛传:"游环,靷环也,游在背上,所以御出也。"郑玄笺:"游环在背上,无常处,贯骖之外辔,以禁其出。"清凤韶《凤氏经说·车前马》:"皮为环,当服马背上,骖马外辔,贯环而执之,游移前却,制骖马不外出曰游环。"

【胁驱】

胁驱,服马外胁上的皮条。《诗·秦风·小戎》:"游环胁驱,阴靷鋈续。"毛传:"胁驱,慎驾具,所以止入也。"孔颖达疏:"胁驱者以一条皮上系于衡,后系于轸,当服马之胁,爱慎乘驾之具也。骖马欲入,则此皮约之,所以止入也。"宋沈括《梦溪笔谈·器用》:"胁驱,长一丈,皮为之,前系于衡,当骖马内,所以止入。"

【羁】

羁,马络头。《说文·网部》:"羁,马络头也……或从革。"《广雅·

释器》:"羁,勒也。"《左传·僖公二十四年》:"臣负羁绁,从君巡于天下。"孔颖达疏:"《说文》云:'羁,马络头也。又曰马绊。'"

【勒】

勒,带有嚼口的马笼头。《说文·革部》:"勒,马头络衔也。"段玉裁注:"此云落衔者,谓落其头而衔其口,可控制也。"可见,单纯的络头叫做"羁",带上络头同时带上马嚼子叫作"勒"。《释名·释车》:"勒,络也,络其头而引之也。"《仪礼·既夕礼》:"缨辔贝勒。"郑玄注:"贝勒,贝饰勒。"《汉书·匈奴传下》:"安车一乘,鞍勒一具。"颜师古注:"勒,马辔也。"

【樧】

樧,马口中所衔的横木,即马嚼子。《韩非子·奸劫弑臣》:"无捶策之威、衔樧之备,虽造父不能以服马。"《史记·司马相如列传》:"且夫清道而后行,中路而后驰,犹时有衔樧之变。"司马贞索隐引张揖曰:"衔,马勒衔也。櫱(樧),腓马口长衔也。"

【衔】

衔,马嚼子。横在马口里驾驭马的金属小棒。《说文·金部》:"衔,马勒口中。衔,行马者也。"《六书故·地理一》:"衔,马勒吻金也。"《庄子·马蹄》:"诡衔窃辔。"成玄英疏:"诡衔,吐出其勒。"《楚辞·九章·惜往日》:"乘骐骥而驰骋兮,无辔衔而自载。"《战国策·秦策一》:"伏轼搏衔,横历天下。"

【镳】

镳,勒马口具。与衔连用,衔在口内,镳在口旁。殷周时代有青铜制的,作圆形或方形,中央有孔;也有骨、角制的,多作长形。《说文·金部》:"镳,马衔也。"王筠释例:"案:上文'衔',马勒口中也;《革部》'勒',马头络衔也。然则勒以革为之,所以系镳,镳与衔皆以金为之,镳在口旁,衔在口中,三物一体,故通其名,而所在不可不别也。"《诗·秦风·驷驖》:"輶车鸾镳,载猃歇骄。"

【軜】

軜,驷马车上两旁之马的内侧系于轼上的缰绳。《说文·车部》:

"軜，骖马内辔系轼前者。"段玉裁注："軜之言内，谓内辔也。"《诗·秦风·小戎》："龙盾之合，鋈以觼軜。"毛传："軜，骖内辔也。"郑玄笺："軜之觼以白金为饰也。軜系于轼前。"

【辔】

辔，驾驭牲口的缰绳。《说文·丝部》："辔，马辔也。"《释名·释车》："辔，咈也，牵引咈戾以制马也。"唐慧琳《一切经音义》卷八引顾野王曰："辔，所以制御车中马也。"《诗·邶风·简兮》："有力如虎，执辔如组。"朱熹集传："辔，今之缰也。"

【靷】

靷，马缰绳。《初学记》卷二十二引《埤苍》："靷，马缰也。"《礼记·少仪》："牛则执纼，马则执靷。"郑玄注："纼、靷皆所以系制之者。"

【羁靷】

羁靷，马络头和缰绳。《礼记·檀弓下》："如皆守社稷，则孰执羁靷而从？"陈澔集解："羁，所以络马；靷，所以鞿马。"

【羁绁】

羁绁，马络头和马缰绳。亦泛指驭马或缚系禽兽的绳索。《左传·僖公二十四年》："臣负羁绁从君巡于天下。"杜预注："羁，马羁；绁，马缰。"陆德明释文："羁，马络头也；绁，系。"

【衔橛】

衔橛，马嚼子。《韩非子·奸劫弑臣》："无捶策之威、衔橛之备，虽造父不能以服马。"

【衔辔】

衔辔，马嚼子和马缰绳。《荀子·性恶》："前有衔辔之制，后有鞭策之威。"

【絷】

絷，拴马足的绳索。《诗·周颂·有客》："言授之絷，以絷其马。"《左传·成公二年》："执絷马前。"

【鞶】

鞶，套在牲口后部的皮带。一说为绊马足的绳索。也作"绊"。《释名·释车》："鞶，半也，拘使半行不得自纵也。"毕沅疏证："《说文》：'绊，马絷也。从糸，半声。'今此从革。《左传》有此字。"《左传·僖公二十八年》："晋车七百乘，韅、靷、鞅、鞶。"杜预注："在后曰鞶。"刘文淇旧注疏证："王念孙云：'《说文》有绊无鞶。绊，马䙅也。'案：王说是也。《释文》：'鞶，一云絷也。'"

【策】

策，马鞭。《说文·竹部》："策，马箠也。"唐玄应《一切经音义》卷十七："策，马挝也，所以捶马驱驰也。"《周礼·考工记·辀人》："軓前十尺而策半之。"郑玄注："策，御者之策也。"《战国策·赵策三》："齐闵王将之鲁，夷维子执策而从。"

【马箠/马捶】

马箠，亦作"马捶"，马杖；马鞭。箠，鞭子；马鞭。《说文·竹部》："箠，所以击马也。"《玉篇·竹部》："箠，击马箠也。"《史记·刘敬叔孙通列传》："太王以狄伐故，去豳，杖马箠居岐，国人争随之。"

捶，本义为用棍棒或拳敲打。《说文·手部》："捶，以杖击也。"引申为杖；鞭。段玉裁注："捶，引申之杖得名捶，犹小击之曰扑，因而击之之物得曰扑也。"《庄子·至乐》："庄子之楚，见空髑髅，髐然有形，撽以马捶。"

王凤阳根据"策"是编简之名推测，它可能是用若干长竹条并起来，后部用绳缠结在一起做成的；"马箠"则可能是用整枝竹做成的，只是前部劈成竹条而已。[1]

【鞭】

鞭，马鞭。《玉篇·革部》："鞭，马策也。"《左传·宣公十五年》："虽鞭之长，不及马腹。"《庄子·马蹄》："前有橛饰之患，而后有鞭筴之威。"成玄英疏："带皮曰鞭，无皮曰筴，俱是马杖也。"可见，"策"前竹条换成皮条就成为"鞭"了。"鞭在早期多用于殴人……有时也可假殴

---

[1] 王凤阳：《古辞辨》，吉林文史出版社，1993，第222页。

人之具以箠马。""东汉后期,记载中才常说骑者用鞭。魏晋以降,此风渐盛。但鞭推广于赶车,并完全取代了策,约应迟至唐代。"①

【鞭策/鞭筴】

鞭策,马鞭,亦作"鞭筴"。《礼记·曲礼上》:"乘路马,必朝服,载鞭策,不敢授绥。"《庄子·马蹄》:"前有橛饰之患,而后有鞭筴之威。"

【捶策】

捶策,马鞭子。《韩非子·奸劫弑臣》:"无捶策之威、衔橛之备,虽造父不能以服马。"捶,一本作"棰"。

2. 马具类交通词汇词项属性差异

1) 上古前期

上古前期,本类别共有 7 个词项:辔、镳、靷、游环、胁驱、軜、绁。

辔,驾驭牲口的缰绳。在所测查的文献中共 12 例,均见于《诗经》。如:

(129) 有力如虎,执辔如组。(《诗·邶风·简兮》)
——朱熹集传:"辔,今之缰也。"

镳,勒马口具。在所测查的文献中仅 1 例,见于《诗经》。如下:

(130) 輶车鸾镳,载猃歇骄。(《诗·秦风·驷驖》)

靷,引车前行的皮带。在所测查的文献中仅 1 例,见于《诗经》。如下:

(131) 游环胁驱,阴靷鋈续。(《诗·秦风·小戎》)
——毛传:"游环,靷环也。……靷,所以引也。"

---

① 孙机:《鞭策小议》,《文物》1985 年第 1 期,第 87 页。

——郑玄笺："游环在背上，无常处，贯骖之外辔，以禁其出。"

游环，服马背上的皮环。在所测查的文献中仅 1 例，见于《诗经》。如下：

(132) 游环胁驱，阴靷鋈续。（《诗·秦风·小戎》）
——毛传："游环，靷环也，游在背上，所以御出也。"
——郑玄笺："游环在背上，无常处，贯骖之外辔，以禁其出。"

胁驱，服马外胁上的皮条。在所测查的文献中仅 1 例，见于《诗经》。如下：

(133) 游环胁驱，阴靷鋈续。（《诗·秦风·小戎》）
——毛传："胁驱，慎驾具，所以止入也。"

軜，驷马车上两旁之马的内侧系于轼上的缰绳。在所测查的文献中仅 1 例，见于《诗经》。如下：

(134) 龙盾之合，鋈以觼軜。（《诗·秦风·小戎》）
——毛传："軜，骖内辔也。"
——郑玄笺："軜之觼以白金为饰也。軜系于轼前。"

縶，拴马足的绳索。在所测查的文献中仅 1 例，见于《诗经》。如下：

(135) 言授之縶，以縶其马。（《诗·周颂·有客》）

2）上古中期

上古中期，本类别共有 20 个词项：鞅、靳、鞘、樧、韅、鋚、羁、勒、衔、镳、縶、靽、羁绁、衔辔、衔橜、鞭、策、马棰、鞭筴、棰策。

鞅，套在牛马颈上的皮带。在所测查的文献中共4例，其中《左传》3例，《墨子》1例。如：

(136) 大子抽剑断鞅，乃止。(《左传·襄公十八年》)
(137) 文绣素练，大鞅万领，舆马女乐皆具。(《墨子·节葬下》)

靳，服马当胸的皮革。在所测查的文献中共2例，见于《左传》《墨子》。如下：

(138) 吾从子，如骖之靳。(《左传·定公九年》)
(139) 夫子三侵鲁而绰三从，是鼓鞭于马靳也。(《墨子·鲁问》)

靷，引车前行的皮带。在所测查的文献中共8例，其中《左传》3例，《吕氏春秋》4例，《荀子》1例。如：

(140) 我两靷将绝，吾能止之。(《左传·哀公二年》)
——孔颖达疏："古之驾四马者，服马夹辕，其颈负轭，两骖在旁，挽靷助之。"
(141) 韩昭厘侯出弋，靷偏缓。(《吕氏春秋·处方》)
(142) 趋舆而藏之，金革辔靷而不入，明不用也。(《荀子·礼论》)

橛，马口中所衔的横木，即马嚼子。在所测查的文献中共2例，见于《韩非子》《庄子》。如下：

(143) 无捶策之威、衔橛之备，虽造父不能以服马。(《韩非子·奸劫弑臣》)
(144) 前有橛饰之患，而后有鞭筴之威，而马之死者已过半矣！

(《庄子·马蹄》)

鞦，驾牛马的皮件，在腋的叫"鞦"。在所测查的文献中共2例，见于《左传》《荀子》。如下：

(145) 晋车七百乘，鞦靷鞅靽。(《左传·僖公二十八年》)
(146) 蛟鞦、丝末、弥龙，所以养威也。(《荀子·礼论》)

辔，驾驭牲口的缰绳。在所测查的文献中共46例，其中，《周礼》3例，《仪礼》3例，《左传》5例，《庄子》2例，《荀子》4例，《墨子》3例，《吕氏春秋》5例，《韩非子》14例，《国语》1例，《管子》6例。如：

(147) 及祭，酌仆，仆左执辔，右祭两轵，祭轨，乃饮。(《周礼·夏官·大驭》)
(148) 犬服，木锜，约绥，约辔，木镳。(《仪礼·既夕礼》)
(149) 吾闻致师者，左射以菆，代御执辔，御下两马，掉鞅而还。(《左传·宣公十二年》)
(150) 孔子再拜趋走，出门上车，执辔三失。(《庄子·盗跖》)
(151) 将死鼓，御死辔，百吏死职，士大夫死行列。(《荀子·议兵》)
(152) 秉辔授绥，如仰严亲，昏礼威仪，如承祭祀。(《墨子·非儒》)
(153) 王良之所以使马者，约审之以控其辔，而四马莫敢不尽力。(《吕氏春秋·审分》)
(154) 乃左并辔，右援枹而鼓之，马逸不能止，三军从之。(《国语·晋语五》)
(155) 无实则无势，失辔则马焉制？(《管子·七臣七主》)

羁，马络头。在所测查的文献中共 2 例，见于《庄子》。如下：

（156）连之以羁馽，编之以皂栈。（《庄子·马蹄》）
（157）是故禽兽可系羁而游，鸟鹊之巢可攀援而窥。（《庄子·马蹄》）

勒，带有嚼口的马笼头。在所测查的文献中共 2 例，见于《仪礼》《周礼》。如下：

（158）缨辔贝勒。（《仪礼·既夕礼》）
——郑玄注："贝勒，贝饰勒。"
（159）革路，龙勒，条缨五就。（《周礼·春官·巾车》）
——郑玄注："条，读为絛。其樊及缨以絛丝饰之而五成。"

衔，马嚼子，横在马口里驾驭马的金属小棒。在所测查的文献中共 4 例，其中，《庄子》2 例，《荀子》2 例。如：

（160）适有蚊虻仆缘，而拊之不时，则缺衔毁首碎胸。（《庄子·人间世》）
（161）前有衔辔之制，后有鞭策之威。（《荀子·性恶》）

镳，勒马口具。在所测查的文献中仅 1 例，见于《仪礼》。如下：

（162）御以蒲蒻、犬服、木錧、约绥、约辔、木镳。（《仪礼·既夕礼》）
——贾公彦疏："平常用马镳，以金为之，今用木，故知亦取少声也。"

縶，拴马足的绳索。在所测查的文献中共 2 例，均见于《左传》。如：

（163）韩厥执絷马前。（《左传·成公二年》）

靽，驾具，套在牲口后部的皮带。在所测查的文献中仅 1 例，见于《左传》。如下：

（164）晋车七百乘，韅、靷、鞅、靽。（《左传·僖公二十八年》）
——杜预注："在后曰靽。"

羁绁，马络头和马缰绳。亦泛指驭马或缚系禽兽的绳索。在所测查的文献中共 5 例，其中，《左传》4 例，《国语》1 例。如：

（165）臣负羁绁从君巡于天下。（《左传·僖公二十四年》）
——杜预注："羁，马羁；绁，马缰。"
（166）从者为羁绁之仆，居者为社稷之守，何必罪居者！（《国语·晋语四》）

衔橛，马嚼子。在所测查的文献中仅 1 例，见于《韩非子》。如下：

（167）无捶策之威、衔橛之备，虽造父不能以服马。（《韩非子·奸劫弑臣》）

衔辔，马嚼子和马缰绳。在所测查的文献中仅 1 例，见于《荀子》。如下：

（168）前有衔辔之制，后有鞭策之威。（《荀子·性恶》）

鞭，马鞭。在所测查的文献中共 4 例，其中，《左传》3 例，《墨子》1 例。如：

（169）虽鞭之长，不及马腹。（《左传·宣公十五年》）

（170）夫子三侵鲁，而绰三从，是鼓鞭于马靳也。（《墨子·鲁问》）

策，马鞭。在所测查的文献中共 9 例，其中《周礼》1 例，《左传》2 例，《仪礼》2 例，《吕氏春秋》2 例，《韩非子》2 例。如：

（171）軓前十尺而策半之。（《周礼·考工记·辀人》）
——郑玄注："策，御者之策也。"

（172）绕朝赠之以策。（《左传·文公十三年》）

（173）史读书，司马执策立于其后。（《仪礼·聘礼》）

（174）今御骊马者，使四人，人操一策。（《吕氏春秋·执一》）

（175）如欲以宽缓之政，治急世之民，犹无辔策而御駻马，此不知之患也。（《韩非子·五蠹》）

马捶，马杖；马鞭。在所测查的文献中仅 1 例，见于《庄子》。如下：

（176）庄子之楚，见空髑髅，髐然有形，撽以马捶。（《庄子·至乐》）

鞭筴，马鞭。在所测查的文献中共 2 例，见于《庄子》《韩非子》。如下：

（177）前有橛饰之患，而后有鞭筴之威。（《庄子·马蹄》）
——成玄英疏："带皮曰鞭，无皮曰筴，俱是马杖也。"

（178）今以国位为车，以势为马，以号令为辔，以刑罚为鞭筴。（《韩非子·难势》）

捶策，马鞭子。在所测查的文献中仅 1 例，见于《韩非子》。如下：

（179）无捶策之威、衔橛之备，虽造父不能以服马。（《韩非子·奸劫弑臣》）

3）上古后期

上古后期，本类别共有 14 个词项：靷、橛、鞶、䩪、羁、勒、衔、鞅、羁靮、衔橛、鞭、策、马箠、鞭策。

靷，引车前行的皮带。在所测查的文献中共 6 例，其中，《史记》4 例，《战国策》2 例。如：

（180）天下之游士，凭轼结靷西入秦者，无不欲强秦而弱齐。（《史记·孟尝君列传》）

（181）伏轼结靷西驰者，未有一人言善韩者也。（《战国策·韩策三》）

橛，马口中所衔的横木，即马嚼子。在所测查的文献中仅 1 例，见于《史记》。如下：

（182）且夫清道而后行，中路而后驰，犹时有衔橛之变。（《史记·司马相如列传》）

——司马贞索隐引张揖曰："衔，马勒衔也。橜（橛），腓马口长衔也。"

鞶，驾牛马的皮件，在腋的叫"鞶"。在所测查的文献中仅 1 例，见于《史记》。如下：

（183）寝兕持虎，蛟鞶弥龙，所以养威也。（《史记·礼书》）

——裴骃集解引徐广曰："鞶者，当马腋之革。"

辔，驾驭牲口的缰绳。在所测查的文献中共24例，其中，《礼记》4例，《淮南子》14例，《史记》6例。如：

（184）跪乘，执策分辔，驱之五步而立。(《礼记·曲礼上》)
（185）御者非辔不行，学御者不为辔也。(《淮南子·精神训》)
（186）市人皆观公子执辔，从骑皆窃骂侯生。(《史记·魏公子列传》)

羁，马络头。在所测查的文献中共3例，其中《淮南子》2例，《史记》1例。如：

（187）遗人马而解其羁，遗人车而税其轙，所爱者少而所亡者多。(《淮南子·说山训》)
（188）使骐骥可得系羁兮，岂云异夫犬羊！(《史记·屈原贾生列传》)

勒，带有嚼口的马笼头。在所测查的文献中仅1例，见于《淮南子》。如下：

（189）人不弛弓，马不解勒，便之也。(《淮南子·原道训》)

衔，马嚼子，横在马口里驾驭马的金属小棒。在所测查的文献中共10例，其中，《淮南子》8例，《战国策》1例，《史记》1例。如：

（190）掩以衡扼，连以辔衔，则虽历险超堑，弗敢辞。(《淮南子·脩务训》)
（191）伏轼撙衔，横历天下，廷说诸侯之王，杜左右之口，天下莫之能伉。(《战国策·秦策一》)
（192）且夫清道而后行，中路而后驰，犹时有衔橜之变。(《史记·司马相如列传》)

靮，马缰绳。在所测查的文献中仅 1 例，见于《礼记》。如下：

（193）牛则执纼，马则执靮。（《礼记·少仪》）
——郑玄注："纼、靮皆所以系制之者。"

羁靮，马络头和缰绳。在所测查的文献中仅 1 例，见于《礼记》。如下：

（194）如皆守社稷，则孰执羁靮而从？（《礼记·檀弓下》）
——陈澔集解："羁，所以络马；靮，所以鞚马。"

衔橛，马嚼子。在所测查的文献中仅 1 例，见于《史记》。如下：

（195）且夫清道而后行，中路而后驰，犹时有衔橛之变。（《史记·司马相如列传》）

鞭，马鞭。在所测查的文献中共 2 例，见于《淮南子》。如：

（196）若夫钳且、大丙之御也，除辔衔，去鞭弃策，车莫动而自举，马莫使而自走也。（《淮南子·览冥训》）

策，马鞭。在所测查的文献中共 19 例，其中《礼记》6 例，《战国策》1 例，《淮南子》9 例，《史记》3 例。如：

（197）君车将驾，则仆执策立于马前。（《礼记·曲礼上》）
（198）齐闵王将之鲁，夷维子执策而从。（《战国策·赵策三》）
（199）除辔衔，去鞭弃策，车莫动而自举，马莫使而自走也。（《淮南子·览冥训》）
（200）齐湣王将之鲁，夷维子为执策而从。（《史记·鲁仲连邹

阳列传》）

马箠，马杖；马鞭。在所测查的文献中共 2 例，均见于《史记》。如下：

（201）太王以狄伐故，去豳，杖马箠居岐，国人争随之。（《史记·刘敬叔孙通列传》）

（202）夫武臣、张耳、陈馀杖马箠下赵数十城。（《史记·张耳陈馀列传》）

鞭策，马鞭。在所测查的文献中共 3 例，见于《礼记》《淮南子》《战国策》。如下：

（203）乘路马，必朝服，载鞭策，不敢授绥。（《礼记·曲礼上》）

（204）电以为鞭策，雷以为车轮。（《淮南子·原道训》）

（205）齐南破楚，西屈秦，用韩、魏之兵，燕、赵之众，犹鞭笨也。（《战国策·燕策二》）

马具类交通词汇都是在马身上所配备的器具、物品的名称，共有 27 个词项。其中单音词 16 个，鞅、靳、靷、樔、轙、䩞、镳、羁、勒、衔、镳、靮、絷、鞊、鞭、策；复音词 11 个，游环、胁驱、羁靮、羁绁、衔樔、衔辔、马箠/马捶、鞭策/鞭笨、捶策。

该类别 16 个单音词的词义来源均为约定俗成的本义；11 个复音词中，"游环、胁驱、马箠/马捶" 为偏正式构词方式，"羁靮、羁绁、衔樔、衔辔、鞭策/鞭笨、捶策" 为联合式构词方式。该类词汇可以通过形制、功能和系挽方法等特征进行区分。

根据功能，马具类交通词汇可以分为两大类：引车之具和驭马之具。引车之具类词汇指用于负车、拽车，使马与车连为一体的马具，共 6 个：鞅、靷、轙、靳、游环、胁驱。从使用频次上看，"靷" 见于上古各时期，使用频次最高，共 15 次；"游环、胁驱"仅见于上古前期；"靲、靳"仅见于上古中期；"韅"见于上古中期和后期，使用频次都较低。

驭马之具类词汇指用于控制、约束马匹的马具，共 21 个：橛、靷、辔、羁、勒、衔、镳、靮、絷、鞾、鞭、策、羁靮、羁绁、衔橛、衔辔、马箠/马棰、鞭策/鞭筴、捶策。从使用频次上看，"羁、衔、策"见于上古中期和后期，使用频次较高；"辔"见于上古各时期，使用频次最高，共 82 次；其他词项使用频次都较低。

马具类交通词汇词项属性差异见表 2-19，词频统计情况见表 2-20、2-21。

表 2-19　马具类交通词汇词项属性分析

单位：次

词项	类义素	语义属性				生成属性		使用属性		
^	^	表义素				来源	结构	使用频次		
^	^	中心义素	关涉义素			^	^	前期	中期	后期	总计
^	^	^	形制	功能	系挽方法	^	^	^	^	^	^
靲	在马身上配备的器具物品	马具	皮带	固定车轭	缚结轭的双脚，套于马颈或马腹上	约定俗成	单纯	—	4	—	4
靷	^	马具	皮带	引车	系于游环与车轴间	约定俗成	单纯	1	8	6	15
韅	^	马具	皮带	防止车衡上翘	环系于马腹胁下	约定俗成	单纯	—	2	1	3
靳	^	马具	皮革	引车	斜围骖马胸，系于车	约定俗成	单纯	—	2	—	2
游环	^	马具	皮环	防止骖马外逸	服马背上，中穿骖马外辔	语素组合	复合	1	—	—	1
胁驱	^	马具	皮条	保持骖、服马间距	服马外胁；上系于衡，后系于轸	语素组合	复合	1	—	—	1
靷	^	马具	绳索	控制骖马	骖马内侧，系于轼	约定俗成	单纯	1	—	—	1
羁	^	马具	笼形皮条；无嚼口	网络马首以控制马	套于马头	约定俗成	单纯	—	2	3	5
勒	^	马具	笼形皮条；有嚼口	网络马首以控制马	套于马头	约定俗成	单纯	—	2	1	3

续表

词项	语义属性						生成属性		使用属性			
	类义素	表义素					来源	结构	使用频次			
		中心义素	关涉义素						前期	中期	后期	总计
			形制	功能	系挽方法							
衔	在马身上配备的器具物品	马具	两节带环金属棍套相连；两端有椭圆形环	驭马	横于马口内	约定俗成	单纯	—	4	10	14
镳		马具	圆形或方形金属	固衔；驭马	与衔端相连；露于马口旁	约定俗成	单纯	1	1	—	2
橛		马具	木棍	驭马	横于马口内	约定俗成	单纯	—	2	1	3
辔		马具	绳索	驭马	系于马口外端的衔环	约定俗成	单纯	12	46	24	82
靮		马具	绳索	驭马	离马而持；或栓于马	约定俗成	单纯	—	—	1	1
絷		马具	绳索	缚马足	缚前足	约定俗成	单纯	1	2	—	3
靽		马具	绳索	缚马足	缚后足	约定俗成	单纯	—	1	—	1
马箠/马捶		马具	整竹，前部劈为竹条	驱马		语素组合	复合	—	1	2	3
策		马具	竹条，由绳缠结	驱马		约定俗成	单纯	—	9	19	28
鞭		马具	前部为皮条	驱马		约定俗成	单纯	—	4	2	6
鞭策/鞭筴		马具		驱马		语素组合	复合	—	2	3	5
捶策		马具		驱马		语素组合	复合	—	1	—	1
羁靮		马具		驭马		语素组合	复合	—	—	1	1
羁绁		马具		驭马		语素组合	复合	—	5	—	5
衔橛		马具		驭马		语素组合	复合	—	1	1	2
衔辔		马具		驭马		语素组合	复合	—	1	—	1

表 2-20 马具类交通词汇词频统计（1）

文献		鞅	靳	靷	樲	鞙	辔	羁	勒	衔	镳	靮	絷	鞾	策	鞭	軜
上古前期	《尚书》																
	《诗经》			1			12				1		1				1
	《周易》																
	总计	0	0	1	0	0	12	0	0	0	1	0	1	0	0	0	1
上古中期	《周礼》						3	1							1		
	《仪礼》						3		1	1					2		
	《老子》																
	《左传》	3	1	3		1	5						2	1	2	3	
	《荀子》			1		1	4			2							
	《墨子》	1	1				3									1	
	《管子》						6										
	《孙子兵法》																
	《吕氏春秋》			4			5								2		
	《韩非子》				1		14								2		
	《国语》						1										
	《论语》																
	《孟子》																
	《庄子》				1		2	2		2							
	总计	4	2	8	2	2	46	2	2	4	1	0	2	1	9	4	0
上古后期	《史记》			4	1	1	6	1		1					3		
	《淮南子》						14	2	1	8					9	2	
	《礼记》						4				1				6		
	《战国策》			2						1					1		
	总计	0	0	6	1	1	24	3	1	10	1	0	0	0	19	2	0

表 2-21　马具类交通词汇词频统计（2）

文献		游环	胁驱	羁靮	羁绁	衔橛	衔辔	马箠	马棰	鞭策	鞭筴	捶策
上古前期	《尚书》											
	《诗经》	1	1									
	《周易》											
	总计	1	1	0	0	0	0	0	0	0	0	0
上古中期	《周礼》											
	《仪礼》											
	《老子》											
	《左传》				4							
	《荀子》						1					
	《墨子》											
	《管子》											
	《孙子兵法》											
	《吕氏春秋》											
	《韩非子》					1					1	1
	《国语》				1							
	《论语》											
	《孟子》											
	《庄子》								1		1	
	总计	0	0	0	5	1	1	0	1	0	2	1
上古后期	《史记》					1		2				
	《淮南子》									1		
	《礼记》			1						1		
	《战国策》									1		
	总计	0	0	1	0	1	0	2	0	3	0	0

第二节　舟船类交通词汇

　　所谓船，从广义上讲，是指能承载人或物的水上漂浮工具；从狭义上说，则是指水上交通工具，用于运输人或物、捕鱼、作战等。如从广义上讲船的起源，那么最最古老的船当属密封后即可浮在水面之物，如葫芦、竹筒，乃至陶壶、瓦罐、皮囊等。据历史文献记载，充气浮囊早在远古时代就用作泅水渡河的工具了。不过，严格地说，上述浮具还不能算作船。后来，先人们将漂浮在水面之上的木头、毛竹等捆在一起，成为木筏、竹筏。随筏之后出现的独木舟，系将一大段粗木头掏成瓢状。与筏相比，独木舟已呈半封闭状态，可以排水，不像筏子一样与水相连通。上古时期，船已具备一定的类型和称谓，其构造和形制已较为成熟和稳定。因此，本节将上古时期舟船类交通词汇分为船名类交通词汇和部件类交通词汇两类进行描写和分析。

一　船名类交通词汇

　　船名类交通词汇就是指上古时期某一种舟船的名称。根据语义特征，船名类交通词汇分为总名类、桴筏类、乘用类和战船类交通词汇四类。

（一）总名类交通词汇

　　总名类交通词汇就是指上古时期舟船的总称。上古时期，本类别共有7个词项：舟、船/舡、杭/航、舟杭/舟航。

　　1. 总名类交通词汇词项语义特征

【舟】

　　舟，船。甲骨文作"Ϫ"，金文作"Ϫ"。有船头、船尾和船舷。《说文》："舟，船也。古者，共鼓、货狄，刳木为舟，剡木为楫，以济不通。"段玉裁注："《邶风》'方之舟之'，传曰'舟，船也。古人言舟，汉人言船'。毛以今语释古，故云舟即今之船也。不传于《柏舟》而传于此者，以见方之为泭而非船也。……《考工记》故书'舟'作'周'。"《方言》卷九："舟，自关而西谓之船，自关而东或谓之舟，或谓之航。今吴越皆谓之船。""《易·系辞下》：'刳木为舟，剡木为楫……'，这里的'舟'显然是独木舟。后来的'舟'就是泛称了。"①

【船/舩】

船，水上交通工具。《说文·船部》："船，舟也。"段玉裁注："二篆为转注。古言舟，今言船。如古言屦，今言鞋。舟之言周旋也。"《释名·释船》："船，循也，循水而行也。"《说文解字义证》："小曰舟，大曰船。"

舩，"船"的异体字。《玉篇·舟部》："舩，船也。"《广雅·释水》："舩，舟也。"《商君书·弱民》："背法而治，此任重道远而无马牛，济大川而无舩楫也。"

【杭/航】

"杭"是上古渡船的通称。"扩大之，作各种船（不限于渡船）的通称，多指行驶的船。"②《史记·司马相如列传》："盖周跃鱼陨杭。"司马贞索隐："杭，舟也。"《楚辞·九章·惜诵》："昔余梦登天兮，魂中道而无杭。"王逸注："杭，度也。"

航，"杭"的异体字，汉代开始，使用频率渐高，"成为包括方舟在内的各种渡船的通称，与上古的'杭'同"③。《方言》卷九："舟，自关而西谓之船，自关而东或谓之舟，或谓之航。"《文选·左思〈吴都赋〉》："于是乎长鲸吞航，修鲵吐浪。"李善注引刘逵曰："航，舩之别名。"《淮南子·氾论训》："乃为窬木方版，以为舟航。"高诱注："舟相连为航也。"《方言》卷九："方舟谓之𦩷。"郭璞注："扬州人呼渡津舫为杭，荆州人呼𦩷。"

杭/航，既可以指单体或双体渡船，又可以指连船而成的浮桥。《水经注·渐江水》："溪广二百步，上立杭以相通。"《晋略·明帝纪》："（温峤）移前军屯水北，烧朱雀杭，以摧其锋。"《资治通鉴·梁敬帝绍泰元年》："丙辰，陈霸先对冶城立航，悉渡众军，攻其水南二栅。"胡三省注："航，连舟为桥也。"

---

① 王凤阳：《古辞辨》，吉林文史出版社，1993，第 222 页。
② 黄金贵：《古代文化词义集类辨考》，上海教育出版社，1995，第 1324 页。
③ 黄金贵：《古代文化词义集类辨考》，上海教育出版社，1995，第 1323 页。

【舟杭/舟航】

舟杭/舟航，复音词，泛指船只。《楚辞·九叹·远逝》："横舟航而济湘兮，耳聊啾而惝慌。"晋左思《吴都赋》："泛舟航于彭蠡，浑万艘而既同。"

2. 总名类交通词汇词项属性差异

1) 上古前期

上古前期，本类别仅有 1 个词项：舟。

舟，船。在所测查的文献中共 12 例，其中，《尚书》3 例，《诗经》9 例。如：

(1) 罔昼夜额额，罔水行舟。(《书·益稷》)
(2) 泛彼柏舟，亦泛其流。(《诗·邶风·柏舟》)

2) 上古中期

上古中期，本类别共有 2 个词项：舟、船。

舟，船。在所测查的文献中共 107 例，其中，《周礼》1 例，《论语》1 例，《孙子兵法》1 例，《左传》23 例，《国语》9 例，《吕氏春秋》19 例，《韩非子》4 例，《庄子》18 例，《墨子》16 例，《荀子》8 例，《管子》7 例。如：

(3) 作车以行陆，作舟以行水，此皆圣人之所作也。(《周礼·考工记·总叙》)
(4) 羿善射，奡荡舟，俱不得其死然；禹稷躬稼，而有天下。(《论语·宪问》)
(5) 舟止，从其所契者入水求之。(《吕氏春秋·察今》)
(6) 夫吴人与越人相恶也，当其同舟济而遇风，其相救也如左右手。(《孙子·九地篇》)
(7) 秦伯伐晋，济河焚舟，取王官，及郊。(《左传·文公三年》)
(8) 臣闻之，贾人夏则资皮，冬则资𫄨，旱则资舟，水则资车，以待乏也。(《国语·越语上》)

(9) 奔车之上无仲尼，覆舟之下无伯夷。(《韩非子·安危》)

(10) 吾尝济乎觞深之渊，津人操舟若神。(《庄子·达生》)

(11) 水则载舟，水则覆舟，君以此思危，则危将焉而不至矣？(《荀子·哀公》)

(12) 古者羿作弓，杼作甲，奚仲作车，巧垂作舟。(《墨子·非儒》)

(13) 济于舟者和于水矣，义于人者祥其神矣。(《管子·白心》)

船，水上交通工具。在所测查的文献中共23例。其中，《吕氏春秋》7例，《韩非子》3例，《庄子》4例，《管子》3例，《墨子》6例。如：

(14) 有渔父者，下船而来，须眉交白，被发揄袂，行原以上，距陆而止，左手据膝，右手持颐以听。(《庄子·渔父》)

(15) 千钧得船则浮，锱铢失船则沉，非千钧轻锱铢重也，有势之与无势也。(《韩非子·功名》)

(16) 桓公与宋夫人饮船中，夫人荡船而惧公，公怒，出之，宋受而嫁之蔡侯。(《管子·匡君大匡》)

(17) 有以乘舟死者，欲禁天下之船，悖。(《吕氏春秋·荡兵》)

(18) 船，木也，入船，非入木也。(《墨子·小取》)

3）上古后期

上古后期，本类别共有7个词项：舟、船/舡、杭/航、舟杭/舟航。

舟，船。在所测查的文献中共83例。其中，《礼记》4例，《战国策》13例，《史记》23例，《淮南子》43例。如：

(19) 命舟牧覆舟，五覆五反，乃告舟备具于天子焉，天子始乘舟。(《礼记·月令》)

(20) 同舟而济于江，卒遇风波，百族之子捷桴招杼船，若左右手，不以相德，其忧同也。(《淮南子·兵略训》)

(21) 乘舟，舟漏而弗塞，则舟沉矣。(《战国策·韩策二》)

(22) 积羽沉舟，群轻折轴，众口铄金，积毁销骨。(《史记·张仪列传》)

船/舡，水上交通工具。船，在所测查的文献中共 41 例。其中，《战国策》3 例，《淮南子》9 例，《史记》29 例。如：

(23) 平恐，乃解衣裸而佐刺船。(《史记·陈丞相世家》)
(24) 魏王与龙阳君共船而钓，龙阳君得十余鱼而涕下。(《战国策·魏策四》)
(25) 夫七尺之桡而制船之左右者，以水为资。(《淮南子·主术训》)

舡，在所测查的文献中共 12 例，均见于《史记》。如：

(26) 二十九年，桓公与夫人蔡姬戏舡中。(《史记·齐太公世家》)

杭/航，是上古渡船的通称。杭，在所测查的文献中共 2 例。其中，《史记》1 例，《淮南子》1 例。如：

(27) 经营炎火而浮弱水兮，杭绝浮渚而涉流沙。(《史记·司马相如列传》)
——裴骃集解引《汉书音义》曰："杭，船也。"
(28) 设鼠者机动，钓鱼者泛杭，任动者车鸣也。(《淮南子·说林训》)

航，在所测查的文献中共 2 例，均见于《淮南子》。如下：

(29) 使善呼者呼之，一呼而航来。(《淮南子·道应训》)

舟杭/舟航，泛指船只。舟航，在所测查的文献中共 3 例，均见于

《淮南子》。如下：

(30) 大者以为舟航柱梁，小者以为楫楔。(《淮南子·主术训》)

(31) 古者大川名谷，冲绝道路，不通往来也，乃为窾木方版，以为舟航。(《淮南子·氾论训》)

(32) 有游数，虽羸必遂；又况托于舟航之上乎！(《淮南子·诠言训》)

舟杭，在所测查的文献中仅1例，见于《淮南子》。如下：

(33) 经丹徒，起波涛，舟杭一日不能济也。(《淮南子·人间训》)

总名类交通词汇就是指上古时期舟船的总称。从使用地域上来看，"舟、杭/航"是关东方言，"船/舡"是关西方言。从形制上来看，"舟"小，"船"大。"甲骨文中所出现的大量'舟'字几乎全是平头小木板船格局，而无大航船迹象，未有'船'字……大船，或侧重于宽大，常用'船'；小船，或侧重于轻小，多用'舟'。"① "杭/航"，既可以指单体或双体渡船，又可以指连船而成的浮桥。从功能上看，"杭/航"是上古渡船的通称，以载运过河为主要功能，较之于"舟、船"更为具体。在上古后期，"舟"常与"杭/航"组合构成并列式双音词，用以泛指船只。

作为舟船总名，上古前期只用"舟"，并已广泛使用；上古中期"舟"单用频次仍然较高，"船"开始出现，单用频次相对较低；上古后期，随着"船"使用频次的增高，语义功能的增强，在许多相同语境下，或是引用前代典籍时，"船"都替代了"舟"。

"到魏晋时期，'船'已经成为本语义范畴的基本范畴词，在语法、语用方面都有新的发展。"② 在现代汉语中，"船"仍然是本语义范畴的基本范畴词，而"舟"则变为次要范畴词，单用频次较低，一般只以偏

---

① 黄金贵：《古代文化词义集类辨考》，上海教育出版社，1995，第1317~1319页。
② 高迪、傅亚庶：《"舟"、"船"在〈三曹文集〉中的同义情况研究》，《湖北民族学院学报（哲学社会科学版）》2014年第4期，第150页。

正式复音词形式出现在书面语中。如轻舟、扁舟、小舟。"船"之所以取代"舟",显然和秦的扩张有关,随着秦国的扩张,乃至统一中原,秦国的用词习惯也得到了推广。"杭/航"作为上古渡船的通称,最早见于上古中期,且频次较低,中古开始,"杭/航"则主要用作动词。"在同义词的分化里,'航'的以舟济水的航行义得到了发展,到今天不仅在水上通行,包括在空中飞行也叫'航'。"①

总名类交通词汇词项属性差异见表2-22,词频统计情况见表2-23。

表 2-22 总名类交通词汇词项属性分析

单位:次

<table>
<tr><td colspan="3">词项</td><td>舟</td><td>船/舡</td><td>杭/航</td><td>舟杭/舟航</td></tr>
<tr><td rowspan="7">语义属性</td><td colspan="2">类义素</td><td colspan="4">水上交通工具</td></tr>
<tr><td colspan="2">中心义素</td><td>总名</td><td>总名</td><td>总名</td><td>泛称</td></tr>
<tr><td rowspan="3">表义素</td><td>方言</td><td>关东</td><td>关西</td><td>关东</td><td></td></tr>
<tr><td>形制</td><td>小</td><td>大</td><td colspan="2">单体或双体</td></tr>
<tr><td>功能</td><td>水上通行</td><td>水上通行</td><td colspan="2">载运过河</td></tr>
<tr><td>关涉义素</td><td></td><td></td><td></td><td></td><td></td></tr>
<tr><td></td><td></td><td></td><td></td><td></td><td></td></tr>
<tr><td rowspan="2">生成属性</td><td colspan="2">来源</td><td>约定俗成</td><td>约定俗成</td><td>约定俗成</td><td>语素组合</td></tr>
<tr><td colspan="2">结构</td><td>单纯</td><td>单纯</td><td>单纯</td><td>复合</td></tr>
<tr><td rowspan="4">使用属性</td><td rowspan="4">使用频次</td><td>前期</td><td>12</td><td>—</td><td>—</td><td>—</td></tr>
<tr><td>中期</td><td>107</td><td>23</td><td>—</td><td>—</td></tr>
<tr><td>后期</td><td>83</td><td>53</td><td>4</td><td>4</td></tr>
<tr><td>总计</td><td>202</td><td>76</td><td>4</td><td>4</td></tr>
</table>

表 2-23 总名类交通词汇词项词频统计

单位:次

<table>
<tr><td colspan="2">文献</td><td>舟</td><td>船</td><td>舡</td><td>杭</td><td>航</td><td>舟杭</td><td>舟航</td></tr>
<tr><td rowspan="4">上古前期</td><td>《尚书》</td><td>3</td><td></td><td></td><td></td><td></td><td></td><td></td></tr>
<tr><td>《诗经》</td><td>9</td><td></td><td></td><td></td><td></td><td></td><td></td></tr>
<tr><td>《周易》</td><td></td><td></td><td></td><td></td><td></td><td></td><td></td></tr>
<tr><td>总计</td><td>12</td><td>0</td><td>0</td><td>0</td><td>0</td><td>0</td><td>0</td></tr>
</table>

---

① 王凤阳:《古辞辨》,吉林文史出版社,1993,第223页。

续表

文献		舟	船	舡	杭	航	舟杭	舟航
上古中期	《周礼》	1						
	《仪礼》							
	《老子》							
	《左传》	23						
	《荀子》	8						
	《墨子》	16	6					
	《管子》	7	3					
	《孙子兵法》	1						
	《吕氏春秋》	19	7					
	《韩非子》	4	3					
	《国语》	9						
	《论语》	1						
	《孟子》							
	《庄子》	18	4					
	总计	107	23	0	0	0	0	0
上古后期	《史记》	23	29	12	1			
	《淮南子》	43	9		1	2	1	3
	《礼记》	4						
	《战国策》	13	3					
	总计	83	41	12	2	2	1	3

（二）桴筏类交通词汇

桴筏类交通词汇就是指借助竹木之类产生的浮力制成的可漂浮于水上的交通工具的名称。上古时期，本类别共有4个词项：泭/柎/桴、筏。

1. 桴筏类交通词汇词项语义特征

【泭/柎/桴】

"泭"是用竹木等并排编扎成的水上交通工具。异体作"柎"，通作"桴"。《说文·水部》："泭，编木以渡也。""'桴'的原料不限于木，许慎的解释也是以木概括其他原料（如竹、苇、充气的畜皮……）而已。"①《尔雅·释水》："庶人乘泭。"郭璞注："泭，并木以渡。泭音桴。"邢昺疏："《论语（公冶长）》曰：'乘桴浮于海。'马融注云：'桴，编竹木，大曰栰，小曰桴。'是也。桴、泭音义同。"朱骏声《说文通训定声·孚部》："桴，假借又为泭。"《方言》卷九："泭谓之䈅，䈅谓之筏。筏，秦晋之通语也。"《集韵·虞韵》："泭，《说文》：'编木以渡。'一曰庶人乘泭。或作柎。"《楚辞·九章·惜往日》："乘氾泭以下流兮，无舟楫而自备。"王逸注："编竹木曰泭，楚人曰柎。"

【筏】

"筏"是用竹木平摆着编扎而成的水上交通工具。《方言》卷九："泭谓之䈅，䈅谓之筏。筏，秦晋之通语也。"《论语·公冶长》："道不行，乘桴浮于海。"马融注："大者曰筏。"《广韵·月韵》："筏，大曰筏，小曰桴，乘之渡水。"又《末韵》："筏，䈅筏。"《诗·周南·汉广》陆德明释文引郭璞《方言音义》曰："木曰䈅，竹曰筏。"黄金贵指出，"筏"字"从竹，其本义当是竹筏之称。竹筏通常以粗大毛竹编扎，自然较木筏、苇筏等为大，故马融之说也是。不过，从一开始并非大筏、竹筏之专称，而是见出口语色彩。'筏'当是古代口语中对竹木筏的通称"②。

2. 桴筏类交通词汇词项属性差异

1）上古前期

上古前期，本类别没有成员。

2）上古中期

上古中期，本类别共有4个词项：柎/泭/桴、筏。

柎/泭/桴，用竹木等并排编扎成的水上交通工具。泭，在所测查的文献中仅1例，见于《国语》。如下：

(34) 西征攘白狄之地，至于西河，方舟设泭，乘桴济河，至于石枕。（《国语·齐语》）

---

① 王凤阳：《古辞辨》，吉林文史出版社，1993，第224页。
② 黄金贵：《古代文化词义集类辨考》，上海教育出版社，1995，第1312页。

——韦昭注："编木曰泭，小泭曰桴。"

柎，在所测查的文献中仅 1 例，见于《管子》。如下：

(35) 方舟投柎，乘桴济河，至于石沈。(《管子·匡君小匡》)

桴，在所测查的文献中共 3 例，其中，《管子》1 例，《论语》1 例，《国语》1 例。如：

(36) 道不行，乘桴浮于海。(《论语·公冶长》)
——何晏集解引马融曰："桴，编竹木，大者曰筏，小者曰桴。"

筏，是用竹木平摆着编扎而成的水上交通工具。在所测查的文献中仅 1 例，见于《墨子》。如下：

(37) 渥水中，无过一筏。(《墨子·杂守》)

3）上古后期
上古后期，本类别仅有 1 个词项：桴。

桴，小的竹木筏子。在所测查的文献中仅 1 例，见于《淮南子》。如下：

(38) 方车而蹠越，乘桴而入胡，欲无穷，不可得也。(《淮南子·说山训》)

"泭/柎/桴"和"筏"均是借助竹木之类产生的浮力制成的可漂浮于水上的交通工具。其主要区别体现在形制上，"筏"较之于"桴"更为宽大。上古时期，桴筏类词项数量不多，出现频次也较低。

桴筏类交通词汇词项属性差异见表 2-24，词频统计情况见表 2-25。

表 2-24 桴筏类交通词汇词项属性分析

单位：次

词项				泭/栿/桴	筏
语义属性	表义素	类义素		用竹、木等平摆着编扎成的水上交通工具	
		中心义素		专名	专名
		关涉义素	形制	小	大
生成属性		来源		约定俗成	约定俗成
		结构		单纯	单纯
使用属性	使用频次	前期		—	—
		中期		5	1
		后期		1	—
		总计		6	1

表 2-25 桴筏类交通词汇词项词频统计

单位：次

	文献	泭	栿	桴	筏
上古中期	《周礼》				
	《仪礼》				
	《老子》				
	《左传》				
	《荀子》				
	《墨子》				1
	《管子》		1	1	
	《孙子兵法》				
	《吕氏春秋》				
	《韩非子》				
	《国语》	1		1	
	《论语》			1	
	《孟子》				
	《庄子》				
	总计	1	1	3	1

续表

文献		泭	柑	桴	筏
上古后期	《史记》				
	《淮南子》			1	
	《礼记》				
	《战国策》				
	总计	0	0	1	0

（三）乘用类交通词汇

乘用类交通词汇就是指上古时期载人乘用舟船的名称。上古时期，本类别共有7个词项：刀、舲、艇、舫、鹢/鹢首、龙舟。

1. 乘用类交通词汇词项语义特征

【刀】

刀，"舠"的古字，后亦作"鯛"。刀、舠古今字，舠、鯛异体字。《诗·卫风·河广》："谁谓河广？曾不容刀。"郑玄笺："小船曰刀。"陆德明释文："刀，《字书》作舠，《说文》作鯛。"孔颖达疏："上言一苇桴楫之小，此刀宜为舟船之小。《说文》作鯛。鯛，小船也，字异音同。"《释名·释船》："三百斛曰鯛。鯛，貂也；貂，短也。江南所名，短而广安，不倾危者也。"《集韵》："舠，小船也。或从周。"毕沅疏证："鯛，俗字也……《北堂书钞》《初学记》《御览》皆引作舠。"

黄金贵指出："'舠、鯛、舩、刀'为一物。……是种体型短宽、稳性较好的小运输船，本也是吴越一带的船型，《诗经》时代盖已流传到中原黄河流域。"① 王作新指出："刀、舟古音无别。其初它们当是同一事物、同一名称的不同书写形式而已，后来，语音发展变化，隐没了其间的这层关系。"② 刘智锋从隐喻认知角度解释了同族词"刀、舠、魛"的孳乳方式，指出："'刀'的特征遵循映射域的规则分别转移到'舠、魛'这些目标概念上。人们获得这样的理解：'舠'好比'刀'一样形体扁小

---

① 黄金贵：《古代文化词义集类辨考》，上海教育出版社，1995，第1339页。
② 王作新：《上古舟船述要》，《文献》1997年第3期，第222页。

而狭长；'舠'好比'刀'一样，体形侧扁狭长。……'舠'的概念曾作为一个义项被整合到语词'刀'中，它可视为引申义。我们称这种现象为'内化表达'。后来概念'舠'又被赋予新语音极〔tô（舠）〕，构成新词。这可称为'外化表达'。"①

【舲】

舲，是一种有窗的小船。"当是先秦吴越一带有窗棂、屋面，较华丽的小客船。"②《玉篇·舟部》："舲，小船屋也。"《广韵·青韵》："舲，舟上有窗。"《淮南子·俶真训》："越舲蜀艇，不能无水而浮。"

【艇】

艇，小船。《方言》卷九："小舸谓之艖，艖谓之艒鯀，小艒鯀谓之艇。"《释名·释船》："二百斛以下曰艇。艇，挺也，其形径挺，一人二人所乘行也。"《说文新附·舟部》："艇，小舟也。"《小尔雅·广器》："小船谓之艇，艇之小者曰艀。"胡世琦《小尔雅义证》曰："《说文》无'艇'字，本作'梃'。……艇之小者曰'艀'，犹筏之小者曰'泭'，……艀之小者又曰'艀'，犹泭之小者曰'桴'。韦昭齐语注'编相泭，小泭曰桴'，是也。"《淮南子·俶真训》："越舲蜀艇，不能无水而浮。"高诱注："蜀艇，一版之舟。"

【舫】

舫，相并连的两船。《说文·舟部》："舫，船师也。《明堂月令》曰：'舫人，习水者。'"段玉裁据《韵会》删"师"字。《尔雅·释言》："舫，舟也。"郭璞注："并两船。"《一切经音义》卷二六引《通俗文》曰："连舟曰舫，谓并两舟也。"《太平御览》卷七百七十引王隐《晋书·顾荣传》："遂解舫为单舸，一日一夜行五六百里。"《战国策·楚策一》："舫船载卒，一舫载五十人，与三月之粮，下水而浮，一日行三百余里。"鲍彪注："舫，并船也。"《史记·张仪列传》："舫船载卒，一舫载五十人与三月之食。"司马贞索隐："舫，谓并两船也。"《资治通鉴·陈宣帝太建十年》："周兵益至，诸将议破堰拔军，以舫载马而去。"胡三省注："舫，并两船也。"

---

① 刘智锋：《同族词孳乳的认知研究及其启示》，《古汉语研究》2013年第2期，第65页。
② 黄金贵：《古代文化词义集类辨考》，上海教育出版社，1995，第1339页。

【鹢/鹢首】

鹢，本义为水鸟名，形如鹭而大，羽色苍白，善高飞。《左传·僖公十六年》："六鹢退飞，过宋都，风也。"杜预注："鹢，水鸟。"借指头上画着鹢鸟的船。《方言·卷九》："首谓之阁闾，或谓之艗艏。"郭璞注："鹢，鸟名也。今江东贵人船前作青雀是其像也。"

鹢首，船首画有鹢鸟形状的船。《广雅·释水》："艗艏，舟也。"王念孙疏证："艗首，本作鹢首，画鹢于船首，因命其船为鹢首也。"《汉书·司马相如传上》："西驰宣曲，濯鹢牛首。"颜师古注："濯者，所以刺船也。鹢即鹢首之舟也。"《小学蒐佚韵集》："鹢首，天子船也。"《淮南子·本经训》："稻粱饶余，龙舟鹢首。"

【龙舟】

龙舟，饰龙形的大船。《淮南子·本经训》："龙舟鹢首，浮吹以娱。"高诱注："龙舟，大舟也，刻为龙文。"

2. 乘用类词项属性差异

1) 上古前期

上古前期，本类别仅有 1 个词项：刀。

刀，小船。在所测查的文献中仅 1 例，见于《诗经》。如下：

（39）谁谓河广？曾不容刀。（《诗·卫风·河广》）

2) 上古中期

上古中期，本类别没有成员。

3) 上古后期

上古后期，本类别共有 6 个词项：舲、艇、舫、鹢/鹢首、龙舟。

舲，在所测查的文献中仅 1 例，见于《淮南子》。如下：

（40）越舲蜀艇，不能无水而浮。（《淮南子·俶真训》）

艇，小船。在所测查的文献中仅 1 例，见于《淮南子》。如下：

(41) 越舲蜀艇，不能无水而浮。(《淮南子·俶真训》)

舫，在所测查的文献中共 4 例，其中《战国策》2 例，《史记》2 例。如：

(42) 舫船载卒，一舫载五十人，与三月之粮，下水而浮，一日行三百余里。(《战国策·楚策一》)
(43) 舫船载卒，一舫载五十人与三月之食。(《史记·张仪列传》)

鹢/鹢首，指头上画着鹢鸟的船，后泛称船。鹢，在所测查的文献中共 2 例，均见于《史记》。如下：

(44) 西驰宣曲，濯鹢牛首。(《史记·司马相如列传》)
(45) 浮文鹢，扬桂枻，张翠帷，建羽盖。(《史记·司马相如列传》)

鹢首，在所测查的文献中仅 1 例，见于《淮南子》。如下：

(46) 稻粱饶余，龙舟鹢首。(《淮南子·本经训》)

龙舟，一种饰龙形的大船。在所测查的文献中共 2 例。见于《淮南子》。如下：

(47) 龙舟鹢首，浮吹以娱。(《淮南子·本经训》)
(48) 则水断龙舟，陆剸犀甲。(《淮南子·脩务训》)

乘用类交通词汇都是上古时期载人乘用车辆的名称，共 7 个词项。从形制上看，"舲"形制较小，有窗；"鹢/鹢首"船头画有鹢鸟；"龙舟"形制较大，饰龙形；"刀"形制小、短、宽；"艇"形制径挺，直；"舫"为双体。

该类词汇中的 5 个单音词，"舲、艇、舫"的词义来源为约定俗成的本义，"刀、鹢"的词义来源为该词的引申义；2 个双音词均为偏正式构词方式。

从使用频次上看，"刀"仅见于上古前期，其他词项仅见于上古后期文献中。

乘用类交通词汇词项属性差异见表 2-26，词频统计情况见表 2-27。

表 2-26　乘用类交通词汇词项属性分析

单位：次

词项	语义属性				生成属性		使用属性			
	类义素	表义素			来源	结构	使用频次			
		中心义素	关涉义素				前期	中期	后期	总计
			形制	性质						
刀	用于乘用的水上交通工具	专名	小；短；宽		引申	单纯	1	—	—	1
舲		专名	有窗；小	华丽	派生	单纯	—	—	1	1
艇		专名	直		约定俗成	单纯	—	—	1	1
舫		专名	双体		约定俗成	单纯	—	—	4	4
鹢		专名	船头画有鹢鸟		引申	单纯	—	—	2	2
鹢首		专名	船头画有鹢鸟		引申	复合	—	—	1	1
龙舟		专名	饰龙形，大		语素组合	复合	—	—	2	2

表 2-27　乘用类交通词汇词项词频统计

单位：次

文献		刀	舲	艇	舫	鹢	鹢首	龙舟
上古前期	《尚书》							
	《诗经》	1						
	《周易》							
	总计	1	0	0	0	0	0	0
上古后期	《史记》				2	2		
	《淮南子》		1	1			1	2
	《礼记》							
	《战国策》				2			
	总计	0	1	1	4	2	1	2

(四) 战船类交通词汇

战船类交通词汇就是指上古时期用于水上战斗舟船的名称。上古时期，本类别共有4个词项：余皇、戈船、楼船/楼舡。

1. 战船类交通词汇词项语义特征

【余皇】

余皇，是春秋时期吴王所乘的大型战船。也作"艅艎"。《广雅·释水》："艅艎，舟也。"《说文新附·舟部》："艅，艅艎，舟名。"《玉篇》："艎，吴舟名。"《集韵·唐韵》："艎，艅艎，吴大舟名。"《广韵》："艅，艅艎，吴王船名。""作战时船上必设旗鼓之属。"① 《左传·昭公十七年》："楚师继之，大败吴师，获其乘舟余皇。"杜预注："余皇，舟名。"

【戈船】

戈船，是古代建有戈矛的战船。一说船下安戈戟，以御潜行之敌及蛟龙水虫之害。《汉书·武帝纪》："归义越侯严为戈船将军，出零陵，下离水。"张晏注："越人于水中负人船，又有蛟龙之害，故置戈于船下，因以为名也。""戈船实与楼船相类，唯无楼，更宜快速攻击……戈船帆与棹并用，故行速甚快。"②

【楼船/楼舡】

楼船，亦作"楼舡"。有楼的大船。多用作战船。《史记·南越列传》："令罪人及江淮以南楼船十万师往讨之。"应劭曰："时欲击越，非水不至，故作大船。船上施楼，故号曰'楼船'也。""楼船……应是攻击性主力舰。但文献中不见以楼船进行水战的记录，唯见以楼船在内河、近海运载军队的记载……可见，它实际上是种大型运输舰。从春秋至宋代，凡水军战舰，必有楼船。"③

2. 战船类交通词汇词项属性差异

1）上古前期

上古前期，本类别没有成员。

---

① 黄金贵：《古代文化词义集类辨考》，上海教育出版社，1995，第1346页。
② 黄金贵：《古代文化词义集类辨考》，上海教育出版社，1995，第1347~1348页。
③ 黄金贵：《古代文化词义集类辨考》，上海教育出版社，1995，第1347页。

2）上古中期

上古中期，本类别仅有 1 个词项：余皇。

余皇，春秋时期吴王所乘的大型战舰。在所测查的文献中共 2 例，均见于《左传》。如下：

（49）楚师继之，大败吴师，获其乘舟余皇。（《左传·昭公十七年》）

（50）楚师乱，吴人大败之，取余皇以归。（《左传·昭公十七年》）

3）上古后期

上古后期，本类别共有 3 个词项：戈船、楼船/楼舡。

戈船，春秋时期吴王所乘的大型战舰。在所测查的文献中共 3 例，均见于《史记》。如：

（51）越侯为戈船、下濑将军，出若邪、白沙。（《史记·东越列传》）

（52）故归义越侯二人为戈船、下厉将军。（《史记·南越列传》）

楼船/楼舡，有楼的大船。多用作战船。楼船，在所测查的文献中共 102 例，均见于《史记》。如：

（53）令罪人及江淮以南楼船十万师往讨之。（《史记·南越列传》）

楼舡，在所测查的文献中共 2 例，均见于《史记》。如：

（54）治楼舡，高十余丈，旗帜加其上，甚壮。（《史记·平淮书》）

战船类交通词汇都是上古时期用于水上战斗舟船的名称，共 4 个词项。从形制上看，"余皇"设旗鼓，"戈船"建有戈矛，"楼船/楼舡"有

楼。从性质上看,"余皇、楼船/楼舡、戈船"均为大型战船,"戈船"行速较快。从功能上看,"余皇"为吴王乘坐,用于指挥;"戈船"行速较快,用于快速攻击;"楼船/楼舡"主要用于战时运输。

从词形结构上看,"余皇"为单纯词中的连绵词,"戈船、楼船/楼舡"三个复合词为偏正式构词方式。

从使用频次上看,"余皇"仅见于上古中期,"戈船"仅见于上古后期,"楼船/楼舡"见于上古后期,频次最高,共104次。

战船类交通词汇词项属性差异见表2-28,词频统计情况见表2-29。

表2-28 战船类交通词汇词项属性分析

单位:次

	词项		余皇	戈船	楼船/楼舡
语义属性	类义素		军用船		
	表义素	中心义素	专名	专名	专名
		形制	设旗鼓	建有戈矛	有楼
		关涉义素 性质	大	大;快	大
		功能	指挥	攻击	运输
		乘坐者	吴王		
生成属性	来源		约定俗成	语素组合	语素组合
	结构		单纯	复合	复合
使用属性	使用频次	前期	—	—	—
		中期	2	—	—
		后期	—	3	104
		总计	2	3	104

表2-29 战船类交通词汇词项词频统计

单位:次

	文献	余皇	戈船	楼船	楼舡
上古中期	《周礼》				
	《仪礼》				
	《老子》				

续表

文献		余皇	戈船	楼船	楼舡
上古中期	《左传》	2			
	《荀子》				
	《墨子》				
	《管子》				
	《孙子兵法》				
	《吕氏春秋》				
	《韩非子》				
	《国语》				
	《论语》				
	《孟子》				
	《庄子》				
	总计	2	0	0	0
上古后期	《史记》		3	102	2
	《淮南子》				
	《礼记》				
	《战国策》				
	总计	0	3	102	2

二、部件类交通词汇

部件类交通词汇就是指上古时期舟船某一种部件的名称。上古时期，本类别共有4个词项：枻、桡、楫、篙。

（一）部件类交通词汇词项语义特征

【枻】

"枻"，短桨。一说为舵。《集韵·祭韵》："枻，楫谓之枻，一曰柂（舵）也。或从曳。"《楚辞·九歌·湘君》："桂棹兮兰枻，斫冰兮积雪。"洪兴祖补注："楫谓之枻。""'枻'最先见于《楚辞》，可能是楚方言。"[1]

---

[1] 王凤阳：《古辞辨》，吉林文史出版社，1993，第224页。

【桡】

"桡",短桨。《方言》卷九:"楫谓之桡,或谓之棹。"《玉篇·木部》:"桡,小楫也。"《篇海类编·花木类·木部》:"桡,棹之短者。"《楚辞·九歌·湘君》:"薜荔柏兮蕙绸,荪桡兮兰旌。"王逸注:"桡,船小楫也。"《汉书·元后传》:"辑濯越歌。"颜师古注:"辑,谓棹之短者也,今吴越之人呼为桡。""'桡'可能是吴越一带方言。"①

【楫】

"楫"或作"辑""檝",指短桨。短曰楫,长曰棹。《说文·木部》:"楫,舟櫂也。"桂馥义证:"或作'檝'。《字书》:檝,舟旁拨水者。短曰檝,长曰棹。"《释名·释船》:"楫,捷也,拨水使舟捷疾也。"

"楫"经常和"舟"配合使用。《诗·卫风·竹竿》:"淇水悠悠,桧楫松舟。"毛传:"楫,所以櫂舟也。"《荀子·劝学》:"假舟楫者,非能水也,而绝江河。""'舟'是关东用语,'楫'也应该是关东所用;'舟'最初指独木舟,'楫'也应该是向后划水的短桨。"② 后作桨的通称。

【篙】

"篙"是撑船的竹竿或木杆。《说文新附·竹部》:"篙,所以进船也。"《玉篇·竹部》:"篙,竹刺船行也。"《广韵·豪韵》:"篙,进船竿。"唐玄应《一切经音义》:"(篙)谓刺船竹,以铁为镞。"《淮南子·说林训》:"以篙测江,篙终而以水为测,惑矣!"高诱注:"篙,摘船桡。"

(二)部件类交通词汇词项属性差异

1. 上古前期

上古前期,本类别仅有1个词项:楫。

楫,短桨。在所测查的文献中仅1例。见于《诗经》。如下:

(1)淇水悠悠,桧楫松舟。(《诗·卫风·竹竿》)

---

① 王凤阳:《古辞辨》,吉林文史出版社,1993,第225页。
② 王凤阳:《古辞辨》,吉林文史出版社,1993,第224页。

2. 上古中期

上古中期，本类别仅有 1 个词项：楫。

楫，短桨。在所测查的文献中共 3 例。其中，《韩非子》2 例，《吕氏春秋》1 例。如：

（2）乘舟之安，持楫之利，则可以水绝江河之难。（《韩非子·奸劫弑臣》）

（3）船人怒，而以楫虓其头，顾不知其孟贲也。（《吕氏春秋·必己》）

3. 上古后期

上古后期，本类别共有 4 个词项：枻、篙、桡、楫。

枻，短桨。一说为舵。在所测查的文献中共 2 例，其中，《史记》1 例，《淮南子》1 例。如：

（4）浮文鹢，扬桂枻，张翠帷，建羽盖。（《史记·司马相如列传》）
——裴骃集解引韦昭曰："枻，橄也。"

篙，是撑船的竹竿或木杆。在所测查的文献中仅 1 例，见于《淮南子》。如下：

（5）以篙测江，篙终而以水为测，惑矣！（《淮南子·说林训》）
——高诱注："篙，摘船桡。"

桡，船桨。在所测查的文献中仅 1 例，见于《淮南子》。如下：

（6）夫七尺之桡而制船之左右者，以水为资。（《淮南子·主术训》）

楫，短桨。在所测查的文献中共2例。见于《淮南子》。如下：

（7）上求楫，而下致船；上言若丝，下言若纶。（《淮南子·说山训》）

（8）大者以为舟航柱梁，小者以为楫楔。（《淮南子·主术训》）

部件类交通词汇都是指上古时期舟船某一种部件的名称，共4个词项。"楫、枻、篙、桡"都是使船前进的进船工具。从操作方式上看，"篙"为撑、拉，其他进船工具均为划。从形制上看，"篙"形制长大，"楫、枻、桡"形制短小。从使用地域上看，"枻"为楚方言，"桡"为吴越方言，"楫"为关东方言。

该类别词项有4个单音词，词义来源均为约定俗成。从使用频次上看，"桡、枻、篙"仅见于上古后期，"楫"出现频次最高，且见于上古各时期。

部件类交通词汇词项属性差异见表2-30，词频统计情况见表2-31。

表2-30 部件类交通词汇词项属性分析

		词项	楫	枻	桡	篙
语义属性		类义素	舟船部件			
	表义素	中心义素	进船工具	进船工具	进船工具	进船工具
		关涉义素 功能	进船	进船	进船	进船
		形制	短	短	短	长
		方式	划	划	划	撑；拉
		方言	关东	楚	吴越	
生成属性		来源	约定俗成	约定俗成	约定俗成	约定俗成
		结构	单纯	单纯	单纯	单纯
使用属性	使用频次	前期	1	—	—	—
		中期	3	—	—	—
		后期	2	2	1	1
		总计	6	2	1	1

表 2-31 部件类交通词汇词项词频统计

文献		楫	枻	桡	篙
上古前期	《尚书》				
	《诗经》	1			
	《周易》				
	总计	1	0	0	0
上古中期	《周礼》				
	《仪礼》				
	《老子》				
	《左传》				
	《荀子》				
	《墨子》				
	《管子》				
	《孙子兵法》				
	《吕氏春秋》	1			
	《韩非子》	2			
	《国语》				
	《论语》				
	《孟子》				
	《庄子》				
	总计	3	0	0	0
上古后期	《史记》		1		
	《淮南子》	2	1	1	1
	《礼记》				
	《战国策》				
	总计	2	2	1	1

第三节 道路类交通词汇

上古时期的道路交通词汇非常丰富。关于道路交通词汇的分类，王力认为"道、路、途"为一类，是可以通车的路，"蹊、径"为一类，是不能通车的路。① 王凤阳将道路交通词汇分为四组。"行、道、路、途"为一组，是车马可以通行无阻的道路；"衢、冲、逵、康、庄、街、巷"为一组，是四通八达的道路；"阡、陌、畛"为一组，是田间道路；"蹊、径"为一组，是只能容人畜通过的道路。② 吴宝安将西汉文献中与"路"有关的交通词汇分为五组。"行、道、路、途、术"为大路类，"蹊、径、阡、陌"为小路类，"衢、冲、逵、康、庄"为交道类，"街、巷"为城中路类，"羡、隧"为墓道类。本书根据对交通词汇的界定③，借鉴吴宝安的分类方法④，将上古汉语道路类交通词汇分为大路类、小路类、交道类和城中路类交通词汇四类进行描写和分析。

一　大路类交通词汇

大路类交通词汇就是指可以通行车马道路的名称。上古时期，本类别共有 10 个词项：行、涂/途、道、路、周行/周道、栈道、驰道、道路。

（一）大路类交通词汇词项语义特征

【行】

行，道路。《说文·行部》："行，人之步趋也。从彳，从亍。"《尔雅·释宫》："行，道也。"甲骨文 像四达之衢，金文 承续甲骨文的字形，篆书 将金文 书写成正反两个彳、亍，失去路的形象。罗振玉《殷虚书契考释》：" 象四达之衢，人所行也。"⑤ 从甲骨文、金文字形来看，"行"的本义当为"路"，"行走"为引申义。《诗·周颂·天作》："彼徂矣，岐有夷之行。"郑玄笺："行，道也。"《左传·襄公九年》："杞人、郳人从赵武、魏绛斩行栗。"陆德明释文："行，道也。"《战国策·魏策四》："今者臣来，见人于大行。"吴师道注："行，道也。"《史记·司马

---

① 王力：《古代汉语》，中华书局，1999，第 1502 页。
② 王凤阳：《古辞辨》，吉林文史出版社，1993，第 207~211 页。
③ 道路基础设施中的墓道、隧道、桥梁、津渡、关塞、邮亭、馆驿等构筑物和建筑物，属于道路的从属成分，虽然具有运输和信息传递的功能，但与建筑范畴存在一定程度的交叉，故该类词汇不列为本书的研究对象。
④ 吴宝安：《西汉核心词研究》，巴蜀书社，2011。
⑤ 罗振玉：《殷虚书契考释》，中华书局，2006，第 140 页。

相如列传》:"文王改制,爰周郅隆,大行越成。"裴骃集解:"行,道也。"

《诗·豳风·七月》:"女执懿筐,遵彼微行,爰求柔桑。"孔颖达疏:"行,训为道也。步道谓之径,微行为墙下径。""微行"就是小道;《诗·小雅·大东》:"佻佻公子,行彼周行。""周行"指周人所开辟的通往东方的大道。"可见,'行'曾为路的泛称。"①

"'行'的道路义后代很少应用,通行的是'行'的动词用法,表示在道路上行走。……在现在的字里保留着它的道路义的残余的,只有作偏旁用的'行'了。以'行'为形符构成的字,如'街''术''冲''衢'……最初都有道路义,可见'行'作道路解应该远在'道''路'……之前。"②

【涂/途】

涂/途,道路。在道路这个义项上,涂、途是同义词。《释名·释道》:"涂,度也,人所由得通度也。"五代徐锴《说文系传》卷二十一:"涂,《周礼》书塗路字如此,古无涂字,途,弥俗也。"《周礼·地官·遂人》:"百夫有洫,洫上有涂。"郑玄注:"涂,道路。……涂,容乘车一轨,道容二轨,路容三轨。"后作"途"。《尔雅·释宫》:"路,旅,途也。"郭璞注:"途即道也。"《玉篇·辵部》:"途,途路也。"《荀子·儒效》:"乡也混然涂之人也。"杨倞注:"涂与途同。"《战国策·齐策三》:"而不利说途也。"高诱注:"途,道也。"《汉书·礼乐志·郊祀歌》:"大朱涂广,夷石为堂。"颜师古注:"涂,道路也。""《周礼·夏官·司马》说到'司险'的职守时说他负责'五途',这'五途'就是'径、畛、涂、道、路':可见'途'是个泛称。"③

【道】

道,道路。《说文·辵部》:"道,所行道也。……一达谓之道。"《玉篇·辵部》:"道,路也。"《周礼·地官·遂人》:"千夫有浍,浍上有道。"郑玄注:"道容二轨。"《诗·小雅·巷伯》:"杨园之道,猗于亩

---

① 吴宝安:《西汉核心词研究》,巴蜀书社,2011,第309页。
② 王凤阳:《古辞辨》,吉林文史出版社,1993,第207页。
③ 王凤阳:《古辞辨》,吉林文史出版社,1993,第208页。

丘。"陈奂传疏:"道,路也。"《孟子·滕文公上》:"兽蹄鸟迹之道,交于中国。"朱熹集注:"道,路也。"《礼记·杂记上》:"如于道,则升其乘车之左毂,以其绥复。"孔颖达疏:"道,路也。"

【路】

路,道路。《尔雅·释宫》:"路,旅途也。"郭璞注:"途,即道也。"《说文·足部》:"路,道也。"段玉裁注:"《释宫》:'一达谓之道路。'此统言也。《周礼》:'浍上有道,川上有路。'此析言也。"《玉篇·足部》:"路,道路。"《书·胤征》:"遒人以木铎徇于路。"

王力认为,道、路、途是一类。都是可以通车的路。"途"容一轨,"道"容二轨,"路"容三轨,泛指则没有区别。① 吴宝安通过对上古文献的统计调查发现,在先秦文献中,"路"的义项较复杂,到了西汉文献中,"道"的语义趋于复杂化,"路"的语义趋于简单,"路"的道路义较先秦略有加强,但"道"的道路义并没有减弱。"道"的语义负荷过重,后来,"路"便取代了"道"成为"路"语义场的代表词。②

【周行/周道】

周行/周道,大路,始于西周。《诗·小雅·大东》:"佻佻公子,行彼周行。"朱熹集传:"周行,大路也。"《诗·小雅·四牡》:"四牡騑騑,周道倭迟。"朱熹集传:"周道,大路也。"《诗·小雅·小弁》:"踧踧周道,鞠为茂草。"毛传:"踧踧,平易也;周道,周室之通道。""见于《诗经》的有《周南·卷耳》的'周行';《桧风·匪风》的'周道';《小雅·鹿鸣》的'周行';《小雅·四牡》的'周道';《小雅·小弁》的'周道';《小雅·何草不黄》的'周道'。而《小雅·大东》或言'周行',或言'周道',参差为文,可见'周道'就是'周行'。"③ 刘乃叔指出,"大路"与"周行""周道"之间,并不是简单的对应关系,而是由"周道"派生出来的一个意义,当如朱熹所谓

---

① 参见王力《古代汉语》,中华书局,1999,第 1502 页。
② 参见吴宝安《西汉核心词研究》,巴蜀书社,2011,第 310~311 页。
③ 张平辙:《从"安州所献六器"铭文谈到〈诗经〉中的"周道"、"周行"——纪念赵荫棠懿之先生》,《西北师大学报(社会科学版)》1987 年第 3 期,第 80 页。

"适周之路",依《辞源》的解释,即"官路"。其特征当是"坦""宽""远""直"。①

【驰道】

古代供君王行驶车马的道路,始于秦朝。《礼记·曲礼下》:"岁凶,年谷不登,君膳不祭肺,马不食谷,驰道不除,祭事不县。"孔颖达疏:"驰道,正道。如今之御路也。是君驰走车马之处,故曰驰道也。"《汉书·贾山传》:"为驰道于天下,东穷燕齐,南极吴楚,江湖之上,濒海之观毕至。道广五十步,三丈而树,厚筑其外,隐以金椎,树以青松。"可见,秦驰道在平坦之处,道宽五十步(约今69米),隔三丈(约今7米)栽一棵树,道两旁用金属锥夯筑厚实,路中间为专供皇帝出巡车行的部分。可以说,这是中国古代专供君王车马行驶的"高速公路"。

【栈道】

栈道,是古代在险绝处傍山架木而成的一种道路,始于战国。《广韵·谏韵》:"栈,木栈道。"《战国策·齐策六》:"(田单)为栈道木阁而迎王与后于城阳山中。"《史记·高祖本纪》:"楚与诸侯之慕从者数万人,从杜南入蚀中。去辄烧绝栈道,以备诸侯盗兵袭之,亦示项羽无东意。"司马贞索隐引崔浩曰:"险绝之处,傍凿山岩,而施版梁为阁。"其构造方式为先沿石壁开出宽1~2米石道,上横铺木梁木板。或在崖壁上横向凿孔(口宽10厘米×20厘米,深50厘米),以插入粗木梁(间距约2米),并下加斜撑。梁上再铺厚木板,又于路之旁侧加构铁链或木栏。道宽约5~6米,可容车马并行。"古栈道是一个早于万里长城的巨大土木工程,也是中国古代的国家级'高速公路'。"②

【道路】

道路,同义复合词,指地面上供人或车马通行的部分。《周礼·夏官·司险》:"司险掌九州之图,以周知其山林川泽之阻,而达其道路。"《荀子·天论》:"田薉稼恶,籴贵民饥,道路有死人。"《战国策·韩策一》:"言救韩,令战车满道路。"

---

① 刘乃叔:《〈诗〉"周行""周道"辨》,《古籍整理研究学刊》1991年第2期,第42页。
② 白寿彝:《中国交通史》,团结出版社,2009,第30页。

(二) 大路类交通词汇词项属性差异

1. 上古前期

上古前期，本类别共有 6 个词项：行、路、道、涂、周行/周道。

行，道路。在所测查的文献中共 21 例，均见于《诗经》。如：

(1) 彼徂矣，岐有夷之行。(《诗·周颂·天作》)
——郑玄笺："行，道也。"
(2) 元戎十乘，以先启行。(《诗·小雅·六月》)
——朱熹集传："行，道也。"
(3) 厌浥行露，岂不夙夜，谓行多露。(《诗·召南·行露》)
——毛传："行，道也。"

路，道路。在所测查的文献中共 7 例。其中《尚书》2 例，《诗经》5 例。如：

(4) 每岁孟春，遒人以木铎徇于路。(《书·胤征》)
(5) 遵大路兮，掺执子之祛兮。无我恶兮，不寁故也。(《诗·郑风·遵大路》)

道，道路。在所测查的文献中共 23 例。其中《诗经》22 例，《周易》1 例。如：

(6) 有倬其道，韩侯受命。(《诗·大雅·韩奕》)
(7) 履道坦坦，幽人贞吉。(《易·履》)

涂，道路。在所测查的文献中仅 1 例，见于《诗经》。如下：

(8) 今我来思，雨雪载涂。(《诗·小雅·出车》)

周行/周道，大路。周行，在所测查的文献中共 2 例。均见于《诗经》。如下：

(9) 佻佻公子，行彼周行。(《诗·小雅·大东》)
——朱熹集传："周行，大路也。"
(10) 嗟我怀人，置彼周行。(《诗·周南·卷耳》)

周道，在所测查的文献中共 6 例，均见于《诗经》。如：

(11) 四牡騑騑，周道倭迟。(《诗·小雅·四牡》)
——朱熹集传："周道，大路也。"

2. 上古中期

上古中期，本类别共有 8 个词项：行、路、道、涂/途、周行/周道、道路。

行，道路。在所测查的文献中共 8 例。其中，《左传》6 例，《国语》2 例。如：

(12) 杞人、郳人从赵武、魏绛斩行栗。(《左传·襄公九年》)
——陆德明释文："行，道也。"
(13) 夙夜征行，不遑启处，犹惧无及。(《国语·晋语四》)
——韦昭注："行，道也。"

路，道路。在所测查的文献中共 42 例。其中，《周礼》1 例，《左传》1 例，《管子》9 例，《国语》4 例，《韩非子》5 例，《吕氏春秋》6 例，《孟子》14 例，《墨子》2 例。如：

(14) 万夫有川，川上有路。(《周礼·地官·遂人》)
(15) 宋华父督见孔父之妻于路。(《左传·桓公元年》)
(16) 千里之路，不可扶以绳。万家之都，不可平以准。(《管

（17）方以为文侯也，移车异路而避之。(《韩非子·外储说左下》)

（18）姑洗之月，达道通路，沟渎修利，申之此令，嘉气趣至。(《吕氏春秋·音律》)

（19）山径之蹊间，介然用之而成路。(《孟子·尽心下》)

（20）今有人于此，负粟息于路侧，欲起而不能。(《墨子·贵义》)

道，道路。在所测查的文献中共159例。其中，《论语》2例，《左传》52例，《国语》14例，《韩非子》31例，《老子》2例，《吕氏春秋》10例，《孟子》4例，《墨子》13例，《孙子兵法》3例，《仪礼》3例，《周礼》13例，《庄子》4例，《管子》7例，《荀子》1例。如：

（21）道听而涂说，德之弃也。(《论语·阳货》)
——皇侃疏："道，道路也。"
（22）晋荀息请以屈产之乘，与垂棘之璧，假道于虞以伐虢。(《左传·僖公二年》)
（23）梁山崩，以传召伯宗，遇大车当道而覆，立而辟之。(《国语·晋语五》)
（24）今死士之孤饥饿乞于道，而优笑酒徒之属乘车衣丝。(《韩非子·诡使》)
（25）使我介然有知，行于大道，唯施是畏。(《老子》第五十三章)
（26）夫吴之与越，接土邻境，道易人通，仇雠敌战之国也。(《吕氏春秋·长攻》)
（27）呼尔而与之，行道之人弗受。(《孟子·告子上》)
（28）是以三主之君，一心戮力辟门除道。(《墨子·非攻中》)
（29）行山林、险阻、沮泽，凡难行之道者，为圮地。(《孙子·九地篇》)

(30) 若过邦，至于竟，使次介假道。(《仪礼·聘礼》)

(31) 凡国野之道，十里有庐，庐有饮食。(《周礼·地官·遗人》)

(32) 彼其道远而险，又有江山，我无舟车，奈何？(《庄子·山木》)

(33) 岁适凶，则市籴釜十䥽，而道有饿民。(《管子·国蓄》)

(34) 正直恶，心无虑，邪枉辟回失道途。(《荀子·成相》)

涂/途，道路。涂，在所测查的文献中共88例，其中，《荀子》20例，《左传》1例，《管子》19例，《国语》2例，《韩非子》2例，《论语》2例，《孟子》2例，《墨子》5例，《周礼》11例，《庄子》9例，《吕氏春秋》15例。如：

(35) 百夫有洫，洫上有涂。(《周礼·地官·遂人》)
——郑玄注："涂，道路。……涂，容乘车一轨，道容二轨。"

(36) 与子西、子期谋，潜师闭涂。(《左传·哀公六年》)

(37) 楚之男子居外，女子居涂，隰朋教民藏粟五倍。(《管子·轻重戊》)

(38) 火朝觌矣，道茀不可行，候不在疆，司空不视涂。(《国语·周语中》)

(39) 授车就驾，而观其末涂，则臧获不疑驽良。(《韩非子·显学》)

(40) 道听而涂说，德之弃也。(《论语·阳货》)

(41) 狗彘食人食而不知检，涂有饿莩而不知发。(《孟子·梁惠王上》)

(42) 彻骖騑，涂不芸，马不食粟，婢妾不衣帛，此告不足之至也。(《墨子·七患》)

(43) 立之涂，匠者不顾。(《庄子·逍遥游》)

(44) 齐有事人者，所事有难而弗死也，遇故人于涂。(《吕氏春秋·离谓》)

途，在所测查的文献中共 10 例，其中，《吕氏春秋》1 例，《孙子兵法》4 例，《荀子》1 例，《管子》4 例。如：

(45) 故迂其途，而诱之以利，后人发，先人至，此知迂直之计者也。(《孙子·军争篇》)

周行/周道，大路。周行，在所测查的文献中仅 1 例，见于《荀子》。如下：

(46) 倾筐易满也，卷耳易得也，然而不可以贰周行。(《荀子·解蔽》)

周道，在所测查的文献中共 3 例，其中《左传》1 例，《墨子》2 例。如：

(47) 周道挺挺，我心扃扃，讲事不令，集人来定。(《左传·襄公五年》)

(48) 巷术周道者，必为之门，门二人守之，非有信符，勿行，不从令者斩。(《墨子·旗帜》)

道路，地面上供人或车马通行的部分。在所测查的文献中共 43 例，其中《周礼》14 例，《荀子》2 例，《孙子兵法》1 例，《墨子》7 例，《论语》1 例，《管子》4 例，《吕氏春秋》4 例，《国语》6 例，《左传》4 例。如：

(49) 司险掌九州之图，以周知其山林川泽之阻，而达其道路。(《周礼·夏官·司险》)

(50) 田薉稼恶，籴贵民饥，道路有死人：夫是之谓人祅。(《荀子·天论》)

(51) 百姓之费，公家之奉，日费千金，内外骚动，怠于道路，

(《孙子·用间篇》)

（52）城上道路、里中巷街，皆无得行，行者斩。(《墨子·号令》)

（53）谨庠序之教，申之以孝悌之义，颁白者不负戴于道路矣。(《孟子·梁惠王上》)

（54）且予纵不得大葬，予死于道路乎？(《论语·子罕》)

（55）故城郭不必中规矩，道路不必中准绳。(《管子·乘马》)

（56）国莫敢言，道路以目。(《吕氏春秋·达郁》)

（57）王其无疑，吾道路悠远，必无有二命，焉可以济事。(《国语·吴语》)

（58）闻诸道路，不知信否。(《左传·定公四年》)

3. 上古后期

上古后期，本类别共有个 8 个词项：行、路、道、涂/途、驰道、栈道、道路。

行，道路。在所测查的文献中共 3 例。其中《战国策》1 例，《史记》2 例。如：

（59）今者臣来，见人于大行。(《战国策·魏策四》)
——吴师道注："行，道也。"

（60）平行闻高帝崩，平恐吕太后及吕嬃谮怒，乃驰传先去。(《史记·陈丞相世家》)

路，道路。在所测查的文献中共 73 例。其中，《战国策》10 例，《淮南子》29 例，《史记》34 例。如：

（61）举兵而攻荥阳，则成皋之路不通。(《战国策·秦策三》)

（62）百姓之随逮肆刑，挽辂首路死者，一旦不知千万之数。(《淮南子·兵略训》)

（63）故百里奚乞食于路，缪公委之以政。(《史记·鲁仲连邹阳列传》)

道，道路。在所测查的文献中共 338 例。其中，《礼记》13 例，《战国策》31 例，《淮南子》27 例，《史记》267 例。如：

(64) 遇于道，见则面，不请所之。(《礼记·少仪》)

(65) 秦出兵于三川，则南围鄢，蔡、邵之道不通矣。(《战国策·韩策三》)

(66) 行者思于道，而居者梦于床。(《淮南子·说林训》)

(67) 会天大雨，道不通，度已失期。(《史记·陈涉世家》)

涂/途，道路。涂，在所测查的文献中共 26 例，其中，《礼记》8 例，《战国策》6 例，《史记》6 例，《淮南子》6 例。如：

(68) 行而无随，则乱于涂也。(《礼记·仲尼燕居》)

(69) 蔡泽见逐于赵，而入韩、魏，遇夺釜鬲于涂。(《战国策·秦策三》)

(70) 使知所为是者，事必可行，则天下无不达之涂矣。(《淮南子·人间训》)

途，在所测查的文献中共 15 例，其中，《史记》9 例，《战国策》6 例。如：

(71) 男女行者别于途，途不拾遗。(《史记·孔子世家》)

驰道，古代供君王行驶车马的道路，泛指供车马驰行的大道。在所测查的文献中共 16 例，其中，《礼记》1 例，《史记》14 例，《淮南子》1 例。如：

(72) 岁凶，年谷不登，君膳不祭肺，马不食谷，驰道不除，祭事不县。(《礼记·曲礼下》)

——孔颖达疏："驰道，正道。如今之御路也。是君驰走车马之处，故曰驰道也。"

（73）是岁，赐爵一级。治驰道。(《史记·秦始皇本纪》)

——裴骃集解引应劭曰："驰道，天子之道也。道若今之中道然。"

（74）秦之时，高为台榭，大为苑囿，远为驰道。(《淮南子·氾论训》)

栈道，是古代在险绝处傍山架木而成的一种道路。在所测查的文献中共8例，其中，《战国策》2例，《史记》6例。如：

（75）天大雨雪，至于牛目，坏城郭，且为栈道而葬。(《战国策·魏策二》)

（76）去辄烧绝栈道，以备诸侯盗兵袭之，亦示项羽无东意。(《史记·高祖本纪》)

——司马贞索隐引崔浩曰："险绝之处，傍凿山岩，而施版梁为阁。"

道路，地面上供人或车马通行的部分。在所测查的文献中共23例。其中，《战国策》1例，《礼记》8例，《史记》8例，《淮南子》6例。如：

（77）言救韩，令战车满道路。(《战国策·韩策一》)

（78）修利堤防，道达沟渎，开通道路，毋有障塞。(《礼记·月令》)

（79）王听臣为之警四境之内，起师言救韩，命战车满道路。(《史记·韩世家》)

（80）仲夏行冬令，则雹霰伤谷，道路不通，暴兵来至。(《淮南子·时则训》)

大路类交通词汇都是可以通车道路的名称，共有10个词项。其中单音词5个，行、道、路、涂/途；复音词5个，周行/周道、驰道、栈道、道路。

该类别5个单音词的词义来源均为约定俗成的本义。"行"作道路解远在"道、路"之前，可以看作最早道路的泛称。从形制上看，据郑玄，"路"大于"道"，"道"大于"涂/途"。从使用频次上看，"行"使用频次最低，在上古各时期的出现频次逐渐递减，"行"的道路义后来使用得更少，通行的是"行"的动词义；"道、路、涂/途"在上古中期的使用频次较上古前期有大幅增加，但"道"占绝对优势；上古后期，"涂/途"的使用频次明显下降，"道"和"路"使用频次持续上升，其中"道"的使用频次最高，共520次。

该类别5个复音词中，"周行/周道、驰道、栈道"为偏正式构词方式，"道路"为联合式构词方式。从形制上看，"周行/周道"具有宽阔、平坦、笔直的特点，"驰道"最宽，"栈道"较窄。从位置上看，"栈道"比较特殊，于险绝处，傍山修建。从用者来看，"驰道"仅限君王使用。从时间上看，"周行/周道"始于西周，"驰道"始于秦，"栈道"始于战国。从使用频次上看，"周行/周道"仅见于上古前期和中期，使用频次较低；"道路"见于上古中期和后期，使用频次最高，共66次；"驰道、栈道"都始见于上古后期，使用频次都较低。

大路类交通词汇词项属性差异见表2-32，词频统计情况见表2-33。

表2-32 大路类交通词汇词项属性分析

单位：次

	词项			行	涂/途	道	路	周行/周道	驰道	栈道	道路
语义属性	类义素			人和车马可以通行的道路								
	表义素	中心义素		大路	大路	大路	大路	大路	大路	大路	大路
		关涉义素	形制	容一轨	容二轨	容三轨		宽、平坦、直	宽约69米	宽5~6米	
			位置							傍山	
			用者						君王		
			时代					始于西周	始于秦	始于战国	
生成属性	来源			约定俗成	约定俗成	约定俗成	约定俗成	语素组合	语素组合	语素组合	语素组合
	结构			单纯	单纯	单纯	单纯	复合	复合	复合	复合

续表

词项		行	涂/途	道	路	周行/周道	驰道	栈道	道路
使用属性	使用频次 前期	21	1	23	7	8	—	—	—
	中期	8	98	159	42	4	—	—	43
	后期	3	41	338	73	—	16	8	23
	总计	32	140	520	122	12	16	8	66

表 2-33 大路类交通词汇词项词频统计

单位：次

文献		行	涂	途	道	路	周行	周道	驰道	栈道	道路
上古前期	《尚书》					2					
	《诗经》	21	1		22	5	2	6			
	《周易》				1						
	总计	21	1	0	23	7	2	6	0	0	0
上古中期	《周礼》		11		13	1					14
	《仪礼》				3						
	《老子》				2						
	《左传》	6	1		52	1		1			4
	《荀子》		20	1	1			1			2
	《墨子》		5		13	2		2			7
	《管子》		19	4	7	9					4
	《孙子兵法》			4	3						1
	《吕氏春秋》		15	1	10	6					4
	《韩非子》		2		31	5					
	《国语》	2	2		14	4					6
	《论语》		2		2						1
	《孟子》		2		4	14					
	《庄子》		9		4						
	总计	8	88	10	159	42	1	3	0	0	43

续表

	文献	行	涂	途	道	路	周行	周道	驰道	栈道	道路
上古后期	《史记》	2	6	9	267	34			14	6	8
	《淮南子》		6		27	29			1		6
	《礼记》		8			13			1		8
	《战国策》	1	6	6	31	10				2	1
	总计	3	26	15	338	73	0	0	16	8	23

二、小路类交通词汇

小路类交通词汇就是指不能通车、只能容人畜通行道路的名称。上古时期，本类别共有6个词项：径/俓、蹊、微行、徯径/蹊径。

（一）小路类交通词汇词项语义特征

【径/俓】

径/俓，小路。《说文·彳部》："径，步道也。"徐锴系传："小道不容车，故曰步道。"段玉裁注："谓人及牛马可步行而不容车也。"《玉篇·彳部》："径，小路也。"《史记·高祖本纪》："前有大蛇当径。"径、俓，在小路的义项上二者是同义词。《字汇·人部》："俓，同径。"《老子·德经》："大道甚夷，而民好俓。""径"最初指方田间的小路。《周礼·地官·遂人》："凡治野，夫间有遂，遂上有径。""'夫'即一夫所种的百亩方田，夫与夫之间用'遂'和'径'隔开。这种分隔百亩方田的'径'，既起地界作用，也是人、畜往来的通道。……引申开来，'径'可以指各种只通人行的小路……方田是整整齐齐的，所以田上的'径'也是笔直的。"①

【蹊】

蹊，小路。《释名·释道》："步所用道曰蹊。蹊，傒也。言射疾则用之，故还傒于正道也。"《广雅·释宫》："蹊，道也。"清段玉裁《说文解字注·彳部》："蹊，凡始行之以待后行之径曰蹊。"

---

① 王凤阳：《古辞辨》，吉林文史出版社，1993，第210~211页。

王力指出，蹊、径是一类，都是不能通车的路。"径"常常是直而近的小路，可以通牛马，而"蹊"则比"径"更小，是人们经常践踏而成的。①

【微行】

微行，小路。《诗·豳风·七月》："女执懿筐，遵彼微行。"毛传："微行，墙下径也。"孔颖达疏："行，训为道也。步道谓之径，微行为墙下径。"

【徯径/蹊径】

徯径/蹊径，"徯"同"蹊"，谓小路。《礼记·月令》："谨关梁，塞徯径。"郑玄注："徯径，禽兽之道也。"孔颖达疏："徯径，细小狭路，故须塞。"

（二）小路类交通词汇词项属性差异

1. 上古前期

上古前期，本类别仅有1个词项：微行。

微行，小路。在所测查的文献中仅1例，见于《诗经》。如下：

(1) 女执懿筐，遵彼微行。(《诗·豳风·七月》)
——毛传："微行，墙下径也。"
——孔颖达疏："行，训为道也。步道谓之径，微行为墙下径。"

2. 上古中期

上古中期，本类别共有4个词项：径/俓、蹊、蹊径。

径/俓，小路。径，在所测查的文献中共5例，其中《周礼》1例，《论语》1例，《墨子》1例，《庄子》1例，《吕氏春秋》1例。如：

(2) 夫间有遂，遂上有径。十夫有沟，沟上有畛。(《周礼·地官·司徒》)

---

① 王力：《古代汉语》，中华书局，1999，第1502页。

（3）有澹台灭明者，行不由径。（《《论语·雍也》》）
——郑玄注："径，步道也。"
（4）古者吴阖闾教七年，奉甲执兵，奔三百里而舍焉，次注林，出于冥隘之径，战于柏举，中楚国而朝宋与及鲁。（《墨子·非攻上》）
（5）夫逃虚空者，藜藋柱乎鼪鼬之径。（《庄子·徐无鬼》）
（6）王布农事，命田舍东郊，皆修封疆，审端径术。（《吕氏春秋·孟春纪》）

俓，在所测查的文献中仅1例，见于《老子》。如下：

（7）大道甚夷，而民好俓。（《老子》第五十三章）

蹊，小路。在所测查的文献中共2例，见于《孟子》《庄子》。如下：

（8）山径之蹊间介，然用之而成路。（《孟子·尽心下》）
（9）当是时也，山无蹊隧，泽无舟梁。（《庄子·马蹄》）

蹊径，小路。在所测查的文献中仅1例，见于《吕氏春秋》。如下：

（10）完要塞，谨关梁，塞蹊径。（《吕氏春秋·孟冬纪》）

3. 上古后期
上古后期，本类别共有5个词项：径/俓、蹊、徯径/蹊径。
径/俓，小路。径，在所测查的文献中共7例，其中，《礼记》1例，《史记》5例，《淮南子》1例。如：

（11）送丧不由径，送葬不辟涂潦。（《礼记·曲礼上》）
（12）既已受业，退而修行，行不由径，非公事不见卿大夫。（《史记·仲尼弟子列传》）

(13) 一也者，万物之本也……下之径衢不可胜理，故君失一则乱，甚于无君之时。(《淮南子·诠言训》)

俓，在所测查的文献中仅 1 例，见于《战国策》。如下：

(14) 逾九限之固，绝五俓之险，至榆中，辟地千里。(《战国策·赵策二》)

蹊，小路。在所测查的文献中共 3 例。其中《战国策》1 例，《史记》2 例。如下：

(15) 是以委肉当饿虎之蹊，祸必不振矣！(《战国策·燕策三》)
——鲍彪注："蹊，径也。"
(16) 桃李不言，下自成蹊。(《史记·李将军列传》)

徯径/蹊径，小路。蹊径，在所测查的文献中仅 1 例，见于《淮南子》。如下：

(17) 修边境，完要塞，绝蹊径。(《淮南子·时则训》)

徯径，在所测查的文献中仅 1 例，见于《礼记》。如下：

(18) 谨关梁，塞徯径。(《礼记·月令》)
——郑玄注："徯径，禽兽之道也。"
——孔颖达疏："徯径，细小狭路，故须塞。"

小路类交通词汇都是只容人畜通过道路的名称，共有 6 个。其中单音词 3 个，径/俓、蹊；复音词 3 个，微行、徯径/蹊径。

该类别 3 个单音词的词义来源均为约定俗成的本义。从形制上看，"径/俓"常常是直而近的小路，可以通牛马，而"蹊"则比"径"更小，是人们经常践踏而成的。从使用频次上看，"径/俓、蹊"都在上古中期出现，一直沿用至上古后期，"径/俓"的使用频次相对较多，共14次。

该类别3个复音词中，"微行"为偏正式构词方式，"徯径、蹊径"为联合式构词方式。从使用频次上看，"微行、徯径"使用频次都较低。其中"微行"仅1例，见于上古前期；"徯径"仅1例，见于上古后期；"蹊径"见于上古中期和后期，共2例。

小路类交通词汇词项属性差异见表2-34，词频统计情况见表2-35。

表2-34 小路类交通词汇词项属性分析

单位：次

属性			词项	径/俓	蹊	微行	徯径/蹊径
语义属性		类义素		只容人畜通过的道路			
	表义素	中心义素		小路	小路	小路	小路
		关涉义素	形制	直而近	曲而小		
			位置			墙下	
生成属性		来源		约定俗成	约定俗成	语素组合	语素组合
		结构		单纯	单纯	复合	复合
使用属性	使用频次	前期		—	—	1	
		中期		6	2	—	1
		后期		8	3	—	2
		总计		14	5	1	3

表2-35 小路类交通词汇词项词频统计

单位：次

	文献	径	俓	蹊	微行	徯径	蹊径
上古前期	《尚书》						
	《诗经》				1		
	《周易》						
	总计	0	0	0	1	0	0

续表

	文献	径	俓	蹊	微行	徯径	蹊径
上古中期	《周礼》	1					
	《仪礼》						
	《老子》		1				
	《左传》						
	《荀子》						
	《墨子》	1					
	《管子》						
	《孙子兵法》						
	《吕氏春秋》	1					1
	《韩非子》						
	《国语》						
	《论语》	1					
	《孟子》			1			
	《庄子》	1		1			
	总计	5	1	2	0	0	1
上古后期	《史记》	5		2			
	《淮南子》	1					1
	《礼记》	1				1	
	《战国策》		1	1			
	总计	7	1	3	0	1	1

三、交道类交通词汇

交道类交通词汇就是指四通八达道路的名称。上古时期，本类别共有 11 个词项：逵/逵路、衢、衢涂/衢道、五衢、衝、康、庄、中逵、午道。

（一）交道类交通词汇词项语义特征

【逵/逵路】

逵/逵路，指四通八达的道路。《尔雅·释宫》："九达谓之逵。"郭璞注："四道交出，复有旁通。"《释名·释道》："齐鲁谓道多为逵师，此形然也。"《左传·宣公十二年》:"入自皇门,至于逵路,郑伯肉袒牵羊以逆。"杜预注:"涂方九轨曰逵。"

【衢】

衢,四通八达的道路。《尔雅·释宫》:"四达谓之衢。"《说文·行部》:"衢,四达谓之衢。"《释名·释道》:"四达曰衢,齐鲁谓四齿杷为攫,攫杷地则有四处,此道似之也。""衢"也可以指五达、六达、七达以至于九达的道路。《新唐书·独孤及传》:"昔尧设谤木于五达之衢。"《淮南子·缪称训》:"圣人之道,犹中衢而致尊邪?"高诱注:"道六通谓之衢。"王褒《日出东南隅行》:"采桑三市路,卖酒七条衢。"《楚辞·天问》:"靡萍九衢,枲华安居。"王逸注:"九交道曰衢。""总之,以一点为中心可以通向各方的道路交叉点叫'衢'。"①

徐朝华指出,"衢""逵"等字在语音上有较为密切的联系,因此,这些词可能是通行范围大小不一的方言词。俞樾《群经平议》说:"《传》于鲁国多言衢,于齐国多言庄,于郑国多言逵。"在古籍中,"衢""逵"也并非像《释宫》所言"四达""九达"。为了成系列,《尔雅》的编著者才将"衢"和"逵"分别释为"四达"和"九达"。② 据此,"衢"可能为鲁方言,"逵"可能为郑方言。

【衝】

衝,交通要道。即道路交叉处。《玉篇·行部》:"衝,交道也。"《左传·昭公元年》:"及衝,击之以戈。"杜预注:"衝,交道。""'衝'和'衢'的不同之处在于'衢'侧重以一处为基础向四方放射的道路;而'衝'则表示它是各条道路的会合处,是交通要道。"③

【康】

康,五路通达的大路。《尔雅·释宫》:"五达谓之康。"邢昺疏:"四道交出,复有一旁达谓之康。"《史记·孟子荀卿列传》:"为开第康庄之衢。"裴骃集解引《尔雅》曰:"五达谓之康。"

---

① 王凤阳:《古辞辨》,吉林文史出版社,1993,第208页。
② 参见徐朝华注《尔雅今注》,南开大学出版社,1987,第174页。
③ 王凤阳:《古辞辨》,吉林文史出版社,1993,第209页。

【庄】

庄，六路通达的大路。《尔雅·释宫》："六达谓之庄。"《左传·襄公二十八年》："得庆氏之木百车于庄。"杜预注："积于六轨之道。"《盐铁论·国疾》："康庄驰逐，穷巷蹋鞠。"

【衢涂/衢道】

衢涂/衢道，歧路，岔路。《荀子·王霸》："杨朱哭衢涂，曰：'此夫过举跬步，而觉跌千里者夫！'"杨倞注："衢涂，歧路也。"又《劝学》："行衢道者不至，事两君者不容。"杨倞注："衢道，两道也。不至，不能有所至。"

【五衢】

通五方的大路。《管子·臣乘马》："今君立扶台，五衢之众皆作。"

【中逵】

中逵，道路交错之处，九通路口。《诗·周南·兔罝》："肃肃兔罝，施于中逵。"注："逵，九达之道。"

【午道】

午道，纵横交贯的要道。《战国策·赵策二》："韩守成皋，魏塞午道。"《史记·张仪列传》："今秦发三军，其一军塞午道。"司马贞索隐："此午道，当在赵之东，齐之西也。午道，地名也。郑玄云：'一纵一横为午，谓交道也。'"《史记·楚世家》："夜加即墨，顾据午道。"司马贞索隐："一纵一横为午道。"

（二）交道类交通词汇词项属性差异

1. 上古前期

上古前期，本类别仅有 2 个词项：衢、中逵。

衢，四通八达的道路。在所测查的文献中仅见于《周易》1 例。如下：

（1）何天之衢，亨。（《易·大畜》）

中逵，道路交错之处，九通路口。在所测查的文献中仅 1 例，见于《诗经》。如下：

（2）肃肃兔罝，施于中逵。(《诗·周南·兔罝》)

2. 上古中期

上古中期，本类别共有 8 个词项：逵、衢、衝、庄、衢涂/衢道、逵路、五衢。

逵，四通八达的道路。在所测查的文献中共 4 例，均见于《左传》。如下：

（3）颍考叔挟辀以走，子都拔棘以逐之，及大逵。(《左传·隐公十一年》)

——杜预注："逵，道方九轨也。"

（4）楚渠门，入及大逵。(《左传·桓公十四年》)

（5）众车入自纯门，及逵市，县门不发。(《左传·庄公二十八年》)

（6）归及逵泉而卒。(《左传·庄公三十二年》)

衢，四通八达的道路。在所测查的文献中共 12 例。其中，《左传》9 例，《吕氏春秋》1 例，《韩非子》1 例，《墨子》1 例。如：

（7）尸诸周氏之衢。(《左传·昭公二年》)

——杜预注："衢，道也。"

（8）每朝与其友俱立乎衢，三日不得，却而自殁。(《吕氏春秋·离俗》)

（9）子路以其私秩粟为浆饭，要作沟者于五父之衢而餐之。(《韩非子·外储说右上》)

（10）环守宫之术衢，置屯道，各垣其两旁，高丈，为埤倪。(《墨子·号令》)

衝，交通要道。在所测查的文献中共 2 例，见于《左传》《墨子》。如下：

(11) 及衝，击之以戈。(《左传·昭公元年》)
——杜预注："衝，交道。"
(12) 因城中里为八部，部一吏，吏各从四人，以行衝术及里中。(《墨子·号令》)

庄，六路通达的大路。在所测查的文献中共 2 例，见于《左传》。如下：

(13) 得庆氏之木百车于庄。(《左传·襄公二十八年》)
——杜预注："积于六轨之道。"
(14) 五月，庚辰，战于稷，栾高败，又败诸庄。(《左传·昭公十年》)
——杜预注："六轨之道。"

衢涂/衢道，歧路，岔路。衢涂，在所测查的文献中仅 1 例，见于《荀子》。如下：

(15) 杨朱哭衢涂，曰："此夫过举跬步，而觉跌千里者夫！"(《荀子·王霸》)

衢道，在所测查的文献中仅 1 例，见于《荀子》。如下：

(16) 行衢道者不至，事两君者不容。(《荀子·劝学》)
——杨倞注："衢道，两道也。不至，不能有所至。"

逵路，在所测查的文献中仅 1 例，见于《左传》。如下：

(17) 入自皇门，至于逵路，郑伯肉袒牵羊以逆。(《左传·宣公十二年》)
——杜预注："涂方九轨曰逵。"

五衢，通五方的大路。在所测查的文献中共6例，均见于《管子》。如：

（18）今君立扶台，五衢之众皆作。(《管子·臣乘马》)

3. 上古后期

上古后期，本类别共有6个词项：衢、衝、康、庄、逵路、午道。

衢，四通八达的道路。在所测查的文献中共10例，其中《礼记》1例，《淮南子》6例，《史记》3例。如：

（19）孔子少孤，不知其墓，殡于五父之衢。(《礼记·檀弓上》)
（20）帝颛顼之法，妇人不辟男子于路者，拂之于四达之衢。(《淮南子·齐俗训》)
（21）皆命曰列大夫，为开第康庄之衢。(《史记·孟子荀卿列传》)

衝，交通要道。在所测查的文献中仅1例，见于《史记》。如下：

（22）夫陈留，天下之衝，四通五达之郊也。(《史记·郦生陆贾列传》)

康，五路通达的大路。在所测查的文献中仅1例，见于《史记》。如下：

（23）为开第康庄之衢。(《史记·孟子荀卿列传》)
——裴骃集解引《尔雅》曰："五达谓之康。"

庄，六路通达的大路。在所测查的文献中仅1例，见于《史记》。如下：

（24）为开第康庄之衢。(《史记·孟子荀卿列传》)

——裴骃集解引《尔雅》曰："六达谓之庄。"

逵路，在所测查的文献中仅 1 例，见于《淮南子》。如下：

(25) 杨子见逵路而哭之，为其可以南可以北。(《淮南子·说林训》)

——高诱注："道九达曰逵。"

午道，纵横交贯的要道。在所测查的文献中共 3 例，其中《战国策》1 例，《史记》2 例。如：

(26) 韩守成皋，魏塞午道。(《战国策·赵策二》)
(27) 今秦发三军，其一军塞午道。(《史记·张仪列传》)

交道类交通词汇都是四通八达道路的名称，共有 11 个词项。其中单音词 5 个，逵、衢、衝、康、庄；复音词 6 个，衢涂/衢道、逵路、五衢、中逵、午道。

该类别 5 个单音词的词义来源均为约定俗成的本义。从形制上看，"衢"为四达，"逵"为九达，"康"为五达，"庄"为六达，"衝"为交道会合处。"衢"或为鲁方言，"逵"或为郑方言。从使用频次上看，"逵"仅见于上古中期；"康"仅见于上古后期；"衝""庄"见于上古中期和后期；"衢"上古前期出现，一直沿用到上古后期，使用频次最高，共 23 次。

该类别 6 个复音词均为偏正式构词方式。"衢涂/衢道"为岔路，"中逵"指路口，"午道、五衢、逵路"为交道。从使用频次上看，6 个复音词使用频次都较低。其中"中逵"仅 1 例，见于上古前期；"五衢、衢涂/衢道"仅见于上古中期；"午道"仅见于上古后期；"逵路"上古中期和后期各 1 例。

交道类交通词汇词项属性差异见表 2-36，词频统计情况见表 2-37。

表 2-36　交道类交通词汇词项属性分析

单位：次

词项			逵/逵路	衢	衝	衢涂/衢道	康	庄	五衢	中逵	午道
语义属性	类义素		四通八达的道路									
	表义素	中心义素	交道	交道	路口	岔路	交道	交道	交道	路口	交道
		关涉义素 形制	九达	四达	汇合	分叉	五达	六达	五达	九达	纵横交贯
		关涉义素 方言	郑	鲁							
生成属性	来源		约定俗成	语素组合	约定俗成	约定俗成	语素组合	约定俗成	约定俗成	语素组合	语素组合	语素组合
	结构		单纯	复合	单纯	单纯	复合	单纯	单纯	复合	复合	复合
使用属性	使用频次	前期	—	1	—	—	—	—	—	1	—
		中期	5	12	2	2	—	2	6	—	—
		后期	1	10	1	—	1	1	—	—	3
		总计	6	23	3	2	1	3	6	1	3

表 2-37　交道类交通词汇词项词频统计

单位：次

	文献	逵	衢	衝	衢涂	衢道	康	庄	逵路	五衢	中逵	午道
上古前期	《尚书》											
	《诗经》										1	
	《周易》		1									
	总计	0	1	0	0	0	0	0	0	0	1	0
上古中期	《周礼》											
	《仪礼》											
	《老子》											
	《左传》	4	9	1					2	1		
	《荀子》				1	1						
	《墨子》		1	1								
	《管子》									6		
	《孙子兵法》											

续表

文献		逵	衢	衝	衢涂	衢道	康	庄	逵路	五衢	中逵	午道
上古中期	《吕氏春秋》		1									
	《韩非子》		1									
	《国语》											
	《论语》											
	《孟子》											
	《庄子》											
	总计	4	12	2	1	1	0	2	1	6	0	0
上古后期	《史记》		3	1			1	1				2
	《淮南子》		6					1				
	《礼记》		1									
	《战国策》											1
	总计	0	10	1	0	0	1	1	1	0	0	3

四、城中路类交通词汇

城中路类交通词汇就是指位于城市中道路的名称。上古时期，本类别共有3个词项：巷、术、街。

（一）城中路类交通词汇词项语义特征

【巷】

巷，里中的小路；胡同。《说文》："䙔，里中道。"朱骏声通训定声："篆文从邑，今字作巷，省。"《增韵》："直曰街，曲曰巷。"《诗·郑风·叔于田》："叔于田，巷无居人。"毛传："巷，里涂也。"孔颖达疏："里内之涂道也。"可见，"巷"当为里中曲曲弯弯的小路。

【术】

术，都邑中的道路。《说文·行部》："术，邑中道也。"五代徐锴《说文系传·通论》："邑中道而术，大道之派也。"《吕氏春秋·孟春纪》："王布农事，命田舍东郊，皆修封疆，审端径术。"高诱注："端正其径路，不得邪行败稼穑。"《汉书·刑法志》："城池邑居，园囿术路。"

颜师古注引如淳曰:"术,大道也。""邑大于里,则其路当大于巷",从先秦起,"术""较少用作道路义,而多用作引申的抽象义","大约在南北朝后,'术'的道路义业已消亡"。①

【街】

街,城市的大道。《说文·行部》:"街,四通道也。"唐慧琳《一切经音义》卷四引《考声》云:"街,都邑中之大道也。"《集韵·支韵》:"街,都邑中道。"《增韵》:"直曰街,曲曰巷。"《文选·张衡〈西京赋〉》:"街衢相经。"薛综注:"街,大道也。""街"当是都邑中四通八达的笔直大路。

(二) 城中路类交通词汇词项属性差异

1. 上古前期

上古前期,本类别仅有 1 个词项:巷。

巷,里中的小路,胡同。在所测查的文献中共 7 例,其中,《周易》2 例,《诗经》5 例。如:

(1) 叔于田,巷无居人。(《诗·郑风·叔于田》)
——毛传:"巷,里涂也。"孔颖达疏:"里内之涂道也。"
(2) 遇主于巷,无咎。(《易·睽》)

2. 上古中期

上古中期,本类别共有 3 个词项:巷、术、街。

巷,里中的小路,胡同。在所测查的文献中共 10 例,其中,《左传》2 例,《管子》1 例,《墨子》3 例,《庄子》1 例,《仪礼》1 例,《韩非子》1 例,《荀子》1 例。如:

(3) 卜临于大宫,且巷出车,吉。(《左传·宣公十二年》)
(4) 食谷水,巷凿井,场圃接,树木茂。(《管子·八观》)
(5) 救火者无敢讙哗,及离守绝巷救火者斩。(《墨子·号令》)

---

① 黄金贵:《古代文化词义集类辨考》,上海教育出版社,1995,第 1199 页。

(6) 子贡乘大马，中绀而表素，轩车不容巷，往见原宪。(《庄子·让王》)

(7) 赴者未至，则哭于巷。(《仪礼·聘礼》)

(8) 其君见好岩穴之士，所倾盖与车以见穷闾隘巷之士以十数，伉礼下布衣之士以百数矣。(《韩非子·外储说左上》)

术，都邑中的道路。在所测查的文献中共6例。其中，《管子》1例，《墨子》3例，《吕氏春秋》1例，《庄子》1例。如：

(9) 王布农事，命田舍东郊，皆修封疆，审端径术。(《吕氏春秋·孟春纪》)

——高诱注："端正其径路，不得邪行败稼穑。"

(10) 缮边城，涂郭术。(《管子·度地》)

(11) 因城中里为八部，部一吏，吏各从四人，以行冲术及里中。(《墨子·号令》)

(12) 鱼相忘乎江湖，人相忘乎道术。(《庄子·大宗师》)

街，城市的大道。在所测查的文献中共7例，其中，《管子》2例，《韩非子》3例，《墨子》1例，《庄子》1例。如：

(13) 汤有总街之庭，以观人诽也。(《管子·桓公问》)

(14) 子产退而为政五年，国无盗贼，道不拾遗，桃枣荫于街者莫有援也。(《韩非子·外储说左上》)

(15) 卒有惊事，中军疾击鼓者三，城上道路，里中巷街，皆无得行。(《墨子·号令》)

(16) 于是乎刖而鬻之于齐，适当渠公之街，然身食肉而终。(《庄子·徐无鬼》)

3. 上古后期

上古后期，本类别共有3个词项：巷、术、街。

巷，里中的小路，胡同。在所测查的文献中共 7 例，其中，《淮南子》4 例，《史记》2 例，《战国策》1 例。如：

(17) 今日解怨偃兵，家老甘卧，巷无聚人，妖菑不生。(《淮南子·泰族训》)
(18) 居期而生子，以为不祥，弃之隘巷。(《史记·周本纪》)
(19) 中山之君，所倾盖与车而朝穷闾隘巷之士者，七十家。(《战国策·中山策》)

术，都邑中的道路。在所测查的文献中共 2 例，见于《史记》《淮南子》。如下：

(20) 故牧人民，为之城郭，内经闾术，外为阡陌。(《史记·龟策列传》)
(21) 夫鱼相忘于江湖，人相忘于道术。(《淮南子·俶真训》)

街，城市的大道。在所测查的文献中共 3 例，见于《史记》。如下：

(22) 洛阳街居在齐秦楚赵之中，贫人学事富家，相矜以久贾。(《史记·货殖列传》)
(23) 君不若引兵疾走大梁，据其街路，冲其方虚，彼必释赵而自救。(《史记·孙子吴起列传》)
(24) 众庶街巷有马，阡陌之间成群，而乘字牝者傧而不得聚会。(《史记·平准书》)

城中路类交通词汇都是位于城市中道路的名称，共有 3 个词项。从所在范围来看，"巷"位于里中，"术、街"位于都邑。从形制上看，"巷"小而曲，"街"大而直，"术"大于巷。该类别 3 个单音词的词义来源均为约定俗成的本义。

从使用频次上看，"术、街"上古中期出现，沿用到上古后期；"巷"

见于上古前期，沿用到上古中期和后期，使用频次最高，共 24 次。

城中路类交通词汇词项属性差异见表 2-38，词频统计情况见表 2-39。

表 2-38　城中路类交通词汇词项属性分析

单位：次

<table>
<tr><th colspan="3">词项</th><th>巷</th><th>术</th><th>街</th></tr>
<tr><td rowspan="6">语义属性</td><td colspan="2">类义素</td><td colspan="3">城中的道路</td></tr>
<tr><td rowspan="4">表义素</td><td>中心义素</td><td>城中路</td><td>城中路</td><td>城中路</td></tr>
<tr><td rowspan="2">关涉义素</td><td>位置</td><td>里中</td><td>都邑中</td><td>都邑中</td></tr>
<tr><td>形制</td><td>小而曲</td><td>大于巷</td><td>大而直</td></tr>
<tr><td rowspan="2">生成属性</td><td colspan="2">来源</td><td>约定俗成</td><td>约定俗成</td><td>约定俗成</td></tr>
<tr><td colspan="2">结构</td><td>单纯</td><td>单纯</td><td>单纯</td></tr>
<tr><td rowspan="4">使用属性</td><td rowspan="4">使用频次</td><td>前期</td><td>7</td><td>—</td><td>—</td></tr>
<tr><td>中期</td><td>10</td><td>6</td><td>7</td></tr>
<tr><td>后期</td><td>7</td><td>2</td><td>3</td></tr>
<tr><td>总计</td><td>24</td><td>8</td><td>10</td></tr>
</table>

表 2-39　城中路类交通词汇词项词频统计

单位：次

<table>
<tr><th colspan="2">文献</th><th>巷</th><th>术</th><th>街</th></tr>
<tr><td rowspan="4">上古前期</td><td>《尚书》</td><td></td><td></td><td></td></tr>
<tr><td>《诗经》</td><td>5</td><td></td><td></td></tr>
<tr><td>《周易》</td><td>2</td><td></td><td></td></tr>
<tr><td>总计</td><td>7</td><td>0</td><td>0</td></tr>
<tr><td rowspan="8">上古中期</td><td>《周礼》</td><td></td><td></td><td></td></tr>
<tr><td>《仪礼》</td><td>1</td><td></td><td></td></tr>
<tr><td>《老子》</td><td></td><td></td><td></td></tr>
<tr><td>《左传》</td><td>2</td><td></td><td></td></tr>
<tr><td>《荀子》</td><td>1</td><td></td><td></td></tr>
<tr><td>《墨子》</td><td>3</td><td>3</td><td>1</td></tr>
<tr><td>《管子》</td><td>1</td><td>1</td><td>2</td></tr>
<tr><td>《孙子兵法》</td><td></td><td></td><td></td></tr>
</table>

续表

	文献	巷	术	街
上古中期	《吕氏春秋》		1	
	《韩非子》	1		3
	《国语》			
	《论语》			
	《孟子》			
	《庄子》	1	1	1
	总计	10	6	7
上古后期	《史记》	2	1	3
	《淮南子》	4	1	
	《礼记》			
	《战国策》	1		
	总计	7	2	3

第四节　上古汉语交通词汇的特点

上古汉语交通词汇系统自身呈现出一定的特点。本部分即对上古汉语交通词汇系统的特点进行分析，主要包括两个方面：一是上古汉语交通词汇的聚合与演变，二是上古汉语交通词汇的造词方法。

一、上古汉语交通词汇的聚合与演变

根据整理与统计，上古汉语交通词汇共有 205 个词项。其中，车舆类交通词汇 149 个词项，舟船类交通词汇 26 个词项，道路类交通词汇 30 个词项。这些词语在上古前、中、后期三个阶段呈现出不同的聚合与演变特点。

（一）车舆类交通词汇的聚合与演变

1. 车舆类交通词汇的聚合情况

1）上古前期

车名类交通词汇有 12 个词项：车、舆^2、翟、轩、大辂、役车、大车、辇、冲、戎车、元戎、轴车。

部件类交通词汇有 21 个词项：轮、辐/輹¹、毂、軹、辅、辌、箱、舆¹、较、輹²、茵、轵、衡、轃、镳、靷、游环、胁驱、軜、絷。

2）上古中期

车名类交通词汇有 61 个词项：车、舆²/蠿、翟车、厌翟、重翟、轩/轩车¹、鱼轩、犀轩、小车、羊车、安车、轺/轺车、辒车、墨车、役车、夏篆、夏缦、象路、金路、玉路/大路/大辂、木路、鸾辂、藩、辇车、栈车¹、大车/牛车、輂、连、重、辎、辈、柏车、轈/栈车²、葱灵、冲、轻车、巢车/楼车/轩车²、轒辒、戎车、戎路/革路、元戎、苹车、䡝、丧车、素车、木车、漆车、藻车、駹车、栈/辰车。

部件类交通词汇有 50 个词项：轮、辐、辖/车辖、毂/车毂、轴、牙、贤、轵¹、錧、釭、箱、轼、轸、轛、伏兔/輹/輹²、较、轵²、盖、茵、轵、辕、衡、軏、軓、軶、鞅、靳、靷、樶、輗、轃、羁、勒、衔、镳、絷、靽、羁𦆕、衔辔、衔樶、鞭、策、马箠、鞭筴、箠策。

3）上古后期

车名类交通词汇有 38 个词项：车、舆²、轩、轺车、轺传、皮轩、小车、安车、乘传、布车、辒车/辒辌车、大辂/大路、钩车、鸾车/栾车、轀车、大车/牛车、輂、重车、辎车、辈车、轻车、棚车/楼车、戎车、戎路、元戎、冲车、武刚车、䡝、龙䡝、丧车、广柳车、轋车、枢车。

部件类交通词汇有 33 个词项：轮、辐、辖、毂/车毂、轴、軼、轫、轼、轸、輢、辂、盖、茵、轵、辕、衡、轙、轭、靷、樶、輗、轃、羁、勒、衔、靷、羁靷、衔樶、鞭、策、马箠、鞭策。

2. 车舆类交通词汇的演变情况

1）新生的车舆类交通词汇

上古中期新生的车名类交通词汇有 50 个词项：蠿、轺、藩、连、重、辈、轈、䡝、栈、翟车、厌翟、重翟、轩车¹、鱼轩、犀轩、小车、羊车、安车、轺车、辒车、墨车、夏篆、夏缦、象路、金路、玉路、大路、木路、鸾辂、辇车、栈车¹、牛车、柏车、栈车²、葱灵、轻车、巢车、楼车、轩车²、轒辒、戎路/革路、苹车、丧车、素车、木车、漆车、藻车、駹车、蜃车。

新生的部件类交通词汇有 36 个词项：辖、轴、牙、贤、轵¹、錧、釭、轼、轸、轛、輹、轵²、辕、軏、軓、軶、鞅、靳、樶、輗、轃、羁、勒、衔、鞯、鞭、策、车辖、车毂、伏兔、羁绁、衔辔、衔橛、马捶、鞭箠、捶策。

上古后期新生的车名类交通词汇有 18 个词项：轺传、皮轩、布车、辒辌车、钩车、鸾车、栾车、轞车、重车、辎车、輂车、輣车、冲车、武刚车、龙輴、广柳车、輻车、枢车。

新生的部件类交通词汇有 8 个词项：轫、辖、辐、軨、轘、靷、马箠、鞭策。

2）衰弱的车舆类交通词汇

上古中后期消亡的车名类交通词汇有 1 个词项：翟。

上古后期消亡的车名类交通词汇有 38 个词项：翚、翟车、重翟、厌翟、輂车、鱼轩、犀轩、羊车、轺、墨车、栈车¹、轩车¹、役车、夏篆、夏缦、象路、金路、玉路、鸾辂、木路、藩、柏车、輂、辎、重、轏、栈车²、葱灵、苹车、革路、輑辌、冲、栈、木车、素车、漆车、藻车、駹车。

上古中后期消亡的部件类交通词汇有 6 个词项：軝、辅、輦、舆¹、游环、胁驱。

上古后期消亡的部件类交通词汇有 24 个词项：牙、贤、轵¹、輨、釭、车辖、箱、较、轛、轵²、伏兔、鞁/鞍²、鞫、轪、軷、鞅、靳、镳、絷、鞯、羁绁、捶策、衔辔。

（二）舟船类交通词汇的聚合与演变

1. 舟船类交通词汇的聚合情况

1）上古前期

船名类交通词汇有 2 个词项：舟、刀。

部件类交通词汇有 1 个词项：楫。

2）上古中期

船名类交通词汇有 7 个词项：舟、船、泭/柎/桴、筏、余皇。

部件类交通词汇有 1 个词项：楫。

3）上古后期

船名类交通词汇有 17 个词项：舟、船/舡、杭/航、舟杭/舟航、桴、舲、艇、舫、鹢/鹢首、龙舟、戈船、楼船/楼舡。

部件类交通词汇有 4 个词项：柂、篙、桡、楫。

2. 舟船类交通词汇的演变情况

1）新生的舟船类交通词汇

上古中期新生的船名类交通词汇有 7 个词项：船、杭、泭/柎/桴、筏、余皇。

新生的部件类交通词汇有 0 个词项。

上古后期新生的船名类交通词汇有 13 个词项：舡、航、舲、艇、舫、鹢、舟杭/舟航、鹢首、龙舟、戈船、楼船/楼舡。

新生的部件类交通词汇有 3 个词项：枻、篙、桡。

2）衰弱的舟船类交通词汇

上古中后期消亡的船名类交通词汇有 1 个词项：刀。

上古后期消亡的船名类交通词汇有 4 个词项：泭/柎、筏、余皇。

上古中后期消亡的部件类交通词汇有 0 个词项。

上古后期消亡的舟船部件类词汇有 0 个词项。

（三）道路类交通词汇的聚合与演变

1. 道路类交通词汇的聚合情况

1）上古前期

大路类交通词汇有 7 个词项：行、路、道、涂/途、周行/周道。

小路类交通词汇有 1 个词项：微行。

交道类词汇有 2 个词项：衢、中逵。

城中道类交通词汇有 1 个词项：巷。

2）上古中期

大路类交通词汇有 8 个词项：行、路、道、涂/途、周行/周道、道路。

小路类交通词汇有 4 个词项：径/迳、蹊、蹊径。

交道类交通词汇有 8 个词项：逵、衢、衝、庄、衢涂/衢道、逵路、五衢。

城中道类交通词汇有 3 个词项：巷、术、街。

3）上古后期

大路类交通词汇有 8 个词项：行、路、道、涂/途、驰道、栈道、道路。

小路类交通词汇有 5 个词项：径/迳、蹊、徯径/蹊径

交道类交通词汇有 6 个词项：衢、衝、康、庄、逵路、午道。

城中道类交通词汇有 3 个词项：巷、术、街。

2. 道路类交通词汇的演变情况

1）新生的道路类交通词汇

上古中期新生的大路类交通词汇有 1 个词项：道路。

新生的小路类交通词汇有 4 个词项：径/俓、蹊、蹊径。

新生的交道类交通词汇有 7 个词项：逵、衢、迬、衢涂/衢道、逵路、五衢。

新生的城中道类交通词汇有 2 个词项：术、街。

上古后期新生的大路类交通词汇有 2 个词项：驰道、栈道。

新生的小路类交通词汇有 1 个词项：磎径。

新生的交道类交通词汇有 2 个词项：康、午道。

新生的城中道类交通词汇有 0 个词项。

2）衰弱的道路类交通词汇

上古中后期消亡的大路类交通词汇有 0 个词项。

上古后期消亡的大路类交通词汇有 2 个词项：周行、周道。

上古中后期消亡的小路类交通词汇有 1 个词项：微行。

上古后期消亡的小路类交通词汇有 0 个词项。

上古中后期消亡的交道类交通词汇有 1 个词项：中逵。

上古后期消亡的交道类交通词汇有 4 个词项：逵、衢涂/衢道、五衢。

上古中后期消亡的城中道类交通词汇有 0 个词项。

根据文献测查，上古汉语交通词汇共有 205 个。其中单音词 103 个，约占上古汉语交通词汇的 50%；复音词 102 个，约占上古交通词的 50%。

具体来看，根据文献测查的最早用例，产生于上古前期的单音词共有 35 个，约占上古单音交通词的 34%；产生于上古中期的有 52 个，约占上古单音节交通词的 50%；产生于上古后期的有 16 个，约占上古单音交通词的 16%。产生于上古前期复音交通词共有 12 个，约占上古复音交通词的 12%；产生于上古中期的有 57 个，约占上古复音交通词的 56%；产生于上古后期的有 33 个，约占上古复音交通词的 32%。

总体来看，上古时期，单音和复音交通词汇数量各约占 50%，分布较为均衡。在上古前期，新生的单音词数量高于复音词，可见，上古前期交通词汇新词的产生是以单音节为主的。在上古中期，新生的复音词数量大为增多，已略高于单音词，并且无论是单音词，还是复音词，上古中期的新词数量都远高于上古前期和上古后期。可见，上古中期是交通词汇新词产生的重要阶段，上古中期和上古后期复音词成为新词生成的主流。具体见表2-40。

表2-40　上古交通词汇生成情况

单位：个，%

义类	结构	产生时期	词项	数量		比例	
车舆类交通词汇	单音	上古前期	车、舆²、翟、轩、辇、冲	6	16	37	20
		上古中期	轙、轺、藩、连、重、辐、葷、轏、輬、栈	10		63	
		上古后期		0		0	
	车名类						
	复音	上古前期	大辂、役车、大车、戎车、元戎、輶车	6	66	9	80
		上古中期	翟车、厌翟、重翟、轩车¹、鱼轩、犀轩、小车、羊车、安车、轺车、辒车、墨车、夏篆、夏缦、象路、金路、玉路、木路、鸾辂、大路、辇车、栈车¹、牛车、柏车、栈车²、葱灵、轻车、巢车、楼车、轩车²、轒辒、戎路、革路、苹车、丧车、素车、木车、漆车、藻车、駓车、鼊车	41		62	
		上古后期	轺传、乘传、皮轩、布车、辐轳车、钩车、鸾车、栾车、轞车、重车、辐车、葷车、翻车、冲车、武刚车、龙轜、广柳车、輣车、枢车	19		29	
部件类	单音	上古前期	轮、辐、輹¹、毂、軝、辅、辇、箱、舆¹、较、輹²、茵、辀、衡、軧、镳、靷、軜、絷	19	53	36	79
		上古中期	辖、轴、牙、贤、轵¹、锏、釭、轼、轸、輲、盖、櫼、轵²、辕、軥、軛、軶、軥、鞅、靳、橛、覊、羁、勒、衔、鞪、鞭、策	28		53	
		上古后期	轫、鞼、輴、軨、轘、靮	6		11	
	复音	上古前期	游环、胁驱	2	14	14	21
		上古中期	车辖、车毂、伏兔、羁绁、衔辔、衔橜、马捶、鞭筴、捶策	9		65	
		上古后期	羁靮、马箠、鞭策	3		21	

续表

义类	结构	产生时期	词项	数量		比例	
舟船类交通词汇	船名类	单音	上古前期	舟、刀	2	14	13	64
			上古中期	船、杭、泭、柎、桴、筏	6		47	
			上古后期	舡、舫、舲、艇、舫、鹢	6		40	
		复音	上古前期		0	8	0	36
			上古中期	余皇	1		12	
			上古后期	舟杭、舟舫、鹢首、龙舟、戈船、楼船、楼舡	7		88	
	部件类	单音	上古前期	楫	1	4	25	100
			上古中期		0		0	
			上古后期	栧、篙、桡	3		75	
		复音			0		/	0
道路类交通词汇	大路类	单音	上古前期	行、路、道、涂、途	5	5	100	50
		复音	上古前期	周行、周道	2	5	40	50
			上古中期	道路	1		20	
			上古后期	驰道、栈道	2		40	
	小路类	单音	上古中期	径、俓、蹊	3	3	100	50
		复音	上古前期	微行	1	3	33	50
			上古中期	蹊径	1		33	
			上古后期	徯径	1		33	
	交道类	单音	上古前期	衢	1	5	20	45
			上古中期	逵、衕、庄	3		60	
			上古后期	康	1		20	
		复音	上古前期	中逵	1	6	17	55
			上古中期	衢涂、衢道、逵路、五衢	4		66	
			上古后期	午道	1		17	
	城中路类	单音	上古前期	巷	1	3	33	100
			上古中期	术、街	2		67	
			上古后期		0		0	
		复音			0		/	0
总计 205		单音	上古前期		35	103	34	50
			上古中期		52		50	
			上古后期		16		16	
		复音	上古前期		12	102	12	50
			上古中期		57		56	
			上古后期		33		32	

在词汇衰弱方面。根据文献用例测查，上古汉语交通词汇在上古中后期没有用例的共有 10 个，其中单音词 6 个，复音词 4 个；呈衰弱趋势的共有 69 个，其中单音词 33 个，复音词 36 个。在词汇衰弱的数量上，上古后期无用例的词语远多于上古中期和后期都无用例的词语，而与此同时，新生的词语急剧减少。可见，在上古后期，交通词汇呈现出稳固与消亡并存的状态。具体见表 2-41。

表 2-41 上古交通词汇衰亡情况

单位：个，%

属性	结构	义类		词项	数量		比例	
上古中后期均无用例	单纯	车舆类	车名类	翟	1	6	60	13
			部件类	軝、辅、辇、舆[1]	4			
		舟船类		刀	1			
	复合	车舆类		游环、胁驱	2	4	40	
		道路类	小路类	微行	1			
			交道类	中逵	1			
上古后期无用例	单纯	车舆类	车名类	辈、轺、藩、辇、辒、重、轒、冲、栈	9	33	48	87
			部件类	牙、贤、轵[1]、錧、红、箱、较、轛、轵[2]、𫐓、輗[2]、軥、軝、輗、軷、靳、镳、綮、鞈	19			
		舟船类	船名类	泭、柮、筏、余皇	4			
		道路类	交道类	逵	1			
	复合	车舆类	车名类	翟车、重翟、厌翟、辇车、鱼轩、犀轩、羊车、墨车、栈车[1]、轩车[1]、役车、夏篆、夏缦、象路、金路、木路、柏车、栈车[2]、葱灵、苹车、輶辒、木车、素车、漆车、藻车、駹车	26	36	52	
			部件类	车辖、伏兔、羁绁、捶策、衔辔	5			
		道路类	大路类	周行、周道	2			
			交道类	衢涂、衢道、五衢	3			

二、上古交通词汇的造词方法

造词法就是创制新词的方法。任学良认为："研究用什么原料和方法创造新词,这是造词法问题。"① 葛本仪认为:"所谓'造词'就是指创制新词,它是解决一个词从无到有的问题。"② 造词法的研究是在构词法研究基础上发展起来的。构词法指的是词的内部结构规律的情况,也就是语素组合的方式和方法,主要以复音词为研究对象。"造词法研究的是词语的生成机制,主要是在构词法研究的基础上,解释语言内部要素是怎样在外部要素的影响下产生新词进而通过类推形成现有的构词模式,最终推演出词的生成模式。"③ 正如葛本仪所指出的:"人们在造词时,主要考虑的是用什么名称命名合适的问题,并不是而且也不会去考虑名称的内部结构形式应该怎样,譬如用偏正结构呢?还是用主谓结构呢?"④

孙常叙将造词法分为三大类:语音造词、语义造词和结构造词。⑤ 此后人们开始有意识地把"造词法"和"构词法"区分开,这也开创了"造词法"研究的新领域。任学良提出了五种造词方法:词法学造词法、句法学造词法、修辞学造词法、语音学造词法和综合式造词法。⑥ 刘叔新从造词材料入手,将造词体系分为三类:词汇材料式、语音材料式以及混合材料式。⑦ 葛本仪将造词体系分为八类:音义结合任意法、摹声法、音变法、说明法、比拟法、引申法、双音法和简缩法。⑧ 另外,李如龙、彭泽润、李葆嘉、陈建初、李仕春、谭宏姣等对造词法分类的研究成果也值得我们借鉴。本书研究的重点并非汉语造词法体系的构建,而是立足上古交通词汇的实际,对照并借鉴各家分类方法,分析上古交通词汇所体现的造词方法。通过考察,我们认为上古交通词汇的造词法主要包括:音义任意结合法、同源词孳乳派生法、说明法、比拟法和借代法五类。

(一)音义任意结合法

王宁指出,汉语词汇的产生和积累过程可划分为三个阶段:原生阶

---

① 任学良:《汉语造词法》,中国社会科学出版社,1981,第3页。
② 葛本仪:《汉语的造词与构词》,《文史哲》1985第4期,第28页。
③ 李仕春:《汉语构词法和造词法研究》,语文出版社,2011,第31页。
④ 葛本仪:《汉语的造词与构词》,《文史哲》1985年第4期,第29页。
⑤ 参见孙常叙《汉语词汇》,吉林人民出版社,1956,第78页。
⑥ 参见任学良《汉语造词法》,中国社会科学出版社,1981,第30~270页。
⑦ 参见刘叔新《汉语描写词汇学》,商务印书馆,1990,第93页。
⑧ 参见葛本仪《现代汉语词汇学》,山东人民出版社,2001,第76~87页。

段、派生阶段和合成阶段。每个阶段都有各自主要的造词方式。原生阶段和派生阶段是单音词产生和积累的主要阶段。在汉语词汇的原生阶段，大多数词汇的音义结合具有任意性。一个意义用什么声音来表达，不具有必然的联系。

音义任意结合法就是"用某种声音形式任意为某种事物命名的方法。这样产生的新词，音义之间开始并无必然的联系，也就是说，这些词的音义结合最初都是任意的，当人们用某种语音形式去指称某种事物的时候，这种语音形式同时就获得了该事物所赋予它的某种意义，从而产生了音义结合的词。语言中最早产生的一些词，往往就是用音义任意结合法创制出来的"①。上古汉语交通词汇中大多数的单纯词是用这个方法造出来的。如：

车，陆地上有轮子的交通工具。《说文·车部》："车，舆轮之总名。夏后时奚仲所造。"《诗·秦风·车邻》："有车邻邻，有马白颠。"

舟，船。甲骨文作"钅"，金文作"钅"。有船头、船尾和船舷。《说文·舟部》："舟，船也。古者，共鼓、货狄，刳木为舟，剡木为楫，以济不通。象形。凡舟之属皆从舟"。《易·系辞下》："刳木为舟，剡木为楫。"

行，道路。《说文·行部》："行，人之步趋也。从彳，从亍。"《尔雅·释宫》："行，道也。"甲骨文𠂇像四达之衢，金文𠂇承续甲骨文的字形，篆书𠂇将金文𠂇书写成正反两个彳、亍，失去路的形象。《诗·周颂·天作》："彼徂矣，岐有夷之行。"

余皇，春秋时期吴王所乘的大型战舰。也作"艅艎"。《广雅·释水》："艅艎，舟也。"《说文新附·舟部》："艅，艅艎，舟名。"《集韵·唐韵》："艎，艅艎，吴大舟名。"《广韵》："艅，艅艎，吴王船名。"《左传·昭公十七年》："楚师继之，大败吴师，获其乘舟余皇。"

以上诸词音义之间没有必然联系，因为缺少造词理据，我们很难解释这些词的意义为什么要用这些语音形式来表示。

（二）同源词孳乳派生法

原生阶段所产生的词主要由音和义两个要素任意结合而成，因此，词

---

① 葛本仪：《汉语的造词与构词》，《文史哲》1985 年第 4 期，第 30 页。

的繁衍是通过这两个要素的变化实现的。变化包括两种结果：一是通过词义的发展形成不同的义位共居一个词位，即形成同一词形的多义词；二是通过孳乳派生实现词的分化，形成不同的词位，也即同源词。同源词孳乳派生就是人们利用原生词的语音创造新词，来表达一些在特征上与原生词所指相近或相关的事物概念。在同源派生造词中，这些新词词义来源于其语音所承载的源义素的孳乳。这时的原词表现为一组同源词的语根，新词是这个语根统摄下的一组同源词中的一个成员。这些词往往在读音和意义上与原生词或者同源的其他派生词之间存在"音近义通"的关系，如下列词语。

靷，引车前行的皮带。骖马的外辔，穿过服马背上的游环系于车轴，以引车前进。《说文·革部》："靷，引轴也。"《诗·秦风·小戎》："游环胁驱，阴靷鋈续。"毛传："游环，靷环也。……靷，所以引也。"郑玄笺："游环在背上，无常处，贯骖之外辔，以禁其出。"《左传·哀公二年》："我两靷将绝，吾能止之。"孔颖达疏："古之驾四马者，服马夹辕，其颈负轭，两骖在旁，挽靷助之。"引，《说文·弓部》："引，开弓也。"《孟子·尽心上》："君子引而不发，跃如也。"引申为拉，牵挽。《诗·大雅·行苇》："以引以翼。"郑玄笺："在前曰引，在旁曰翼。"《墨子·节用中》："车为服重致远，乘之则安，引之则利。"《吕氏春秋·察今》："见人方引婴儿而欲投之江中。婴儿啼。"

"引"与"靷"古音相同。语义上，它们有共同的源义素"开"，因此它们均为同一语根的派生词。

鞠，车轭两边下伸反曲以备系革带的部分。《说文·车部》："鞠，轙下曲者。"段玉裁注："轙木上平而下为两坳，加于两服马之颈，是曰鞠。"朱骏声通训定声："轙下为两坳以叉服马之颈者，亦谓之乌噣。"《左传·襄公十四年》："射两鞠而还。"杜预注："鞠，车轭卷者。"服虔注："车轭两边叉马颈者。"句，《说文·句部》："句，曲也。"段玉裁注："凡曲折之物。侈为倨、敛为句。考工记多言倨句。"《书·大传》："古之人衣上有冒而句领者。"鉤，《说文·句部》："鉤，曲也。"《韵会》引作"曲鉤也"。《玉篇》："鉤，曲也，所以鉤悬物也。"《周礼·春官·巾车》："金路鉤。"笱，《说文·句部》："笱，曲竹捕鱼笱也。"

"軥""句""鉤"与"笱"古音相同。语义上，它们有共同的源义素"曲"，因此它们均为同一语根的派生词。

桴，是用竹或木并排编扎而成的小筏子。《论语·公冶长》："乘桴浮于海。"何晏《论语集解》引汉马融曰："桴，编竹木，大者曰栰，小者曰桴。"《国语·齐语》："方舟设泭，乘桴济河，至于石枕。"韦昭注："编木曰泭，小泭曰桴。"《文选·潘岳〈西征赋〉》："伤桴檝之褊小，撮舟中而掬指。"李周翰注："桴，舟也。"古人把小筏子称作"桴"，当因其能漂浮于水上，这可以从"桴"所处的词族所具有的语源义上得到验证。泭，《说文·水部》："泭，编木以渡也。从木，付声。"《楚辞·九章·惜往日》："乘泛泭以下流兮，无舟楫而自备。"王逸注："编竹木曰泭。""泭"与"桴""浮""漂""艀"等同族，亦得名于"漂浮于水"的特征。浮，漂浮。《说文·水部》："浮，泛也。从水孚声。"又指水上航行。《书·禹贡》："浮于济漯，达于河。"漂，浮游。《说文·水部》："漂，浮也。从水，票声。"段玉裁注："谓浮于水也。"《书·武成》："前徒倒戈，攻于后以北，血流漂杵。"艀，短小的船。《玉篇·舟部》："艀，小舟符也。"《集韵·尤韵》："艀，舟短小者。"

"桴""泭"与"浮"在古音有音同或音转关系。语义上，它们有共同的源义素"漂浮于水"，因此它们均为同一语根的派生词。

（三）说明法

说明法就是"用现有的语言材料对事物作某些说明的方法为事物命名，并从而产生新词"。① 上古交通词汇可以从颜色、形制、功能、类属、处所等不同角度对其进行描写和说明。

1. 从事物的性质特征方面进行说明。如：

小车、大车、安车、木路、大辂/大路、柏车、元戎、武车、武刚车、驰车、木车、驰道、微行

2. 从事物的形制特征方面进行说明。如：

翟车、皮轩、鱼轩、犀轩、布车、象路、金路、玉路、鸾车/栾车、牛车、羊车、乘传、栈车、輶车、巢车、楼车、軥车、苹车、龙輴、广柳

---

① 葛本仪：《汉语的造词与构词》，《文史哲》1985年第4期，第31页。

车、辒车、蜃车、游环、龙舟、楼船、戈船、午道、栈道

3. 从事物的功能方面进行说明。如：

役车、轏车、重车、辒车、冲车、戎车、戎路、丧车、柩车

4. 从事物的领属方面进行说明。如：

车毂、车辖

5. 从事物的颜色方面进行说明。如：

墨车、夏篆、夏缦、素车、漆车

6. 从事物的位置方面进行说明。如：

胁驱、中逵

7. 用数量对事物进行说明。如：

五衢

8. 通过注释的方法进行说明。如：

轩车、轺车、轺传、辒车/辒辌车、辇车、辇车

（四）比拟法

比拟法造词是在事物间存在相似关系的基础上，以彼物比此物，从而创造新词的造词方法。上古汉语交通词汇中运用比拟法创造的词项共有2个。

橛，本指木橛子，短木桩。《说文》："橜，弋也。从木，厥声。一曰门梱也。"《列子·黄帝》："吾处也，若橜株驹。"又指马口中所衔的横木，即马嚼子。《韩非子·奸劫弑臣》："无捶策之威、衔橛之备，虽造父不能以服马。"《史记·司马相如列传》："且夫清道而后行，中路而后驰，犹时有衔橛之变。"司马贞索隐引张揖曰："衔，马勒衔也。橜（橛），腓马口长衔也。"木橛子、短木桩的形状特征与"马嚼子"形状相似，故名。

伏兔，指隐伏或蹲伏着的兔子。《文选·邹阳〈上书吴王〉》："今胡数涉北河之外，上覆飞鸟，下不见伏兔。"李善注引苏林曰："言胡上射飞鸟，下尽地之伏兔。"又指古代车上的部件，用以勾连车箱底板和车轴。《周礼·考工记·辀人》："良辀环灂，自伏兔不至轨七寸。"贾公彦疏："伏兔衔车轴，在舆下，短不至轨。"该车舆部件如蹲伏之兔，故名。

（五）借代法

借代法造词是在事物间存在相关性的基础上，借彼物之名代此物，从

而创造新词的造词方法。上古汉语交通词汇中运用借代法创造的词项较多。如：

翟，本指长尾野鸡。《说文·羽部》："翟，山雉长尾者。"《诗·卫风·硕人》："四牡有骄，朱幩镳镳，翟茀以朝。"毛传："翟，翟车也。夫人以翟羽饰车。"

藩，本指篱笆。《说文·艸部》："藩，屏也。"《左传·襄公二十三年》："以藩载栾盈及其士。"《汉书·游侠传·陈遵传》："乘藩车，入闾巷。"颜师古注："藩车，车之有屏蔽者。"

重，本指分量大。《说文·重部》："重，厚也。"《左传·襄公十年》："孟氏之臣秦堇父辇重如役。"孔颖达疏："重者车名也。载物必重，谓之重。"

冲，本指交通要道，即道路的交会处。《玉篇》："冲，交道也。"《左传·昭公元年》："及冲，以戈击之。"又引申为动作"冲击、碰撞"。《庄子·秋水》："梁丽可以冲城。"成玄英疏："冲，击也。"《左传·定公八年》："主人焚冲。"杜预注："冲，战车。"《战国策·齐策五》："攻城之费，百姓理襜蔽，举冲橹，家杂总，身窟穴，中罢于刀金。"鲍彪注："冲，陷阵车。"

"翟、藩、重、冲"均为单纯词。"翟、藩、重、冲"均为所指称交通工具的主要特征，通过转喻思维，相应交通工具的特征得以凸显。"翟"因以"翟羽"为饰，故以"翟"代指以翟羽为饰之车；"藩"指屏蔽，故以部件"藩"代指四周有屏围的车；"重"为重车的属性特征，故以"重"代指军中载运粮食、器物的车子；"冲"指冲击，冲车的主要功能为"冲击"，故以功能"冲"代指冲击敌阵或敌城的战车。

重翟，《周礼·春官·巾车》："王后之五路（辂），重翟，钖面朱总。"郑玄注："重翟，重翟雉之羽也……后从王祭祀所乘。"贾公彦疏："凡言翟者，皆谓翟鸟之羽，以为两旁之蔽。言重翟者，皆二重为之。"

厌翟，《周礼·春官·巾车》："厌翟，勒面缋总。"郑玄注："厌翟，次其羽使相迫也……厌翟，后从王宾飨诸侯所乘。"

夏篆，《周礼·春官·巾车》："孤乘夏篆。""夏"指华彩，即五色；"篆"指雕刻。

夏缦，《周礼·春官·巾车》："卿乘夏缦。"郑玄注："夏缦亦五采画，无瑑耳。"从构词法角度看，重翟、厌翟、夏篆、夏缦均为偏正式复合词。"重翟、厌翟、夏篆、夏缦"均为所指称车名的装饰性特征。因以"重翟"为蔽，故以"重翟"代指王后祭祀时乘坐之车；因以"厌翟"为蔽，故以"厌翟"代指后、妃、公主所乘之车；"夏篆"为车上的五彩雕刻，故以"夏篆"代指古代三孤所乘以五彩雕刻为饰的车；"夏缦"为车上的五彩画，故以"夏缦"代指古代卿所乘坐的五彩车。

葱灵，葱，通"窗"；灵，通"櫺"，指窗中竖木。《左传·定公九年》："载葱灵，寝于其中而逃。"杜预注："葱灵，辎车名。"孔颖达疏："贾逵云：'葱灵，衣车也，有葱有灵。'然则此车前后有蔽，两旁开葱，可以观望。葱中竖木谓之灵。"

羁靮，马络头和缰绳。《礼记·檀弓下》："如皆守社稷，则孰执羁靮而从？"陈澔集解："羁，所以络马；靮，所以鞚马。"

从构词法角度看，"葱灵、羁靮"均为联合式复合词。"葱""灵"为所指称车名的突显特征，因"有葱有灵"，故以部件"葱""灵"代指有窗棂的装载衣物的轿车。"羁"为马络头，"靮"为缰绳，二者为驭马之物范畴的典型成员，故以"羁靮"代指整个范畴，指驭马之物。

"造词法相同的词，构词法并不一定相同；相反，构词法相同的词，造词法也会有所区别。"[①] 在上古汉语交通词汇中，音义任意结合法包括单音和复音单纯词，同源词孳乳派生法均为单音单纯词，说明法均为偏正式复合词，比拟法包括单音单纯词和偏正式复合词，借代法包括单音单纯词、偏正式复合词和联合式复合词。

[①] 葛本仪：《汉语的造词与构词》，《文史哲》1985年第4期，第33页。

第三章
上古汉语交通词汇词义引申现象分析

引申是词义发展的重要途径。"传统训诂学研究引申的第一项工作就是探求本义这个词义引申的起点，或出发点；第二项工作是沿着引申的一个或数个方向，整理引申系列（简称义列）。"① 本章拟采取传统训诂学词义引申研究的步骤，对上古汉语交通词汇进行词义引申研究。通过对上古汉语交通词汇词义引申路径的梳理，归纳上古汉语交通词汇的词义引申类型，并通过对上古汉语交通词汇词义引申力的分析，总结词义引申程度的规律性。

第一节　词义引申的类型

一个多义词的各个引申义，都有其引申路径，对所有引申义的引申路径进行描写，会形成该词的词义引申路径图，有学者将词义引申路径图的模式称为"引申类型"。

从本义与引申义的关系角度，引申类型可分为直接引申和间接引申。直接引申指引申义是从本义引申所得的词义运动，间接引申指引申义是从引申义引申所得的词义运动。从引申义的数量角度，引申类型可分为单义引申和多义引申。根据多义引申路径图的模式，在多义引申中：所有的引申义都是从本义引申而得的词义引申模式为辐射引申；只有一个引申义是从本义直接引申所得，其他的每一个引申义都是从上一个引申义引申而得

---

① 陆宗达、王宁：《训诂与训诂学》，山西教育出版社，1994，第 110~111 页。

的单线式引申模式为连锁引申；既有辐射引申又有连锁引申的引申模式为综合引申。

上古汉语交通词汇在上古时期的词义引申类型，有单义引申和多义引申，且多义引申又有多义辐射引申、多义连锁引申和多义综合引申等模式。

一、单义引申

单义引申，是指词从本义引申出一个意义且只有一个意义。上古汉语交通词汇单义引申又可分为单音交通词汇的单义引申和复音交通词汇的单义引申。

（一）单音交通词汇的单义引申

在上古汉语单音交通词汇中，属于单义引申的共有23个：辎、毂、辖、轼、较、畸、茵、轫、辕、轭、鞅、镳、鞭、策、杭、刀、舲、舫、篙、蹊、衢、逵、衝。

【辎】

辎，本义为"一种有帷盖的大车"，引申为"外出时携带的行李，常指军事物资"。如：

(1) 凡火攻有五：一曰火人，二曰火积，三曰火辎，四曰火库，五曰火队。（《孙子·火攻篇》）

(2) 隧路亟，行辎治，赋丈均，处军辑，井灶通，此司空之官也。（《淮南子·兵略训》）

——高诱注："行辎，道路辎重也。"

"辎"的词义引申路径为：

辎：一种有帷盖的大车──→外出时携带的行李，常指军事物资

【毂】

毂，本义指车轮中心穿轴承辐的部件，引申指代车。如：

(3) 于是县官大空，而富商大贾或蹛财役贫，转毂百数。（《史记·平准书》）

——裴骃集解引李奇曰："毂，车也。"

"毂"的词义引申路径为:

毂:车轮中心穿轴承辐的部件──→指代车

【辖】

辖,车键,车轴两端扣住害的插栓,引申为"管辖,管制"。如:

(4) 又敦煌,郡大众殷,制御西域,管辖万里,为军国之本。(《晋书·凉武昭王传》)

(5) 令孙莹、杜彦钧、孙全照部辖。(宋 寇准《论澶渊事宜疏》)

"辖"的词义引申路径为:

辖:车轴两端扣住害的插栓──→管辖,管制

【轼】

轼,本义指古代车厢前面供立乘者凭扶的横木,引申为行车途中,双手扶着轼敬礼。《释名·释车》:"轼,式也,所伏以式敬者也。"如:

(6) 魏文侯过段干木之闾而轼之。(《吕氏春秋·期贤》)

(7) 段干木辞禄而处家,魏文侯过其闾而轼之。(《淮南子·脩务训》)

——高诱注:"轼,伏轼敬有德。"

(8) 过宫门阙必下车趋,见路马必轼焉。(《汉书·石奋传》)

——颜师古注:"轼为抚轼,盖为敬也。"

(9) 刻铭墓门,徒者趋而车者轼也。(元 戴良《王先生墓志铭》)

"轼"的词义引申路径为:

轼:车箱前面供立乘者凭扶的横木──→双手扶着轼敬礼

【较】

较,本义指车厢两旁车栏上的横木,引申指车厢。《广韵·觉韵》:"较,车箱。"如:

(10) 金薄缪龙，为舆倚较。（《后汉书·舆服志上》）

——刘昭注引《通俗文》："车箱为较。"

"较"的词义引申路径为：

较：车厢两旁车栏上的横木——→车厢

【輢】

輢，车厢两旁人可凭倚的车栏，引申为动词"凭倚"。如：

(11) 于前则跨蹑犍、牂，枕輢交趾。（《文选·左思〈蜀都赋〉》）
——李善注："輢，寄也。"

"輢"的词义引申路径为：

輢：车厢两旁人可凭倚的车栏——→凭倚

【茵】

茵，车上的垫褥，引申为垫褥的通称。如：

(12) 加茵用疏布。（《仪礼·既夕礼》）
——郑玄注："茵，所以藉棺者。"
(13) 洛阳梨花落如雪，河边细草细如茵。（南朝 梁 萧子显《燕歌行》）
(14) 草如茵，松如盖。（唐 李贺《苏小小墓》）

"茵"的词义引申路径为：

茵：车上的垫褥——→垫褥的通称

【輈】

輈，本义指小车上的独辕，引申代指车子。如：

(15) 颍考叔挟輈以走。（《左传·隐公十一年》）
(16) 驾龙輈兮乘雷，载云旗兮委蛇。（《楚辞·九歌·东君》）

"辀"的词义引申路径为：

辀：小车上的独辕──→代指车子

【辕】

辕，车前用来驾牲畜拉车的长木，引申代指车子。如：

（17）王病之，告令尹，改乘辕而北之，次于管以待之。（《左传·宣公十二年》）

"辕"的词义引申路径为：

辕：车前用来驾牲畜拉车的长木──→代指车子

【轭】

轭，本指牲口拉东西时驾在颈上的器具，同軛，引申为"控制，束缚"。唐慧琳《一切经音义》卷四引《大般若经》卷四百零八："轭，碍也。轭，缚也。"如：

（18）君以名桎臣，官以名轭民，父以名压子。（清 谭嗣同《仁学界说·二十七界说》）

"轭"的词义引申路径为：

轭：牲口拉东西时驾在颈上的器具──→控制，束缚

【鞅】

鞅，本指套在牛马颈上的皮带，引申借指车马。如：

（19）野外罕人事，穷巷寡轮鞅。（晋 陶潜《归园田居五首》之二）
（20）行矣倦路长，无由税归鞅。（《文选·谢朓〈京路夜发〉》）
──李周翰注："鞅，驾也。"

"鞅"的词义引申路径为：

鞅：套在牛马颈上的皮带──→借指车马

【镳】

镳，勒马口具。与衔连用，衔在口内，镳在口旁。引申代指马。如：

(21) 昔闻汾水游，今见尘外镳。(《文选·谢灵运〈从游京口北固应诏〉》)

——李善注："言镳以明马，犹轸以表车。"

"镳"的词义引申路径为：

镳：勒马口具——→代指马

【鞭】

鞭，皮制的马鞭，引申为动词"鞭打"。如：

(22) 弗得，鞭之见血。(《左传·庄公八年》)
(23) 使造父操右革而鞭笞之。(《韩非子·外储说右下》)

"鞭"的词义引申路径为：

鞭：皮制的马鞭——→鞭打

【策】

策，竹制的马鞭，引申为动词"以鞭打马"。如：

(24) 将入门，策其马。(《论语·雍也》)
(25) 乘坚策肥，履丝曳缟。(汉 晁错《论贵粟疏》)

"策"的词义引申路径为：

策：竹制的马鞭——→以鞭打马

【杭】

杭，本为名词，是上古渡船的通称，引申为动词"渡"。如：

(26) 谁谓河广？一苇杭之。(《诗·卫风·河广》)

——毛传："杭，渡也。"

"杭"的词义引申路径为：

杭：渡船──→渡

【刀】

刀，本义是用于切、割、砍、削的器具的总名，也用作兵器名，引申为"小船"。① 如：

(27) 谁谓河广？曾不容刀。(《诗·卫风·河广》)
——郑玄笺："小船曰刀。"
——孔颖达疏："上言一苇桴栰之小，此刀宜为舟船之小。"

"刀"的词义引申路径为：

刀：器具名──→小船

【舲】

舲，本义指一种有窗的小船，引申泛指船，《集韵·青韵》："舲，舟也。"如：

(28) 诸孙肯来游，谁谓川无舲。(宋 王安石《寄吴氏女子》)

"舲"的词义引申路径为：

舲：有窗的小船──→泛指船

【舫】

舫，本义指相并连的两船，引申泛指船。如：

(29) 时夏月，暴雨卒至，舫至狭小，而又大漏，殆无复坐处。(《世说新语·德行》)

---

① 刘智锋从隐喻认知角度解释了同族词"刀、舠、舟刂"的孳乳方式，指出"刀"的特征遵循映射域的规则分别转移到"舠、舟刂"这些目标概念上。人们获得这样的理解："舠"好比"刀"一样形体扁小而狭长；"舟刂"好比"刀"一样，形体侧扁狭长。"舠"的概念曾作为一个义项被整合到语词"刀"中，它可视为引申义。这种现象称为"内化表达"。后来概念"舠"又被赋予新语音极［tô（舠）］，构成新词。这可称为"外化表达"。参见《同族词孳乳的认知研究及其启示》，《古汉语研究》2013年第2期，第64~65页。

"舫"的词义引申路径为:
舫:相并连的两船──→船

【篙】

篙,本指撑船的竹竿或木杆,引申为用篙撑船。如:

(30) 篙舟入其家,暝闻屋中唏。(唐 韩愈《宿曾江口示侄孙湘二首》其一)

"篙"的词义引申路径为:
篙:撑船的竹竿或木杆──→用篙撑船

【蹊】

蹊,本义为小路,引申为"走过,践踏"。如:

(31) 牵牛以蹊人之田,而夺之牛。(《左传·宣公十一年》)
(32) 先是,黄吏部家牧佣,牛蹊周田,以是相诟。(《聊斋志异·成仙》)

"蹊"的词义引申路径为:
蹊:小路──→走过,践踏

【衢】

衢,本义为四通八达的道路,引申指树枝的分杈,树杈。如:

(33) 其上有木焉,其名曰帝休,叶状如杨,其枝五衢。(《山海经·中山经》)
——郭璞注:"言树枝交错,相重五出,有象衢路也。"
(34) 上座璘公院,有穗柏一株,衢柯覆,下坐十余人。(唐 段成式《游长安诸寺联句序·长乐坊安国寺》)

"衢"的词义引申路径为:
衢:四通八达的道路──→树枝的分杈,树杈

【遂】

遂，本义为四通八达的道路，引申指水中四通八达的穴道。如：

（35）多䲢鱼，状如鳜，居遂。（《山海经·中山经》）
——郭璞注："遂，水中之穴道交通者。"

（36）爰有包山洞庭，巴陵地道。潜遂傍通，幽岫窈窕。（晋 郭璞《江赋》）

"遂"的词义引申路径为：
遂：四通八达的道路──→水中四通八达的穴道

【衢】

衢，本义为交通要道，引申为"重要的"。如：

（37）今凉州，天下之衢要，国家之蕃卫也。（晋 袁宏《后汉纪·灵帝纪下》）

"衢"的词义引申路径为：
衢：交通要道──→重要的

（二）复音交通词汇的单义引申

在上古汉语复音交通词汇中，属于单义引申的共有13个：鱼轩、辒辌、轻车、戎车、广柳车、素车、车毂、羁靮、衔橛、余皇、周行、蹊径、五衢。

【鱼轩】

鱼轩，古代贵族妇女所乘的车，用鱼皮为饰，引申代指夫人。如：

（38）叔静云端叔一生坎轲，晚节益牢落，正赖鱼轩贤德，能委曲相顺，适以忘百忧。（宋 苏轼《与李之仪书》之三）

（39）李文靖端默寡言，堂下花槛颓圮，经岁不问。鱼轩一日语之，文靖不答。（宋 王巩《闻见近录》）

"鱼轩"的词义引申路径为：

鱼轩：古代贵族妇女所乘的车——→代指夫人

【轒辒】

轒辒，古代的战车，用于攻城。一说指古代北方少数民族用的战车。《文选·扬雄〈长杨赋〉》："碎轒辒，破穹庐。"李善注引应劭曰："轒辒，匈奴车也。"《汉书·扬雄传》："砰轒辒，破穹庐。"应昭曰："轒辒，匈奴车也。"引申代指匈奴。如：

（40）一举轒辒灭，再麾沙漠空。（唐 裴漼《奉和御制平胡》）

"轒辒"的词义引申路径为：

轒辒：用于攻城的战车——→代指匈奴

【轻车】

轻车，本指兵车。为兵车中最轻便者。引申指轻快的车子。如：

（41）末世之御，虽有轻车良马，劲策利锻，不能与之争先。（《淮南子·原道训》）

（42）于是驾以轻车，鸣以和鸾，步骤中度，缓急中节，锵锵乎道路之间。（宋 陈亮《酌古论三·诸葛孔明上》）

"轻车"的词义引申路径为：

轻车：兵车——→轻快的车子

【戎车】

戎车，兵车，引申指战事。如：

（43）而况于戎车未息，飞挽犹勤，新熟之时，岂宜无备。（唐 元稹《范季睦授尚书仓部员外郎制》）

"戎车"的词义引申路径为：

戎车：兵车——→战事

【广柳车】

广柳车，运载棺柩的大车，柳为棺车之饰，引申泛指载货大车。如：

(44) 乡关恨届钻榆节，里巷羞乘广柳车。(清 毛奇龄《钱塘逢故人》)

"广柳车"的词义引申路径为：
广柳车：运载棺柩的大车——→泛指载货大车

【素车】

素车，古代凶、丧事所用之车，以白土涂刷。引申泛指丧事所用之车。如：

(45) 素车千里，逶迤山谷。(唐 柳宗元《为韦京兆祭太常崔少卿文》)

(46) 素车迎紫气，灵袜度青云。(宋 梅尧臣《温成皇后挽词》)

"素车"的词义引申路径为：
素车，古代凶、丧事所用之车——→泛指丧事所用之车

【车毂】

车毂，本指车轮中心插轴的部分，引申泛指车轮。如：

(47) 半夜发春雷，中天转车毂。(宋 苏辙《立冬闻雷》)

"车毂"的词义引申路径为：
车毂：车轮中心插轴的部分——→泛指车轮

【羁靮】

羁靮，马络头和缰绳，泛指驭马之物，引申为"束缚"。如：

(48) 闲心放羁靮，醉脚从欹倾。(唐 陆龟蒙《奉酬袭美先辈初

夏见寄次韵》）

(49) 手种青菁期可檞，未能脱去空羁靮。（宋 沈辽《张公洞下》）

"羁靮"的词义引申路径为：

羁靮：马络头和缰绳——→束缚

【衔橛】

衔橛，本指马嚼子，引申指驰骋游猎。如：

(50) 日新厥德，其乐岂徒衔橛之间哉。（《汉书·王吉传》）

"衔橛"的词义引申路径为：

衔橛：马嚼子——→驰骋游猎

【余皇】

余皇，本义指春秋时期吴王所乘的大型战舰，引申泛指舟船。如：

(51) 余皇张旌旗，冶女炫珠贝。（清 唐孙华《冬日书怀》）

"余皇"的词义引申路径为：

余皇：春秋时期吴王所乘的大型战舰——→泛指舟船

【周行】

周行，本义为"大路"，引申为"至善之道"。如：

(52) 人之好我，示我周行。（《诗·小雅·鹿鸣》）
　　——毛传："周，至；行，道也。"
　　——马瑞辰通释："郑注《莱誓》云：'至，犹善也。'是知《传》训'周行'为'至道'，即善道也。"

"周行"的词义引申路径为：

周行：大路——→至善之道

【蹊径】

蹊径，本义为"小路"，引申为"门径，路子"。如：

(53) 将原先王，本仁义，则礼正其经纬蹊径也。(《荀子·劝学》)

"蹊径"的词义引申路径为：
蹊径：小路──→门径，路子

【五衢】

五衢，本义为通五方的大路，引申为枝杈五出。如：

(54) 少室之山，百草木成囷。其上有木焉，其名曰帝休，叶状如杨，其枝五衢。(《山海经·中山经》)
──郭璞注："言树枝交错，相重五出，有象衢路也。"

(55) 雪山忍辱之草，天宫陁树之花，四照芬吐，五衢异色。(南朝 梁 简文帝《相宫寺碑》)

"五衢"的词义引申路径为：
五衢：通五方的大路──→枝杈五出

二、多义辐射引申

多义引申，是指一个词引申出两个或两个以上的引申义。辐射引申则是指每个引申义都是由本义从不同角度引申而来的。上古汉语交通词汇多义辐射引申分为单音交通词汇的多义辐射引申和双音交通词汇的多义辐射引申。

（一）单音交通词汇的多义辐射引申

在上古汉语单音交通词汇中，属于辐射引申的共有19个：辇、翟、藩、轊、轫、箱、轙、辔、橛、轸、辅、舟、船、楫、柂、桡、径、街、巷。

【辇】

辇，本义为"人挽或推的车"。秦、汉以后，专指帝王后妃乘坐的车。如：

（1）王入朝太后还，乘辇欲归温室。（《汉书·霍光传》）
（2）天子乃御玉辇，荫华盖。（晋 潘岳《藉田赋》）
（3）昭阳殿里第一人，同辇随君侍君侧。（唐 杜甫《哀江头》）

1. 引申代指京城。如：

（4）于是乐只衎而欢饫无匮，都辇殷而四奥来暨。（《文选·左思〈吴都赋〉》）
——李善注引刘逵曰："辇，王者所乘，故京邑之地通曰辇焉。"

2. 引申为"拉车"。如：

（5）我任我辇，我车我牛。（《诗·小雅·黍苗》）
——朱熹集传："人輓车也。"
（6）孟氏之臣秦堇父，辇重如役。（《左传·襄公十年》）
——杜预注："步挽重车以从师。"

3. 引申为"乘辇，乘车"。如：

（7）公叔文子老矣，辇而如公。（《左传·定公六年》）
（8）秋，季桓子病，辇而见鲁城。（《史记·孔子世家》）

4. 引申为"以车载人或运物"。如：

（9）南宫万奔陈，以乘车辇其母。（《左传·庄公十二年》）

2. 引申为"用车轴头冲杀"。如：

（24）轊白鹿，捷狡兔。（《史记·司马相如列传》）
（25）窜伏扔轮，发作梧轊。（《后汉书·马融传》）
——李贤注："轊，车轴头也，音卫，谓车轴辖而杀之。"

"轊"的词义引申路径为：

轊：车轴末端的金属筒状物 → 代指车
　　　　　　　　　　　　　↘ 用车轴头冲杀

【轫】

轫，阻碍车轮滚动的木头。

1. 引申为动词"顶住，阻挡"。如：

（26）陛下尝轫车于赵矣，赵之豪桀，得知名者不少。（《战国策·秦策五》）
（27）遂以头轫乘舆轮，帝遂为止。（《后汉书·申屠刚传》）
——李贤注："轫，谓以头止车轮也。"

2. 引申代指车轮。如：

（28）辙含冰以灭轨，水渐轫以凝沍。《文选·潘岳〈怀旧赋〉》
——李善注引颜延年曰："车轮谓之轫。"

"轫"的词义引申路径为：

轫：阻碍车轮滚动的木头 → 顶住，阻挡
　　　　　　　　　　　　↘ 代指车轮

【箱】

箱，本义指车厢。

1. 引申指收藏衣物等的箱子。如：

(29) 箱帘六七十，绿碧青丝绳。(《玉台新咏·古诗为焦仲卿妻作》)

(30) 挈带看朱绂，开箱睹黑裘。(唐 杜甫《村雨》)

2. 引申指正厅两边的房子。后作"厢"。如：

(31) 公揖，退于箱。(《仪礼·公食大夫礼》)
——郑玄注："东夹之前俟事之处。"

(32) 吕后侧耳于东箱听。(《汉书·周昌传》)
——颜师古注："正寝之东西室皆曰箱。"

"箱"的词义引申路径为：

```
              收藏衣物等的箱子
            ↗
箱：车厢
            ↘
              正厅两边的房子
```

【轙】

轙，本指车衡上贯穿缰绳的大环。

1. 引申为"整车待发"。《篇海类编·器用类·车部》："轙，仆人严驾待发之意。"如：

(33) 灵禩禩，象舆轙。(《汉书·礼乐志》)
——颜师古注："孟康曰：'禩，不安欲去也；轙，待也'。如淳曰：'轙，仆人严驾待发之意也。'"

(34) 轙琱舆而树葩兮，扰应龙以服骆。(汉 张衡《思玄赋》)

(35) 班命授号，轙辀整旅。(《晋书·挚虞传》)

2. 引申代指车。如：

（36）停龙辖，遍观此，冻雨飞，祥云靡。（南朝 齐 谢朓《齐雩祭歌·迎神歌》）

"辖"的词义引申路径为：

辖：车衡上贯穿缰绳的大环 → 整车待发
　　　　　　　　　　　　　→ 代指车

【辔】
辔，本指驾驭牲口的缰绳。
1. 引申为动词"牵，驾驭"。如：

（37）此月初耳见许侯与紫微夫人及右英共辔龙车，往诣南真。（南朝 梁 陶弘景《冥通记》卷三）
（38）闻虏之至，或父母辔马，妻子取弓矢，至有不俟甲胄而进者。（宋 王禹偁《唐河店妪传》）

2. 引申代指马。如：

（39）天眸三乘启，星舆六辔行。（唐 萧至忠《奉和九月九日登慈恩寺浮图应制》）

"辔"的词义引申路径为：

辔：驾驭牲口的缰绳 → 牵，驾驭
　　　　　　　　　 → 代指马

【橛】
橛，本义指短木桩，树桩子。《说文》："橛，弋也。从木，厥声。一曰门橛也。"如：

(40) 吾处身也，若厥株拘。（《庄子·达生》）

1. 引申指马口所衔的横木。如：

(41) 无捶策之威、衔橛之备，虽造父不能以服马。（《韩非子·奸劫弑臣》）

(42) 且夫清道而后行，中路而后驰，犹时有衔橛之变。（《史记·司马相如列传》）

2. 引申为"敲击"。如：

(43) 黄帝得之，以其皮为鼓，橛以雷兽之骨，声闻五百里。（《山海经·大荒东经》）
——郭璞注："橛，犹击也。"

"橛"的词义引申路径为：

橛：短木桩，树桩子 → 马口所衔的横木
　　　　　　　　　→ 敲击

【轸】

轸，本义指车厢底部四面的横木。

1. 引申代指车。如：

(44) 若资穷困，亡在长幼，还轸诸侯，可谓穷困。（《国语·晋语四》）
——韦昭注："还轸，犹回车。"

2. 引申指方形。如：

(45) 轸石崴嵬，蹇吾愿兮。(《楚辞·九章·抽思》)
——王逸注："轸，方也。"
——洪兴祖补注："轸石，谓石之方者，如车轸耳。"

3. 星名。二十八宿之一，南方朱雀七宿的最末一宿。有星四颗。《古今韵会举要·轸韵》："轸，南方宿，四星，十七度。"《正字通·车部》："轸，宿名，南方星，居二十八宿之末。"如：

(46) 日者，月在箕、壁、翼、轸也。(《孙子·火攻篇》)
(47) 轸为车，主风。(《史记·天官书》)
——司马贞索隐："轸四星居中，又有二星为左右辖，车之象也。轸与巽同位，为风，车动行疾似之也。"

"轸"的词义引申路径为：

```
                                  ↗ 代指车
轸：车厢底部四面的横木 ——→ 方形
                                  ↘ 星名
```

【辅】

辅，本义指在车轮外旁用以夹毂的两条直木。

1. 引申指古代京城附近的地方。如：

(48) 衡少善属文，游于三辅。(《后汉书·张衡传》)

2. 比喻助手。如：

(49) 设四辅及三公，不必备。(《礼记·文王世子》)

3. 引申为"辅助，协助"。如：

（50）尔尚辅予一人。（《书·汤誓》）
（51）夫将者，国之辅也。（《孙子·谋攻篇》）

"辅"的词义引申路径为：

辅：车轮外旁用以夹毂的两条直木──→助手
　　　　　　　　　　　　　　　↗ 古代京城附近的地方
　　　　　　　　　　　　　　　↘ 辅助，协助

【舟】

舟，本义指船。

1. 引申为动词"用船渡"。如：

（52）就其深矣，方之舟之。（《诗·邶风·谷风》）
　　——孔颖达疏："随水深浅，期于必渡。"
（53）是故道而不径，舟而不游，不敢以先父母之遗体行殆。（《礼记·祭义》）

2. 引申为"载；用船运"。如：

（54）商人舟米以来者相望。（唐 李翱《故东川节度使卢公传》）

3. 古代祭器、酒器的托盘。如：

（55）祼用鸡彝鸟彝，皆有舟。（《周礼·春官·司尊彝》）
　　——郑玄注引郑司农云："尊下台，若今之承盘。"
（56）明当罚二子，已洗两玉舟。（宋 苏轼《次韵赵景贶督两欧阳诗破陈酒戒》）

"舟"的词义引申路径为：

舟：船 → 用船渡
　　　 → 用船运
　　　 → 古代祭器、酒器

【船】

船，本义指水上交通工具。

1. 引申为"用船载"。如：

（57）蔡人告饥，船粟往哺。(唐 韩愈《平淮西碑》)

2. 引申指船形的酒杯。如：

（58）劝君莫作儿女态，但向花前倾玉船。(宋 陆游《梅花》)

"船"的词义引申路径为：

船：水上交通工具 → 用船载
　　　　　　　　 → 船形的酒杯

【楫】

楫，本义为船桨。

1. 引申为动词"用桨划"。如：

（59）淠彼泾舟，烝徒楫之。(《诗·大雅·棫朴》)
——高亨注："楫，划船。"

（60）支军别统，或焚舟破釜，步自姑孰，或迅楫芜湖，入据云阳。(《宋书·刘勔传》)

（61）颠沉在须臾，我自楫迎汝。(宋 王安石《金山寺》)

2. 引申代指船。如：

（62）轻楫浮吴国，繁霜下楚空。（唐 贾岛《送董正字常州觐省》）

"楫"的词义引申路径为：

楫：船桨 → 用桨划
          ↘ 代指船

【枻】
枻，本义为短桨。
1. 引申为动词"用桨划"。如：

（63）伙非谓枻船者曰："尝有如此而得活者乎?"（《淮南子·道应训》）

2. 引申代指船。如：

（64）先生攀途跻阻，宿枻涉圻。（南朝齐 孔稚珪《褚先生伯玉碑》）

"枻"的词义引申路径为：

枻：短桨 → 用桨划
          ↘ 代指船

【桡】
桡，本指船桨。
1. 引申为"摇桨、划船"。如：

（65）江人桡艇子，将谓莫愁来。（唐 蒋吉《石城》）

2. 引申代指船。如：

（66）北府市楼闻旧酒，南桥官柳识归桡。（唐 殷尧藩《还京口》）

"桡"的词义引申路径为：

桡：船桨 → 摇桨、划船
　　　　 → 代指船

【径】

径，本义为小路。

1. 引申泛指"道路"。如：

（67）寡人将寄径于梁。（《战国策·东周策》）

2. 引申为动词"取道"。如：

（68）高祖被酒，夜径泽中。（《史记·高祖本纪》）

3. 引申为数学名词"直径"。如：

（69）此夏至日道之径也。（《周髀算经》卷上）
——赵婴注："其径者，圆中之直者也。"
（70）若寡人国小也，尚有径寸之珠照车前后各十二乘者十枚。（《史记·田敬仲完世家》）

4. 引申为"捷速"。如：

（71）莫径由礼。（《荀子·修身》）
——杨倞注："径，捷速也。"

5. 引申为"直接"。如：

(72) 少言则径而省。(《荀子·性恶》)

"径"的词义引申路径为：

```
直径        泛指道路
   ↖      ↗
     径：小路
   ↙      ↘
捷速  直接  取道
```

【街】
街，本义为城市的大道。
1. 引申为"市朝，市集，街市"。如：

(73) 百里奚归，辞公孙枝。公孙枝徒，自敷于街。(《吕氏春秋·不苟》)

2. 中医学术语，指人体内气的运行通道。如：

(74) 伏菟上各二行，行五者，此肾之街也。(《素问·水热穴论》)

"街"的词义引申路径为：

```
              ↗ 市朝，市集，街市
街：城市的大道
              ↘ 人体内气的运行通道
```

【巷】
巷，本义为里中的道路，胡同。
1. 引申指住宅。如：

（75）一箪食、一瓢饮，在陋巷，人不堪其忧，回也不改其乐。（《论语·雍也》）

（76）家乃负郭穷巷，以蓽席为门。（《史记·陈丞相世家》）

（77）士大夫之去位而巷处者，谁与嬉游。（唐 韩愈《送温处士赴河阳军序》）

2. 中医学术语，指气脉流通往来处。如：

（78）中气穴，则针游于巷。（《灵枢经·邪气藏府病形篇》）

"巷"的词义引申路径为：

巷：里中的道路 ⟶ 住宅
　　　　　　　⟶ 中医学术语，指气脉流通往来处

（二）复音交通词汇的多义辐射引申

在上古汉语复音交通词汇中，属于辐射引申的共有 3 个词项：衔辔、舟航、道路。

【衔辔】

衔辔，本指马嚼子和马缰绳。

1. 引申代指马匹。如：

（79）而陛下乃亲技击，骋衔辔，岂缓急欲为自将地乎？（宋 叶适《著作正字二刘墓志铭》）

2. 引申喻指法令。如：

（80）永以吏人瘝伤之后，乃缓其衔辔，示诛强横而镇抚其余，百姓安之。（《后汉书·鲍永传》）

"衔辔"的词义引申路径为：

衔辔：马嚼子和马缰绳 → 代指马
衔辔：马嚼子和马缰绳 → 法令

【舟航】

舟航，本指船只。

1. 犹津梁。如：

（81）实不刊之妙旨，万代之舟航。（南朝梁 沈约《答释法云书难范缜神灭论》）

（82）济笔海兮尔为舟航，骋文囿兮尔为羽翼。（唐 杨炯《卧读书架赋》）

2. 比喻济世良才。如：

（83）繄赖之重，匪伊舟航。（《晋书·刘弘陶侃等传赞》）

（84）幼有钧衡之略，独负舟航之用。（唐 杨炯《〈王勃集〉序》）

3. 引申为"拯济"。如：

（85）相国宋王天纵圣德，灵武秀世，一匡颓运，再造区夏，固以兴灭继绝，舟航沦溺矣。（《宋书·武帝纪中》）

"舟航"的词义引申路径为：

舟航：船只 → 津梁
舟航：船只 → 济世良才
舟航：船只 → 拯济

【道路】

道路，本义为"地面上供人或车马通行的部分"。

1. 引申为"路途，路程"。如：

（86）今吾道路修远，无会而归，与会而先晋，孰利？（《国语·吴语》）

2. 引申为"路上的人；众人"。如：

（87）道路皆言君谗，欲杀之。（《史记·郦生陆贾列传》）

"道路"的词义引申路径为：

道路：地面上供人或车马通行的部分 → 路途，路程

→ 路上的人；众人

三、多义连锁引申

只有一个引申义是从本义直接引申所得，其他的每一个引申义都是从上一个引申义引申所得的单线式引申模式，即为连锁引申。上古汉语交通词汇多义连锁引申分为单音交通词汇的多义连锁引申和复音交通词汇的多义连锁引申。

（一）单音交通词汇的多义连锁引申

在上古汉语单音交通词汇中，属于连锁引申的共有 4 个词项：羁、勒、鹢、途。

【羁】

羁，本义指马络头。

引申为动词"捆缚"。如：

（1）使骐骥可得系而羁兮，岂云异夫犬羊？（《文选·贾谊〈吊屈原赋〉》）

又进一步引申为"拘禁，拘系"。如：

（2）昔者，文王之拘于牖里，而武王羁于玉门。（《战国策·赵策三》）

又进一步引申为"束缚，牵制"。如：

（3）幸也者，审于战期而有以羁诱之也。（《吕氏春秋·决胜》）
（4）我宁游戏污渎之中自快，无为有国者所羁。（《史记·老子韩非列传》）

又进一步引申为"寄居"。如：

（5）君之羁臣，苟得容以逃死，何位之敢择。（《左传·昭公七年》）

又进一步引申为"停留"。如：

（6）妾处耳目多，不可久羁，蹈隙当复来。（《聊斋志异·葛巾》）

"羁"的词义引申路径为：
羁：马络头——捆缚——拘禁，拘系——束缚，牵制——寄居——停留

【勒】
勒，本义指带有嚼口的马笼头。
引申为动词"拉缰止马"。如：

（7）舍着命提刀仗剑，更怕甚勒马停骖。（元 王实甫《西厢记》）

又进一步引申为"约束，统帅"。如：

（8）乃遂北巡朔方，勒兵十余万。（《史记·孝武本纪》）

（9）亲勒六军，大陈戎马。（《后汉书·光武帝纪上》）

又进一步引申为"强制，强迫"。如：

（10）敕至，市司犹不许。游道杖市司，勒使速付。（《北齐书·宋游道传》）

（11）伏威引亲将十人操牛酒谒，勒公祏严兵待变。（《新唐书·杜伏威传》）

又进一步引申为"雕刻"。如：

（12）广三尺，长五尺，而勒之曰："主父常游于此。"（《韩非子·外储说左上》）

（13）物勒工名，以考其诚。（《礼记·月令》）

"勒"的词义引申路径为：

勒：带有嚼口的马笼头──→拉缰止马──→约束，统帅──→强制，强迫──→雕刻

【鹢】

鹢，本义为水鸟名。形如鹭而大，羽色苍白，善高飞。《左传·僖公十六年》："六鹢退飞，过宋都，风也。"杜预注："鹢，水鸟。"借指头上画着鹢鸟的船，后泛称船。如：

（14）西驰宣曲，濯鹢牛首。（《史记·司马相如列传》）

"鹢"的词义引申路径为：

鹢：水鸟名──→画有鹢鸟的船──→泛指船

【途】

途，本义为"道路"。

引申为"途径,门路"。如:

(15) 国之所以取爵禄者多涂,亡国。(《商君书·画策》)

特指仕途,升官的路。如:

(16) 且法术之士,与当途之臣,不相容也。(《韩非子·人主》)

"途"的词义引申路径为:
途:道路──→途径,门路──→仕途,升官的路
(二)复音交通词汇的多义连锁引申
在上古汉语复音交通词汇中,属于连锁引申的共有2个词项:羁绁、鞭策。

【羁绁】
羁绁,马络头和马缰绳,亦泛指驭马或缚系禽兽的绳索。
引申为"拘系,控制"。如:

(17) 羁绁藩臣,干凌宰辅,黩裂王度,汩乱朝经。(《旧唐书·文苑传下·刘蕡》)
(18) 人畏之甚于寇盗,官司亦为其羁绁,俯仰取容而已。(宋 沈括《梦溪笔谈·官政一》)

又进一步引申为"束缚"。如:

(19) 自嵇生夭、阮公亡以来,便为时所羁绁。(南朝 宋 刘义庆《世说新语·伤逝》)
(20) 君方感庄周,浩荡摆羁绁。(宋 王安石《酬冲卿月晦夜有感》)

"羁绁"的词义引申路径为:
羁绁:马络头和马缰绳──→拘系,控制──→束缚

【鞭策】

鞭策，亦作"鞭筴"，本指马鞭子。

引申为"鞭打"。如：

(21) 乘路马，必朝服，载鞭策，不敢授绥。(《礼记·曲礼上》)

(22) 前有橛饰之患，而后有鞭筴之威。(《庄子·马蹄》)

又进一步引申为"驭马"。如：

(23) 邵陵王纶亦鞭策军门，每日必至，累刻移时，仲礼亦弗见也。(《南史·柳仲礼传》)

又进一步引申为"驱使；控制"。如：

(24) 尽驱神鬼随鞭策，全罩英雄入网罗。(唐 李山甫《又代孔明哭先主》)

又进一步引申为"督促；激励"。如：

(25) 下以嗜欲为鞭策，欲罢不能。(三国魏 嵇康《答〈难养生论〉》)

(26) 旦暮勤鞭策，尘埃痛洗湔。(宋 陆游《自勉》)

"鞭策"的词义引申路径为：

鞭策：马鞭子──→鞭打──→驭马──→驱使；控制──→督促；激励

四、多义综合引申

综合引申，是直接与间接交替的引申，是连锁式和辐射式两种基本引申形式的综合运用。在上古汉语交通词汇中，属于综合引申的词项均为单音词，共有 14 个：车、轩、舆¹、冲、栈、轮、轴、盖、衡、衔、行、道、路、术。

【车】

车，本义为"陆地上有轮的交通工具"。

1. 引申为"车士，驾车的人"。如：

(1) 叔孙氏之车子鉏商获麟。（《左传·哀公十四年》）

——孔颖达疏："《家语》说此事云：'叔孙氏之车士曰子鉏商。'王肃云：'车士，将车者也。子姓，鉏商名，今传无士字。'服虔云：'车士，微者也。子，姓；鉏商，名。以子为姓。'"

(2) 其主朝升之，而暮戮其车，其谁安之！（《国语·晋语五》）

——韦昭注："车，仆也。"

2. 引申指"车工"。如：

(3) 凡天下群百工，轮、车、鞼鞄、陶、冶、梓、匠，使各从事其所能。（《墨子·节用中》）

3. 引申为"乘车"。如：

(4) 择晏日，车步广志，以适筋骨肉血脉。（《史记·扁鹊仓公列传》）

4. 引申指利用轮轴旋转的工具。如：

(5) 又作翻车渴乌，施于桥西，用洒南北郊路，以省百姓洒道之费。（《后汉书·宦者传·张让》）

——李贤注："翻车，设机车以引水。"

(6) 凡河滨，有制筒车者。（《天工开物·乃粒·水利》）

又进一步引申为"利用轮轴旋转来抽水或切削东西"。如：

(7) 直遂集客，车水竭池，穷池索之。(唐 段成式《酉阳杂俎·乐》)

"车"的词义引申路径为：

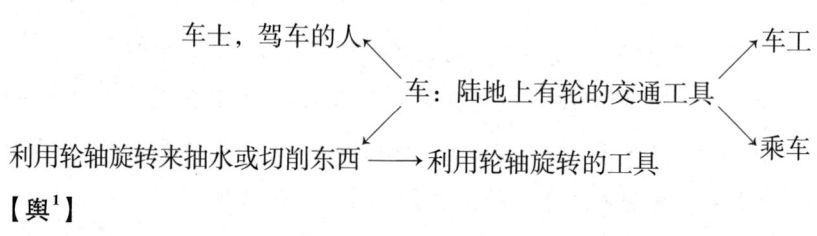

```
                车士，驾车的人 ↘        ↗ 车工
                               车：陆地上有轮的交通工具
利用轮轴旋转来抽水或切削东西 ↗        ↘ 乘车
       ← 利用轮轴旋转的工具
```

【舆¹】
舆¹，本义指车厢。
1. 引申代指车。如：

(8) 虽有舟舆，无所乘之；虽有甲兵，无所陈之。(《老子》第八十章)

(9) 长铗归来乎，出无舆。(《史记·孟尝君列传》)

又进一步引申为"用车运"。如：

(10) 结柳作车，缚草为船，载糇舆粮，牛系軏下，引帆上樯。(唐 韩愈《送穷文》)

(11) 令断虎头舆致州，为颂以献。公麾舆者出，以颂还令。(宋 王安石《先大夫述》)

又进一步指驾车人。如：

(12) 厮舆之卒有一不备而归者，虽得越王之首，臣犹窃为大汉羞之。(《汉书·严助传》)

——颜师古注："厮，析薪者。舆，主驾车者。此皆言贱役之人。"

2. 引申为"抬,负荷"。如:

(13) 流矢如雨,扶伤舆死。(《吕氏春秋·期贤》)
(14) 百人舆瓢而趋,不如一人持而走疾。(《战国策·秦策三》)

3. 引申为"众人,大众"。如:

(15) 晋侯患之,听舆人之谋曰:"称舍于墓。"(《左传·僖公二十八年》)
——杜预注:"舆,众也。"
(16) 皂臣舆。(《左传·昭公七年》)

4. 引申指古代职位低贱的吏卒。如:

(17) 士臣皂,皂臣舆,舆臣隶。(《左传·昭公七年》)
(18) 发京仓,散禁财,赉皇寮,逮舆台。(《文选·张衡〈东京赋〉》)

5. 比喻大地,疆域。如:

(19) 臣请令史官择吉日,具礼仪上,御史奏舆地图,他皆如前故事。(《史记·三王世家》)
——司马贞索隐:"谓地为舆者,天地有覆载之德,故谓天为盖,谓地为舆。"
(20) 漫漫方舆,回回洪覆。(《文选·束皙〈补亡诗〉》)
——李善注引《淮南子》曰:"以天为盖,以地为舆。"
(21) 周武帝平齐,中原尽入舆地。(宋 洪迈《容斋随笔·周武帝宣帝》)

"舆¹"的词义引申路径为：

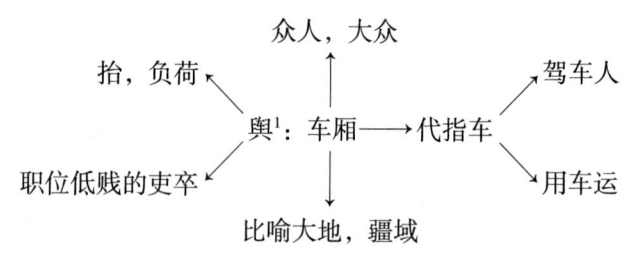

```
         众人，大众
            ↑
  抬，负荷←        →驾车人
         舆¹：车厢 → 代指车
  职位低贱的吏卒←      →用车运
            ↓
         比喻大地，疆域
```

【轩】

轩，本义为"古代供大夫一级官员乘坐的车"。

1. 引申指车的通称。如：

(22) 至若龙马银鞍，朱轩绣轴。"(《文选·江淹〈别赋〉》)

——李善注："轩，车通称也。"

(23) 去去桃花源，何时见归轩。(唐 李白《博平郑太守自庐山千里相寻之江夏北市门见访却之武陵立马赠别》)

2. 引申为"高"。如：

(24) 飞檐翼以轩翥，反宇𫠜以高骧。(《文选·何晏〈景福殿赋〉》)

——张铣注："轩，犹高也。言飞檐如鸟翼之高翥，翥亦飞也。"

3. 引申指像轩车车厢护栏的器物，指栏杆。如：

(25) 高堂邃宇，槛层轩些。(《楚辞·招魂》)

——王逸注："轩，楼版也。言所造之室，其堂高显，屋甚深邃，下有槛楯，上有楼板，形容异制且鲜明也。"

(26) 据軨轩而周流兮，忽埌圠而亡垠。(《文选·扬雄〈甘泉赋〉》)

——李善注引韦昭曰："軨，栏也；轩，槛板也。"

又进一步引申指窗子,古代多木格窗,形似栏杆。如:

(27) 闲夜肃清,朗月照轩。(三国魏 嵇康《赠秀才入军十九首》之十六)

(28) 开轩灭华烛,月露皓已盈。(《文选·谢瞻〈答灵运〉》)
——李善注:"轩,窗也。"

又进一步引申指有窗的长廊。如:

(29) 周轩中天,丹墀临飙。(《文选·左思〈魏都赋〉》)
——李善注:"长廊之有窗也。"

(30) 山谷林麓甚众,于是凿西墉以为户,户之外为轩。(唐 柳宗元《永州龙兴寺西轩记》)

4. 引申指屋檐。《集韵·元韵》:"轩,檐宇之末曰轩,取车象。"如:

(31) 网轩映珠缀,应门照绿苔。(《文选·沈约〈应王中丞思远咏月〉》)
——张铣注:"轩,屋檐也。以网及珠缀而饰之。"

"轩"的词义引申路径为:

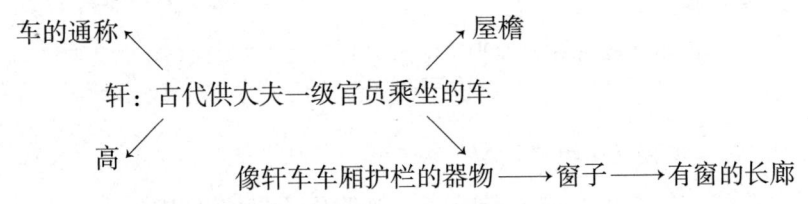

车的通称 ← 　　　　　　　　→ 屋檐
　　　　　轩:古代供大夫一级官员乘坐的车
高 ↙　　　　　　　　　↘
　　　像轩车车厢护栏的器物 ⟶ 窗子 ⟶ 有窗的长廊

【冲】
冲,本义为交通要道。

1. 引申为"冲击,碰撞"。如:

(32) 梁丽可以冲城，而不可以窒穴，言殊器也。（《庄子·秋水》）

——成玄英疏："冲，击也。"

(33) 使轻车锐骑冲雍门。（《战国策·齐策一》）

——高诱注："冲，突。"

又进一步引申为冲撞敌城或敌阵的战车。如：

(34) 以尔钩援，与尔临冲。（《诗·大雅·皇矣》）

——毛传："冲，冲车也。"

(35) 是故革坚则兵利，城成则冲生。（《淮南子·原道训》）

2. 引申为"向，对着"。如：

(36) 隅有一蛇，虎色，首冲南方。（《山海经·海外北经》）

——郭璞注："冲，犹向也。"

3. 引申为"穿，刺"。如：

(37) 至其将衰也，被丽披离，冲孔动楗。（战国 宋玉《风赋》）

(38) 发忿快志，剚手以冲仇人之匈，固为俱靡而已。（《汉书·贾谊传》）

——颜师古注："冲，刺也。"

"冲"的词义引申路径为：

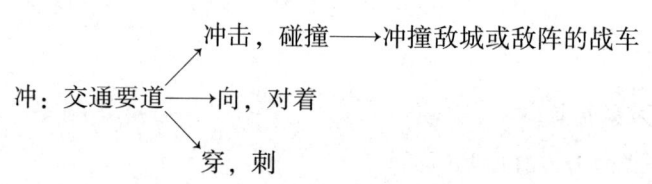

冲：交通要道 → 冲击，碰撞 → 冲撞敌城或敌阵的战车
　　　　　　　→ 向，对着
　　　　　　　→ 穿，刺

【栈】

栈，本义指用竹木编成的牲口棚。《说文·木部》："栈，棚也。"如：

（39）连之以羁馽，编之以皂栈，马之死者十二三矣。（《庄子·马蹄》）

（40）章子之母启得罪其父，其父杀之而埋马栈之下。（《战国策·齐策一》）

1. 引申指用竹木条编成车厢的轻便车子。如：

（41）有栈之车，行彼周道。（《诗·小雅·何草不黄》）
（42）栈车牝马，粝饼菜羹。（《韩非子·外储说左下》）

又特指柩车。如：

（43）主人哭拜稽颡，成踊，宾奠币于栈，左服出。（《仪礼·既夕礼》）

——郑玄注："栈，谓柩车也。"

2. 引申指在山崖上用竹木架起的路。如：

（44）栈道千里于蜀、汉，使天下皆畏秦。（《战国策·秦策三》）
（45）王何不烧绝所过栈道，示天下无还心，以固项王意？（《史记·留侯世家》）

"栈"的词义引申路径为：

栈：用竹木编成的牲口棚 → 用竹木条编成车厢的轻便车子 → 柩车

→ 在山崖上用竹木架起的路

【轮】

轮，本义指车轮。

1. 引申代指车。如：

（46）然而晋人与姜戎要之，殽而击之，匹马只轮无反者。(《公羊传·僖公三十三年》)

（47）又副以瑶华之轮十乘。(晋 王嘉《拾遗记·周穆王》)

（48）挥涕逐前侣，含凄动征轮。(唐 王维《观别者》)

2. 引申指制作车轮的工匠。如：

（49）梓、匠、轮、舆，能与人规矩，不能使人巧。(《孟子·尽心下》)

3. 引申指形状似轮的物体。如：

（50）灰飞重晕阙，蓂落独轮斜。(北周 庾信《舟中望月》)

（51）玉露团清影，银河没半轮。(唐 杜甫《江月》)

4. 引申指圆。如：

（52）镜重轮兮何年？(五代 李煜《昭惠周后诔》)

5. 引申为"高大"。如：

（53）美哉轮焉，美哉奂焉。(《礼记·檀弓下》)
——郑玄注："轮，轮囷，言高大。"

6. 引申为"转动"。如：

（54）天地车轮，终则复始，极则复反。（《吕氏春秋·大乐》）

——高诱注："轮，转。"

又进一步引申为"轮流，更替"。如：

（55）使诸弟子随事轮出米绢器物、纸笔樵薪什物等。（晋 葛洪《神仙传·张道陵》）

又进一步引申为"抡，挥动"。如：

（56）轮刀耀日光。（《隋书·五行志》）

（57）轮剑直冲生马队，抽旗旋踏死人堆。（唐 王建《赠索暹将军》）

又进一步引申指"轮回"。佛教用语，指有生命的东西永远像车轮运转一样在六道（天、人、阿修罗、地狱、饿鬼、畜生）中循环转化。如：

（58）以诸欲因缘，坠堕三恶道，轮回六趣中，备受诸苦毒。（《法华经·方便品》）

"轮"的词义引申路径为：

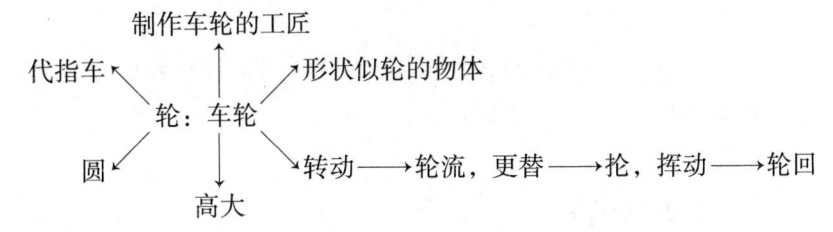

```
              制作车轮的工匠
                  ↑
代指车←          →形状似轮的物体
        轮：车轮
         ↙    ↓    ↘
        圆   高大  转动——→轮流，更替——→抡，挥动——→轮回
```

【轴】

轴，本义指车轴。

1. 引申指支持轮子或其他机件转动部分的零件。如：

(59) 田亩荒,杼轴空之谓虔。(《法言·先知》)

(60) 麦收上场绢在轴,的知输得官家足。(唐 王建《田家行》)

又进一步引申指弦乐器上扭动弦的装置。如:

(61) 巾见余轴,匣有遗弦。(南朝宋 谢庄《宋孝武宣贵妃诔》)

(62) 转轴拨弦三两声,未成曲调先有情。(唐 白居易《琵琶行》)

2. 引申指卷轴。如:

(63) 所造箴铭,积成卷轴。(南朝梁 任昉《齐竟陵文宣王行状》)

(64) 所著书有未毕者,多芳与续之成轴也。(唐 李肇《唐国史补》卷上)

又进一步引申为"卷起"。如:

(65) 楼外翠帘高轴,倚遍阑干几曲。(唐 韦庄《谒金门》)

3. 引申指权要的地位。如:

(66) 车丞相即周鲁之列,当轴处中,括囊不言,容身而去。(《盐铁论·杂论》)

(67) 知公不久归钧轴,应许闲官寄病身。(唐 韩愈《酒中留上襄阳李相公》)

"轴"的词义引申路径为:

轴:车轴 → 支持轮子或其他机件转动部分的零件 → 弦乐器上扭动弦的装置
　　　　→ 卷轴 → 卷起
　　　　→ 权要的地位

【盖】

盖，本义指苫，白茅编成的遮盖物。《说文》作"葢"："苫也。"如：

（68）乃祖吾离被苫盖，蒙荆棘，以来归我先君。（《左传·襄公十四年》）

——杜预注："盖，苫之别名。尔雅曰：'白盖谓之苫。'"

——孔颖达疏："被苫盖，言无布帛可衣，唯衣草也。"

1. 引申指车盖。如：

（69）轮人为盖。（《周礼·考工记·轮人》）

（70）其夫为相御，拥大盖，策驷马，意气扬扬，甚自得也。（《史记·管晏列传》）

又进一步引申泛指器物上的盖子。如：

（71）宰右执镫，左执盖。（《仪礼·公食大夫礼》）

2. 引申为"遮盖，掩盖"。如：

（72）尔尚盖前人之愆，惟忠惟孝。（《书·蔡仲之命》）

（73）日月欲明而浮云盖之，兰芝欲修而秋风败之。（《淮南子·说林训》）

又进一步引申为"超越，胜过"。如：

（74）君子不自称也，非以让也，恶其盖人也。（《国语·周语中》）

（75）不敢为天下先则事无不事，功无不功，而议必盖世。（《韩非子·解老》）

3. 引申为"崇尚,重"。如:

(76) 夫固知君王之盖威以好胜也。(《国语·吴语》)
——韦昭注:"盖,犹尚也。"

4. 引申为副词"大概"。如:

(77) 诸子中胜最贤,喜宾客,宾客盖至者数千人。(《史记·平原君虞卿列传》)

"盖"的词义引申路径为:

崇尚,重　　　　　　　　　车盖──泛指器物上的盖子
　　　↖　　　　　　　　↗
　　　　盖:白茅编成的遮盖物
　　　↙　　　　　　　　↘
大概　　　　　　　　　遮盖,掩盖──超越,胜过

【衡】

衡,本义是"系在牛角上的横木"。《说文》:"衡,牛触,横大木其角。"如:

(78) 秋而载尝,夏而楅衡。(《诗·鲁颂·閟宫》)
——毛传:"楅衡,设牛角以楅之也。"

1. 引申为"车辕前端套牲口的横木"。《释名·释车》:"衡,横也,衡马颈上也。"如:

(79) 约軝错衡,八鸾玱玱。(《诗·小雅·采芑》)

又进一步引申为架在口窗或房梁上的横木,即桁子或檩子。如:

(80) 衡门之下,可以栖迟。(《诗·陈风·衡门》)

——毛传:"衡门,横木之门,言浅陋也。"

2. 引申为"横",与"纵"相对。如:

（81）蓺麻如之何,衡从其亩。(《诗·齐风·南山》)
（82）穆公衡雕戈出见使者。(《国语·晋语三》)

3. 引申喻指古代天文仪器的部件,形如横管,用以观测天象。如:

（83）在璇玑玉衡,以齐七政。(《书·舜典》)
——孔颖达疏:"玑为转运,衡为横箫,运玑使动于下,以衡望之,是王者正天文之器,汉世以来,谓之浑天仪者是也。"

4. 引申喻指用以使冠冕固着于发上的横簪。如:

（84）追师掌王后之首服,为副编次追衡笄。(《周礼·天官·追师》)
——郑玄注:"衡,维持冠者。"
（85）衮、冕、黻、珽、带、裳、幅、舄、衡、紞、纮、綖,昭其度也。(《左传·桓公二年》)

5. 引申喻指北斗七星的第五星。如:

（86）衡殷南斗。(《史记·天官书》)
——张守节正义:"衡,北斗衡也。"

6. 引申喻指"秤杆、秤"。如:

（87）是故先王之制钟也,大不出钧,重不过石,律度量衡于是乎生。(《国语·周语下》)

——韦昭注:"衡,称上衡。衡有斤两之数。"

(88)礼之所以正国也,譬之:犹衡之于轻重也。(《荀子·王霸》)

又进一步引申为"平、正、不偏"。如:

(89)天子视不上于袷,不下于带,国君绥视,大夫衡视。(《礼记·曲礼下》)

——郑玄注:"衡,平也。平视,谓视面也。"

(90)朝有定度衡仪,以尊主位。(《管子·君臣上》)

——尹知章注:"衡,正。"

(91)衡听、显幽、重明、退奸、进良之术。(《荀子·致士》)

——杨倞注:"衡,平也。谓不偏听也。"

又进一步引申为"对抗"。如:

(92)若能以吴、越之众与中国抗衡,不如早与之绝。(《三国志·蜀书·诸葛亮传》)

"衡"的词义引申路径为:

横,与纵相对　　车辕前端套牲口的横木──→架在口窗或房梁上的横木
　　　　↖　　　↗
　　　　衡:系在牛角上的横木──→北斗七星的第五星
　　　　↙　　↓　　↘
古代天文仪器的部件　横簪　秤杆、秤──→平、正、不偏──→对抗

【衔】

衔,本义指马嚼子。

1. 引申为"嘴中衔着、叼着"。如:

(93)群司马振铎,车徒皆作,遂鼓行,徒衔枚而进。(《周礼·

夏官·大司马》）

——郑玄注："枚如箸，衔之，有縕结项中。军法止语，为相疑惑也。"

（94）及文王之时，天先见火，赤乌衔丹书集于周社。（《吕氏春秋·应同》）

又进一步引申为"心中怀着，隐含着"。如：

（95）出则衔恤，入则靡至。（《诗·小雅·蓼莪》）

又进一步引申为"尊奉，接受"。如：

（96）仕弗与共国，衔君命而使，虽遇之不斗。（《礼记·檀弓上》）

（97）秦衔赂以自强，山东必恐。（《战国策·秦策五》）

2. 引申指官阶，官位衔接晋升的名称。如：

（98）官衔之名，盖兴近代，当是选曹补授，须存资历。闻奏之时，先具旧官名品于前，次书拟官于后，使新旧相衔不断，故曰官衔，亦曰头衔。（唐 封演《封氏闻见记·官衔》）

"衔"的词义引申路径为：

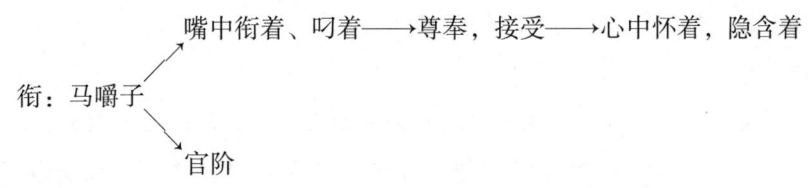

衔：马嚼子 ⟶ 嘴中衔着、叼着 ⟶ 尊奉，接受 ⟶ 心中怀着，隐含着
　　　　　⟶ 官阶

【行】

行，本义为道路。

1. 引申为名词"行列"。如：

(99) 左右陈行，戒我师旅。(《诗·大雅·常武》)

——陆德明释文："行，列也。"

(100) 正其行，通其风。(《吕氏春秋·辩土》)

——高诱注："行，行列也。"

由"行列"进一步引申指军队编制单位，二十五人为一行。如：

(101) 郑伯使卒出豭，行出犬鸡，以诅射颍考叔者。(《左传·隐公十一年》)

——杜预注："百人为卒，二十五人为行。行，亦卒之行列。"

又进一步引申指行伍，行阵。如：

(102) 陈胜、吴广皆次当行。(《史记·陈涉世家》)

(103) 必能使行阵和睦。(诸葛亮《出师表》)

由"行列"又进一步引申为"排行、行辈"。如：

(104) 所使为尸者，于祭者，子行也。(《礼记·祭统》)

——郑玄注："子行，犹子列也。"

(105) 然其游知交皆其大父行，天下有名之士也。(《史记·汲郑列传》)

由"行列"进一步引申指工商交易处。如：

(106) 迳诣市东肉行，以善价取之。(唐 康骈《剧谈录》卷上)

(107) 市肆谓之行者，因官府科索而得此名，不以其物小大，但合充用者，皆置为行。(宋 耐得翁《都城纪胜·诸行》)

由"工商交易处"又进一步引申指行业。如：

(108) 且如士农工商诸行百户衣巾装著，皆有等差。(宋 吴自牧《梦粱录·民俗》)

2. 引申为动词"行走"。如：

(109) 独行踽踽，岂无他人。(《诗·唐风·杕杜》)
(110) 行十日十夜，而至于郢。(《墨子·公输》)

由"行走"引申为"离去"。如：

(111) 宫之奇以其族行。(《左传·僖公五年》)
——杜预注："行，去也。"

由"离去"进一步引申指"去世"。如：

(112) 居者无载，行者无埋。(《吕氏春秋·知接》)

由"行走"引申为"经历"。如：

(113) 郤縠可，行年五十矣，守学弥惇。(《国语·晋语四》)
——韦昭注："行，历也。"
(114) 城粟军粮，其可以行几何年也。(《管子·问》)
——尹知章注："行，由经也。"

由"行走"引申为"运行，流动"。如：

(115) 云行雨施。(《易·乾》)
(116) 四时行焉，百物生焉。(《论语·阳货》)
——刘宝楠正义："行者，谓春夏秋冬四时相运行也。"

由"运行,流动"引申为"流通,流行"。如:

(117) 言之无文,行而不远。(《左传·襄公二十五年》)
(118) 财币欲其行如流水。(《史记·货殖列传》)

由"行走"引申为"做,从事"。如:

(119) 非台小子,敢行称乱,有夏多罪,天命殛之。(《书·汤誓》)
(120) 口言善,身行恶,国妖也。(《荀子·大略》)

由"做,从事"引申为"施行,实行,执行"。如:

(121) 推而行之谓之通。(《易·系辞上》)
——孔颖达疏:"因推此以可变而施行之,谓之通也。"
(122) 道之不行,已知之矣。(《论语·微子》)
(123) 赏罚不信,则禁令不行。(《韩非子·外储说左上》)

又引申为"行动"。如:

(124) 疑行无成,疑事无功。(《商君书·更法》)

又进一步引申为"行为"。如:

(125) 今吾于人也,听其言而观其行。(《论语·公冶长》)
(126) 礼以道其志,乐以和其声,政以一其行,刑以防其奸。(《礼记·乐记》)

由"行为"引申为"德行,品行"。如:

(127) 年岁虽少，可师长兮；行比伯夷，置以为像兮。(《楚辞·九章·橘颂》)

由"行走"引申指"行人、使者"。如：

(128) 郑伯有使公孙黑如楚，辞曰："楚郑方恶，而使余往，是杀余也。"伯有曰："世行也。"(《左传·襄公二十九年》)
——杜预注："言女（汝）世为行人。"
(129) 王子城父为将，弦子旗为理，甯戚为田，隰朋为行。(《管子·匡君小匡》)
——尹知章注："行，谓行人也。"

由"行走"引申为"将，将要"。如：

(130) 十亩之间兮，桑者闲闲兮，行与子还兮。(《诗·魏风·十亩之间》)
——朱熹集传："行，犹将也。"
(131) 岁月易得，别来行复四年。(《文选·曹丕〈与吴质书〉》)
——李善注："行，犹且也。"

由"行走"引申为"巡视，巡狩"。如：

(132) 若国作民而师、田、行、役之事，则帅而致之。(《周礼·地官·州长》)
——贾公彦疏："师谓征伐，田谓田猎，行谓巡狩，役谓役作。"

3. 引申为量词，用于成行的东西。如：

(133) 燕王闻之，泣数行而下。(《吕氏春秋·行论》)

"行"的词义引申路径为:

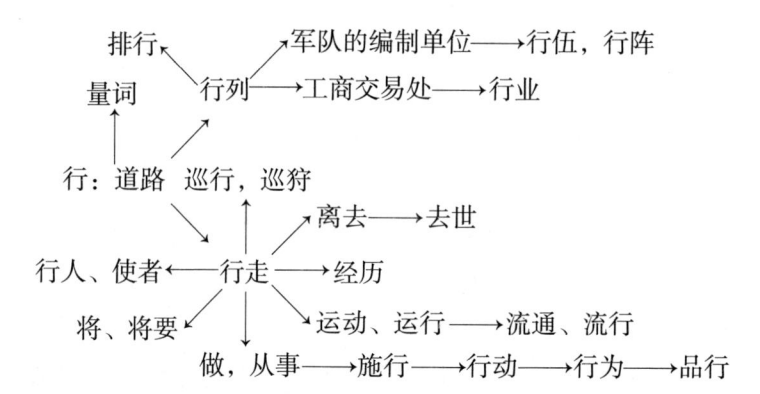

```
           排行↗        ↗军队的编制单位──→行伍,行阵
    量词      ↖行列→工商交易处──→行业
     ↑       ↗
   行:道路  巡行,巡狩
           ↑    ↗离去──→去世
 行人、使者←─行走→经历
   将、将要↙   ↘运动、运行──→流通、流行
           做、从事──→施行──→行动──→行为──→品行
```

【道】

道,本义为"道路"。

1. 引申为"水流通的途径"。如:

(134) 晋侯会吴子于良,水道不可,吴子辞,乃还。(《左传·昭公十三年》)

——孔颖达疏:"谓水路不通。"

(135) 延道弛兮离常流,蛟龙骋兮方远游。(《史记·河渠书》)

——司马贞索隐:"言河之决,由其源道延长弛溢,故使其道皆离常流。"

2. 引申泛指各种通路。如:

(136) 四肢六道,身之体也。(《管子·君臣下》)

——尹知章注:"六道谓上有四窍,下有二窍也。"

3. 又特指棋局上的格道。如:

(137) 吴太子师傅皆楚人,轻悍,又素骄,博,争道,不恭,皇太子引博局提吴太子,杀之。(《史记·吴王濞列传》)

4. 引申为"路程,行程"。如:

(138) 道虽迩,不行不至。(《荀子·修身》)
(139) 日夜不处,倍道兼行。(《孙子·军争篇》)

5. 引申为"途径,方法"。如:

(140) 得天下有道:得其民,斯得天下矣。(《孟子·离娄上》)
(141) 富与贵是人之所欲也,不以其道得之,不处也。(《论语·里仁》)

由"途径,方法"引申为"技艺,技巧"。如:

(142) 虽小道,必有可观者焉。(《论语·子张》)

由"途径,方法"引申为"道理,规律"。如:

(143) 朝闻道,夕死可矣。(《论语·里仁》)
(144) 道也者,不可须臾离也。(《礼记·中庸》)
——朱熹注:"道者,日用事物当行之理。"

由"道理,规律"引申为"正当的手段、道义"。如:

(145) 不以其道得之,不处也。(《论语·里仁》)
(146) 得道者多助,失道者寡助。(《孟子·公孙丑下》)

又进一步引申为"好的政治措施或政治局面"。如:

(147) 邦有道,则仕;邦无道,则可卷而怀之。(《论语·卫灵公》)

（148）天下有道，则公侯能为民干城。（《左传·成公十二年》）

又进一步引申为"政治主张或思想体系"。如：

（149）道不同，不相为谋。（《论语·卫灵公》）

（150）从许子之道，则市贾不贰，国中无伪。（《孟子·滕文公上》）

又进一步引申指道家，道教。如：

（151）道家无为，又曰无不为，其实易行，其辞难知。其术以虚无为本，以因循为用。（《史记·太史公自序》）

（152）客蜀，学道鹄鸣山中，造作道书以惑百姓。（《三国志·魏志·张鲁传》）

（153）鄙人寡道气，在困无独立。（唐 杜甫《早发射洪县南途中作》）

又进一步引申指道术。如：

（154）乃学道，欲轻举。（《汉书·张良传》）

——颜师古注："道谓仙道。"

（155）子若学道，即有仙分。必若作官，位至三公，终焉有祸。能从我学道乎？（宋 孙光宪《北梦琐言》卷十二）

6. 引申为"引导"。如：

（156）乘骐骥以驰骋兮，来吾道夫先路。（《楚辞·离骚》）

（157）臧孙见子玉，而道之伐齐宋，以其不臣也。（《左传·僖公二十六年》）

又进一步引申为"疏导,疏通"。如:

(158) 九河既道,雷夏既泽,灉沮会同。(《书·禹贡》)
(159) 吾不克救也,不如小决使道,不如吾闻而药之也。(《左传·襄公三十一年》)
——杜预注:"道,通也。"

又进一步引申为"述说"。如:

(160) 中冓之言,不可道也。(《诗·鄘风·墙有茨》)
(161) 仲尼之徒,无道桓文之事者。(《孟子·梁惠王上》)

7. 引申为量词,用于长条形事物。如:

(162) 黄云万里动风色,白波九道流雪山。(唐 李白《庐山谣寄卢侍御虚舟》)

"道"的词义引申路径为:

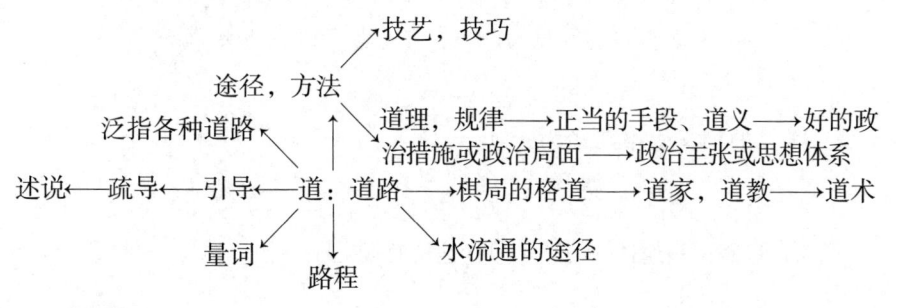

```
                    →技艺,技巧
          途径,方法↗
泛指各种道路↖  ↑   道理,规律──→正当的手段、道义──→好的政
                              治措施或政治局面──→政治主张或思想体系
述说←疏导←引导←道:道路──→棋局的格道──→道家,道教──→道术
          量词↙  ↓   ↘水流通的途径
                  路程
```

【路】

路,本义为"道路"。
1. 引申为"途经,路过"。如:

(163) 路不周以左转兮,指西海以为期。(《楚辞·离骚》)
(164) 降虎牢之曲阴兮,路丘虚以盘萦。(汉 蔡邕《述行赋》)

2. 引申指途径，门路。如：

（165）固烦言不可结诒兮，愿陈志而无路。（《楚辞·九章·惜诵》）
（166）义，人之正路也。（《孟子·离娄上》）

又进一步比喻仕途、官职。如：

（167）夫子当路于齐，管仲、晏子之功，可复许乎？（《孟子·公孙丑上》）
——赵岐注："当路，当仕途也。"
（168）当涂者入青云，失路者委沟渠。（《汉书·扬雄传》）

3. 引申为"大"。《尔雅·释诂上》："路，大也。"如：

（169）实覃实讦，厥声载路。（《诗·大雅·生民》）
——毛传："路，大也。"
（170）路弓乘矢，集获坛下，报祠大飨。（《史记·孝武本纪》）
——裴骃集解引韦昭曰："路，大也。四矢为乘。"

"路"的词义引申路径为：

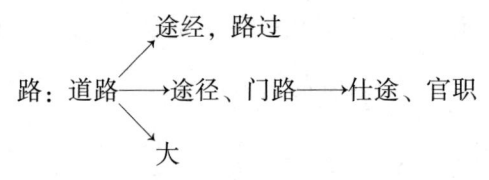

```
              ↗ 途经，路过
路：道路 → 途径、门路 → 仕途、官职
              ↘ 大
```

【术】

术，本义为都邑中的道路。

1. 引申泛指"街道，道路"。如：

（171）巷术周道者必为之门。门二人守之，非有信符，勿行。

(《墨子·旗帜》)

(172) 横术何广广兮，固知国中之无人！(《汉书·燕刺王刘旦传》)

——颜师古注引臣瓒曰："术，道路也。"

2. 引申为"途径，方法，策略"。如：

(173) 应感起物而动，然后心术形焉。(《礼记·乐记》)
——郑玄注："术，所由也。"
(174) 君无术则弊于上，臣无法则乱于下。(《韩非子·定法》)

由"途径，方法，策略"引申为"技艺"。如：

(175) 古之学术道者，将以得身也。(《礼记·乡饮酒义》)
——郑玄注："术，犹艺也。"
(176) 子之教我御，术未尽也。(《韩非子·喻老》)

又进一步引申为动词"学习"。如：

(177) 蛾子时术之。(《礼记·学记》)
——孔颖达疏："蚁子小虫，蚍蜉之子，时时术学衔土之事，而成大垤，犹如学者时时学问而成大道矣。"

由"途径，方法，策略"引申为"思想，学说"。如：

(178) 故相形不如论心，论心不如择术。(《荀子·非相》)
(179) 窦太后好黄帝、老子言，帝及太子、诸窦不得不读《黄帝》《老子》，尊其术。(《史记·外戚世家》)

"术"的词义引申路径为：

```
                          泛指街道，道路
                       ↗
    术：都邑中的道路                技艺 → 学习
                       ↘          ↗
                          途径，方法，策略
                                  ↘
                                    思想，学说
```

从词项角度看上古汉语交通词汇词义引申情况，在车舆类、舟船类和道路类这三类交通词汇中，车舆类交通词汇产生引申的现象最多，其次是道路类交通词汇，最少的是舟船类交通词汇。

在上古汉语交通词汇中，共有78个词发生词义引申。其中，单音词60个，复音词18个。从引申义数量看引申类型，单义引申36个，多义引申有42个。其中多义辐射引申有22个，多义综合引申有14个，多义连锁引申有6个。在所考察的78个上古汉语交通词中，交通义是本义的有71个，交通义是引申而来的有7个。具体情况见表3-1。

表3-1 上古交通词汇词义引申类型统计

单位：个，%

类型		车舆类		舟船类		道路类		类计占比	总计	占比
		本义交通义	引申义交通义	本义交通义	引申义交通义	本义交通义	引申义交通义			
单义引申	单音	辐、毂、辖、轼、较、輢、茵、軨、辕、轭、鞍、镳、鞭、策		杭、篙、舲、舫	刀	蹊、衢、逵、衕		23	36	46
	小计	14		4	1	4		64		
	复音	鱼轩、轒辒、轻车、戎车、素车、广柳车、车毂、羁靮、衔橛		余皇		蹊径、周行、五衢		13		
	小计	9		1		3		36		
多义辐射引申	单音	辇、辎、轫、轸、辅、箱、轘、辔	翟、藩、橇	舟、船、楫、柵、桡		径、街、巷		19	22	28
	小计	8	3	5		3		86		
	复音	衔辔		舟航		道路		3		
	小计	1		1		1		14		

续表

类型		车舆类		舟船类		道路类		类计占比	总计	占比
		本义交通义	引申义交通义	本义交通义	引申义交通义	本义交通义	引申义交通义			
多义连锁引申	单音	羁、勒			鹢	途		4	6	8
	小计	2		1		1		67		
	复音	羁绁、鞭策						2		
	小计	2						33		
多义综合引申	单音	车、轩、轮、轴、舆¹、衔	冲、栈、盖、衡			行、道、路、术		14	14	18
	小计	6	4			4		100		

第二节 词义引申的程度

通过对上古汉语交通词汇词义引申力情况的分析①，我们发现上古汉语交通词汇词义引申程度具有一定的规律性。

一、引申义均值的序列

上古汉语交通词汇包括车舆、舟船和道路三类。这三类词的引申义数量和均值的高低可以反映引申力的强弱。

（一）车舆类

车舆类交通词汇包括车名类和部件类两类。其中，车名类又划分为总名类、乘用类、载运类、战车类和丧车类。部件类又划分为轮轴类、箱舆类、驾具类和马具类。车舆类词汇引申义数量及比重见表 3-2。

如表 3-2 所示，在车名类中，总名类共有 5 个引申义，引申义均值为 5 个；乘用类共有 11 个引申义，引申义均值为 3.7 个；载运类共有 1 个引申义，引申义均值为 1 个；战车类共有 3 个引申义，引申义均值为 1 个；丧车类共有 2 个引申义，引申义均值为 1 个。我们按照各类引申义均值从大到小的顺序依次排序为：

总名类(5)>乘用类(3.7)>载运类/战车类/丧车类(1)

---

① 本部分所指交通词汇为本义是交通义的词语。

表 3-2　车舆类交通词汇引申义数量比重

单位：个

义类		词项	引申义数量	小计	均值	总计	总均值
车名类	总名类	车	5	5	5	96	2.3
	乘用类	轩	6	11	3.7		
		辇	4				
		鱼轩	1				
	载运类	辎	1	1	1		
	战车类	轻车	1	3	1		
		戎车	1				
		轒辒	1				
	丧车类	广柳车	1	2	1		
		素车	1				
部件类	轮轴类	轮	9	24	3		
		轴	5				
		辅	3				
		轫	2				
		辖	2				
		毂	1				
		辕	1				
		车毂	1				
	箱舆类	舆[1]	7	16	2.2		
		箱	2				
		轸	3				
		轼	1				
		较	1				
		輢	1				
		茵	1				
	驾具类	辕	2	5	1.3		
		軥	1				
		辕	1				
		轭	1				
	马具类	羁	5	29	2.2		
		衔	4				
		勒	4				
		鞭策	4				
		鞭	1				
		策	1				
		辔	2				
		羁绁	2				
		衔辔	2				
		镳	1				
		鞅	1				
		羁靮	1				
		衔橛	1				

如表3-2所示，在部件类中，轮轴类共有24个引申义，引申义均值为3个；箱舆类共有16个引申义，引申义均值为2.2个；驾具类共有5个引申义，引申义均值为1.3个；马具类共有29个引申义，引申义均值为2.2个。我们按照各类引申义均值从大到小的顺序依次排序为：

轮轴类(3)>马具类(2.2)/箱舆类(2.2)>驾具类(1.3)

（二）舟船类

舟船类交通词汇包括船名类和部件类两类。其中，船名类又划分为总名类、乘用类、战船类和桴筏类。舟船类词汇引申义数量及比重见表3-3。

表3-3 舟船类词汇引申义数量比重

单位：个

义类		词项	引申义数量	小计	均值	总计	总均值
船名类	总名类	舟	3	9	2.3	19	1.7
		船	2				
		杭	1				
		舟航	3				
	乘用类	舫	1	2	1		
		舲	1				
	战船类	余皇	1	1	1		
	桴筏类	/	0	0	0		
部件类		楫	2	7	1.8		
		柂	2				
		桡	2				
		篙	1				

如表3-3所示，在船名类中，总名类共有9个引申义，引申义均值为2.3个；乘用类共有2个引申义，引申义均值为1个；战船类共有1个引申义，引申义均值为1个；桴筏类没有引申义。我们按照各类引申义均值从大到小的顺序依次排序为：

总名类(2.3)>乘用类(1)/战船类(1)>桴筏类(0)

舟船部件类共有 4 个词，7 个引申义，引申义均值为 1.8 个。①

（三）道路类

道路类交通词汇包括大路类、小路类、交道类和城中路类。道路类词汇引申义数量及比重见表 3-4。

表 3-4　道路类词汇引申义数量比重

单位：个

义类	词项	引申义数量	小计	均值	总计	总均值
大路类	行	21	45	7.5	65	4
	道	15				
	路	4				
	途	2				
	周行	1				
	道路	2				
小路类	径	5	7	2.3		
	蹊	1				
	蹊径	1				
交道类	衢	1	4	1		
	逵	1				
	衝	1				
	五衢	1				
城中路类	街	2	9	3		
	巷	2				
	术	5				

如表 3-4 所示，大路类共有 45 个引申义，引申义均值为 7.5 个；小路类共有 7 个引申义，引申义均值为 2.3 个；交道类共有 4 个引申义，引申义均值为 1 个；城中路类共有 9 个引申义，引申力均值为 3 个。我们按照各类引申义均值从大到小的顺序依次排序为：

大路类(7.5)>城中路类(3)>小路类(2.3)>交道类(1)

---

① 舟船部件类词项较少，义类单一，故不作排序。

根据以上统计,车舆类 42 个词项共有 96 个引申义,引申义均值为 2.3 个;舟船类 11 个词项共有 19 个引申义,引申义均值为 1.7 个;道路类 16 个词项共有 65 个引申义,引申义均值为 4 个。上古汉语交通词汇引申义均值总体排序为:

道路类(4)>车舆类(2.3)>舟船类(1.7)

二、引申力强弱的分布

上古汉语交通词汇共有 69 个词项,180 个引申义,总均值为 180÷69＝2.6 个,因此,上古汉语交通词汇中引申义数值大于 2.6 个的词为强引申力词;引申义数值小于 2.6 个的词为弱引申力词。

(一)车舆类

车舆类交通词汇中共有 12 个强引申力词。在车名类中,共有 3 个强引申力词。其中,总名类 1 个,车;乘用类 2 个,分别为轩、辇。载运类、战车类和丧车类词语均为弱引申力词。在部件类中,共有 9 个强引申力词。其中,轮毂类 3 个,分别为轮、轴和辅;箱舆类 2 个,分别为舆和轸;马具类 4 个,分别为羁、衔、勒和鞭策。其他词均为弱引申力词。具体见表 3-5。

表 3-5 车舆类词汇引申力分布

单位:个

义类		词项	引申义数量	总均值	引申力
车舆类	车名类	车	5	2.6	+
		轩	6		+
		辇	4		+
		鱼轩	1		-
		辒	1		-
		轻车	1		-
		戎车	1		-
		輴辒	1		-
		广柳车	1		-
		素车	1		-

续表

义类		词项	引申义数量	总均值	引申力
车舆类	部件类	轮	9	2.6	+
		轴	5		+
		辅	3		+
		轫	2		-
		辖	2		-
		毂	1		-
		辕	1		-
		车毂	1		-
		舆[1]	7		+
		箱	2		-
		軨	3		+
		轼	1		-
		较	1		-
		輢	1		-
		茵	1		-
		轙	2		-
		軔	1		-
		辕	1		-
		轭	1		-
		羁	5		+
		衔	4		+
		勒	4		+
		鞭策	4		+
		鞭	1		-
		策	1		-
		辔	2		-
		羁绁	2		-
		衔橛	1		-
		衔辔	2		-
		镳	1		-
		鞅	1		-
		羁靮	1		-

注："+"表示引申力强，"-"表为引早力弱。

(二) 舟船类

舟船类交通词汇中共有2个强引申力词，均为船名类，分别为舟和舟航；在部件类中，没有强引申力词，均为弱引申力词。具体见表3-6。

表3-6 舟船类词汇引申力分布

单位：个

义类		词项	引申义数量	总均值	引申力
舟船类	船名类	舟	3	2.6	+
		船	2		-
		杭	1		-
		舟航	3		+
		舫	1		-
		舲	1		-
		余皇	1		-
	部件类	楫	2		-
		枻	2		-
		桡	2		-
		篙	1		-

(三) 道路类

道路类交通词汇中共有5个强引申力词。其中，大路类3个，分别为行、道和路；小路类1个，径；城中路类1个，术。交道类没有强引申力词。具体见表3-7。

表3-7 道路类词汇引申力分布

单位：个

义类		词项	引申义数量	总均值	引申力
道路类	大路类	行	21	2.6	+
		道	15		+
		路	4		+
		途	2		-
		周行	1		-
		道路	2		-

续表

义类		词项	引申义数量	总均值	引申力
道路类	小路类	径	5	2.6	+
		蹊	1		−
		蹊径	1		−
	交道类	衢	1		−
		逵	1		−
		衝	1		−
		五衢	1		−
	城中路类	街	2		−
		巷	2		−
		术	5		+

三、引申力强弱的分布规律

在上古汉语交通词汇中，强弱引申力词项数量与引申义总量，以及词项引申力的强弱与使用频次之间呈现出一定规律性的分布特征。

（一）引申力与引申义数量的关系

根据上文统计，在上古汉语交通词汇中，共有69个词产生了引申义。其中，19个为强引申力词，50个为弱引申力词。这些词产生的引申义总量和引申义均值呈现不同的分布。具体见表3-8。

表3-8 引申力与引申义数量分布

单位：个

引申力	词项数量（占比）	引申义总量（占比）	引申义均值
强	19（28%）	116（64%）	6.1
弱	50（72%）	64（36%）	1.3
总计	69	180	2.6

如表3-8所示，强引申力词数量占词项总量的28%，引申义数量占引申义总量的64%，引申义均值为6.1个；弱引申力词数量占词项总量的72%，引申义数量占引申义总量的36%，引申义均值为1.3个。可见，在

上古汉语交通词汇中，强引申力词数量较少，引申义数量较多，均值较高；弱引申力词数量较多，但引申义数量较少，均值较低。总体上来说，上古汉语交通词汇强弱引申力词项数量与引申义总量及均值成反比。

（二）引申力与使用频次的关系

在上古汉语交通词汇中，词项引申力的强弱与使用频次也呈现出一定规律性的分布特征。具体见表3-9。

表3-9 引申力与词项使用频次分布

单位：个，次

引申力	词项数量	使用频次	使用频次均值
强	19（28%）	2602	137
弱	50（72%）	749	15
总计	69	3351	49

如表3-9所示，上古汉语交通词汇19个强引申力词在上古各时期的总使用频次为2602次，均值为137次；50个弱引申力词在上古各时期的总使用频次为749次，均值为15次。可见，在上古汉语交通词汇中，强引申力词数量较少，使用频次较高；弱引申力词数量较多，但使用频次较低。总体上来说，上古汉语交通词汇引申力的强弱与使用频次成正比。

第四章
上古汉语交通词汇认知语义分析

本章拟从认知的视角探讨上古汉语词交通词汇的演变。① 通过对上古汉语交通词汇引申义的语义范畴和词义演变认知机制两方面的分析和研究，归纳出上古汉语交通词汇的词义演变模式。

第一节 上古汉语交通词汇引申义语义范畴分析

范畴是人们对客观事物所做的分类。《现代汉语词典》中"范畴"的定义为："人的思维对客观事物的普遍本质的概括和反映。"Rosch 从认知的视角指出："'范畴'是指事物在认知中的归类。"② 对范畴定义的认知主要有两种观点：经典范畴理论和原型范畴理论。

经典范畴理论认为，"所有具有某一特征或某一相同特征的事物形成一个范畴。这样的特征形成了定义这一范畴的必要和充分条件"。③ 原型范畴理论认为，范畴之间的边界是模糊的，不是一分为二、非此即彼的，而是一个具有多值性成员的综合体；其成员之间地位不相等，有中心成员和边缘成员之分，对成员中心度的划分是根据一定的文化特征和生活体验进行的。因此，范畴不是先天的，而是人们在体认的过程中建构的。

---

① 本部分所指交通词汇为本义是交通义的词语。
② Rosch, E., "On the Internal Structure of Perceptual and Semantic Categories," in T. E. Moore (ed.), *Cognitive Development and the Acquisition of Language* (New York: Academic Press, 1973), p.330.
③ 束定芳编著《认知语义学》，上海外语教育出版社，2008，第44~45页。

语义范畴是将语言意义概括而成的各种类别，是人们对客观外界认识所形成的一种概念结构。由于语义分类涉及语义范畴的数量和边界等问题，是意义研究面临的难题，不同的学者有不同的划分标准，没能达成一致的语义范畴划分法。

"亚里士多德对语符指称的多样性，进行了精心研究，形成了著名的语义范畴理论，为认识词语的语义提供了方便。在《范畴篇》中，他有过这样的说明：每一个不是复合的用语，或者表示实体，或者表示数量、性质、关系、地点、姿态、状况、活动、遭受等，并且他用具体例词作了清楚的解释。在《论辩篇》中，他提出范畴词均可作宾词，并且明确指出，宾词的种类一共有10种，即本质、数量、性质、关系、地点、时间、姿态、状况、活动、遭受。"① 各义类词典编撰者根据各自的编撰目的，划分出详略不同的语义范畴种类：《尔雅》将语义范畴划分为19类，梅家驹等的《同义词词林》将语义范畴分为12大类，林杏光等的《现代汉语分类词典》分为17个大类，《简明汉语义类词典》分为18个大类，等等。崔希亮指出："事实上，无论是具体的还是抽象的事物，没有人能提供全部的范畴。"② 詹卫东提出了语义范畴设置原则："语义范畴的设置应该是目标驱动的，遵循实用主义的原则，即在明确的目标下，所确立的语义范畴如果做到够用就可以了。"③ 通过对上古交通词汇引申义的全面考察，并借鉴赵倩对人体词语语义范畴的分类方法④，我们将上古汉语交通词汇的语义范畴分为以下9类。

（1）人（如："车"，驾车的人。）

（2）行为活动（如："辇"，乘辇。）

（3）实体（如："轮"，形状似轮的物体。）

---

① 周建设：《亚里士多德的语义理论研究》，《首都师范大学学报（社会科学版）》1999年第3期，第23页。

② 崔希亮：《认知语言学：研究范围和研究方法》，《语言教学与研究》2002年第5期，第3页。

③ 詹卫东：《确立语义范畴的原则及语义范畴的相对性》，《世界汉语教学》2001年第2期，第5页。

④ 赵倩：《汉语人体名词词义演变规律及认知动因》，博士学位论文，北京语言大学，2007，第40页。

(4) 抽象事物（如："术"，方法，技艺。）

(5) 整体（如："楫"，借指船。）

(6) 类属（如："舫"，泛指船。）

(7) 性质（如："径"，捷速。）

(8) 计量单位（如："道"，量词。）

(9) 时间（如："行"，将要。）

一 引申义语义范畴的分布

（一）车舆类交通词汇

1. 车名类

通过考察，我们发现，车名类词汇共有 22 个引申义。其中，单纯词 5 个，复合词 5 个。这 22 个引申义分布在 "人""行为活动""实体""类属""性质""抽象事物" 语义范畴中。

具体来看，单纯词 5 个词项的 17 个引申义分布在 "人""行为活动""实体""类属""性质" 语义范畴中。其中，"车" 的 5 个引申义分别属于 "人""行为活动""实体" 语义范畴，"轩" 的 6 个引申义分别属于 "类属""性质""实体" 语义范畴，"辇" 的 4 个引申义分别属于 "实体""行为活动" 语义范畴，"辐" 的 1 个引申义属于 "实体" 语义范畴，"輂辒" 的 1 个引申义属于 "人" 语义范畴。

复合词 5 个词项的 5 个引申义分布在 "人""类属""抽象事物" 语义范畴中。其中，"鱼轩" 的 1 个引申义属于 "人" 语义范畴，"轻车" 的 1 个引申义属于 "类属" 语义范畴，"戎车" 的 1 个引申义属于 "抽象事物" 语义范畴，"广柳车" 的 1 个引申义属于 "类属" 语义范畴，"素车" 的 1 个引申义属于 "类属" 语义范畴。具体见表 4-1。

表 4-1 车名类词项引申义语义范畴

结构	词项	引申义	语义范畴
单纯	车	1）车士，驾车的人；2）车工	人
		3）乘车；5）利用轮轴旋转来抽水或切削东西	行为活动
		4）利用轮轴旋转的工具	实体

续表

结构	词项	引申义	语义范畴
单纯	轩	1) 车的通称	类属
		2) 高	性质
		3) 像轩车车厢护栏的器物；4) 窗子；5) 有窗的长廊；6) 屋檐	实体
	辇	1) 代指京城	实体
		2) 拉车；3) 乘辇，乘车；4) 以车载人或运物	行为活动
	辎	1) 外出时携带的行李，常指军事物资	实体
	辒辊	1) 代指匈奴	人
复合	鱼轩	1) 夫人	人
	轻车	1) 轻快的车子	类属
	戎车	1) 战事	抽象事物
	广柳车	1) 泛指载货大车	类属
	素车	1) 泛指丧用车	类属

2. 部件类

1) 箱舆类

通过考察，我们发现，箱舆类词汇均为单纯词，共有 16 个引申义。这 16 个引申义分布在"整体""类属""行为活动""人""实体""抽象事物"语义范畴中。其中，"舆[1]"的 7 个引申义分别属于"整体""行为活动""性质""人""实体"语义范畴，"箱"的 2 个引申义属于"实体"语义范畴，"轼"的 1 个引申义属于"行为活动"语义范畴，"轸"的 3 个引申义分别属于"整体""抽象事物""实体"语义范畴，"较"的 1 个引申义属于"整体"语义范畴，"辀"的 1 个引申义属于"行为活动"语义范畴，"茵"的 1 个引申义属于"类属"语义范畴。具体见表 4-2。

表 4-2　箱舆类引申义语义范畴

结构	词项	引申义	语义范畴
单纯	舆¹	1）代指车	整体
		2）用车运；3）抬，负荷	行为活动
		4）众人；5）职位低贱的吏卒；6）驾车人	人
		7）比喻大地，疆域	实体
	箱	1）收藏衣物等的箱子；2）正厅两边的房子	实体
	轼	1）双手扶着轼敬礼	行为活动
	轸	1）代指车	整体
		2）方形	抽象事物
		3）星名	实体
	较	1）代指车厢	整体
	輢	1）凭倚	行为活动
	茵	1）垫褥的通称	类属

2) 轮轴类

通过考察，我们发现，轮轴类词汇共有 24 个引申义。其中，单纯词 7 个，复合词 1 个。这 24 个引申义分布在"整体""人""实体""性质""行为活动""抽象事物"语义范畴中。

具体来看，单纯词 7 个词项的 23 个引申义分布在"整体""行为活动""人""性质""实体""抽象事物"语义范畴中。其中，"轮"的 9 个引申义分别属于"整体""人""性质""行为活动""抽象事物""实体"语义范畴，"轴"的 5 个引申义分别属于"实体""行为活动""抽象事物"语义范畴，"毂"的 1 个引申义属于"整体"语义范畴，"辖" 1 个引申义属于"行为活动"语义范畴，"軷"的 2 个引申义分别属于"整体"语义范畴和"行为活动"语义范畴，"轫"的 2 个引申义分别属于"整体"语义范畴和"行为活动"语义范畴，"辅"的 3 个引申义分别属于"实体""行为活动""人"语义范畴。

复合词 1 个词项的 1 个引申义属于"整体"语义范畴。具体见表 4-3。

表 4-3 轮轴类引申义语义范畴

结构	词项	引申义	语义范畴
单纯	轮	1）代指车	整体
		2）制作车轮的工匠	人
		3）形状似轮的物体	实体
		4）转动；5）轮流，更替；6）抢，挥动；9）轮回	行为活动
		6）圆	抽象事物
		7）高大	性质
	轴	1）支持轮子或其他机件转动部分的零件；2）弦乐器上扭动弦的装置；3）卷轴	实体
		4）卷起	行为活动
		5）权要的地位	抽象事物
	毂	1）代指车	整体
	辖	1）管辖，管制	行为活动
	轊	1）代指车	整体
		2）用车轴头冲杀	行为活动
	轫	1）车轮	整体
		2）顶住，阻挡	行为活动
	辅	1）古代京城附近的地方	实体
		2）辅助，协助	行为活动
		3）助手	人
复合	车毂	1）车轮	整体

3）驾具类

通过考察，我们发现，驾具类 4 个词项均为单纯词，共有 5 个引申义。这 5 个引申义分布在"整体""行为活动"语义范畴中。其中，"䡝"的 1 个引申义属于"整体"语义范畴，"辕"的 1 个引申义属于"整体"语义范畴，"轭"的 1 个引申义属于"行为活动"语义范畴，"轙"的 2 个引申义分别属于"行为活动""整体"语义范畴。具体见表 4-4。

表 4-4　驾具类引申义语义范畴

结构	词项	引申义	语义范畴
单纯	輈	1）代指车	整体
	辕	1）代指车	整体
	軛	1）控制，束缚	行为活动
	轙	1）整车待发	行为活动
		2）代指车	整体

4）马具类

通过考察，我们发现，马具类词汇共有 29 个引申义。其中，单纯词 8 个，复合词 5 个。这 29 个引申义分布在"整体""行为活动""抽象事物"语义范畴中。

具体来看，单纯词 8 个词项的 19 个引申义分布在"整体""行为活动""抽象事物"语义范畴中。其中，"鞍"的 1 个引申义属于"整体"语义范畴，"辔"的 2 个引申义分别属于"行为活动""整体"语义范畴，"羁"的 5 个引申义属于"行为活动"语义范畴，"勒"的 4 个引申义属于"行为活动"语义范畴，"镳"的 1 个引申义属于"整体"语义范畴，"衔"的 4 个引申义分别属于"行为活动""抽象事物"语义范畴，"鞭"的 1 个引申义属于"行为活动"语义范畴，"策"的 1 个引申义属于"行为活动"语义范畴。

复合词 5 个词项的 10 个引申义分布在"行为活动""整体""抽象事物"语义范畴中。其中，"羁靮"的 1 个引申义属于"行为活动"语义范畴，"羁绁"的 2 个引申义属于"行为活动"语义范畴，"衔橛"的 1 个引申义属于"行为活动"语义范畴，"衔辔"的 2 个引申义分别属于"整体""抽象事物"语义范畴，"鞭策"的 4 个引申义属于"行为活动"语义范畴。具体见表 4-5。

表 4-5　马具类引申义语义范畴

结构	词项	引申义	语义范畴
单纯	鞍	1）代指车马	整体
	辔	1）牵，驾驭	行为活动
		2）代指马	整体

续表

结构	词项	引申义	语义范畴
单纯	羁	1）捆绑；2）拘禁，拘系；3）束缚，牵制；4）寄居在外；5）停留	行为活动
	勒	1）拉缰止马；2）约束，统帅；3）强制，强迫；4）雕刻	行为活动
	镳	1）代指马	整体
	衔	1）嘴中衔着、叼着；2）心中怀着，隐含着；3）尊奉，接受	行为活动
		4）官阶	抽象事物
	鞭	1）鞭打	行为活动
	策	1）以鞭打马	行为活动
复合	羁靮	1）束缚	行为活动
	羁绁	1）拘系，控制；2）束缚	行为活动
	衔橛	1）驰骋游猎	行为活动
	衔辔	1）代指马匹	整体
		2）喻指法令	抽象事物
	鞭策	1）鞭打；2）驭马；3）驱使，控制；4）督促，激励	行为活动

（二）舟船类交通词汇

1. 船名类

通过考察，我们发现，船名类词汇共有 12 个引申义。其中，单纯词 6 个，复合词 1 个。这 12 个引申义分布在"行为活动""实体""抽象事物""类属""人"语义范畴中。

具体来看，单纯词 6 个词项的 9 个引申义分布在"行为活动""实体""类属"语义范畴中。其中，"舟"的 3 个引申义分别属于"行为活动""实体"语义范畴，"船"的 2 个引申义分别属于"行为活动""实体"语义范畴，"杭"的 1 个引申义属于"行为活动"语义范畴，"舫"的 1 个引申义属于"类属"语义范畴，"艅"的 1 个引申义属于"类属"语义范畴，"余皇"的 1 个引申义属于"类属"语义范畴。

复合词"舟航"的 3 个引申义分别属于"抽象事物""行为活动""人"语义范畴。具体见表 4-6。

表 4-6　船名类引申义语义范畴

结构	词项	引申义	语义范畴
单纯	舟	1）以船渡；乘船，行船；2）载，用船运	行为活动
		3）酒器、祭器的托盘	实体
	船	1）用船运	行为活动
		2）船形的酒杯	实体
	杭	1）渡过	行为活动
	舫	1）泛指船	类属
	舲	1）泛指船	类属
	余皇	1）泛指船	类属
复合	舟航	1）犹津梁	抽象事物
		2）拯济	行为活动
		3）比喻济世良才	人

2. 部件类

通过考察，我们发现，部件类 4 个词项均为单纯词，共有 7 个引申义，这 7 个引申义分别属于"行为活动""整体"语义范畴。

具体来看，7 个引申义分布在"行为活动""整体"语义范畴中。其中，"楫"的 2 个引申义分别属于"行为活动""整体"语义范畴，"枻"的 2 个引申义分别属于"行为活动""整体"语义范畴，"桡"的 2 个引申义分别属于"行为活动""整体"语义范畴，"篙"的 1 个引申义属于"行为活动"语义范畴。具体见表 4-7。

表 4-7　部件类引申义语义范畴

结构	词项	引申义	语义范畴
单纯	楫	1）用桨划	行为活动
		2）代指船	整体
	枻	1）用桨划	行为活动
		2）代指船	整体
	桡	1）用桨划	行为活动
		2）代指船	整体
	篙	1）用篙撑	行为活动

(三) 道路类交通词汇

1. 大路类

通过考察，我们发现，大路类词汇共有 45 个引申义，这 45 个引申义分布在"抽象事物""计量单位""实体""行为活动""时间""人""类属""性质"语义范畴中。

具体来看，单纯词 4 个词项的 42 个引申义分布在"抽象事物""计量单位""实体""行为活动""时间""人""类属""性质"语义范畴中。其中，"行"的 21 个引申义分别属于"抽象事物""计量单位""实体""行为活动""时间""人"语义范畴，"道"的 15 个引申义分别属于"实体""类属""抽象事物""行为活动""计量单位"语义范畴，"路"的 4 个引申义分别属于"行为活动""抽象事物""性质"语义范畴，"途"的 2 个引申义属于"抽象事物"语义范畴。

复合词 2 个词项的 3 个引申义分布在"抽象事物""人"语义范畴中。其中，"周行"的 1 个引申义属于"抽象事物"语义范畴，"道路"的 2 个引申义分别属于"抽象事物""人"语义范畴。具体见表 4-8。

表 4-8　大路类词项引申义语义范畴

结构	词项	引申义	语义范畴
单纯	行	1) 行列；2) 军队编制单位；3) 行伍、行阵；4) 排行、行辈；7) 行业；13) 经历；18) 行为；19) 德行	抽象事物
		5) 量词	计量单位
		6) 工商交易处	实体
		8) 行走；9) 离去；10) 去世；11) 运行，流动；12) 流通，流行；14) 巡视，巡狩；15) 做，从事；16) 施行，实行，执行；17) 行动	行为活动
		20) 将，将要	时间
		21) 古代官名，即行人，使者	人

续表

结构	词项	引申义	语义范畴
单纯	道	1）水流通的途径	实体
		2）泛指各种道路	类属
		3）棋局的格道；4）路程；5）途径，方法；6）技艺，技巧；7）道理，规律；8）正当的手段、道义；9）好的政治措施或政治局面；10）政治主张或思想体系；12）道家，道教；13）道术	抽象事物
		11）述说；14）引导，疏导	行为活动
		15）量词	计量单位
	路	1）途经，路过	行为活动
		2）途径、门路；3）仕途、官职	抽象事物
		4）大	性质
	途	1）途径，门路；2）仕途，升官的路	抽象事物
复合	周行	1）至善之道	抽象事物
	道路	1）路途，路程	抽象事物
		2）路上的人，众人	人

2. 小路类

通过考察，我们发现，小路类词汇共有 7 个引申义，这 7 个引申义分布在"类属""行为活动""性质""抽象事物"语义范畴中。

具体来看，单纯词 2 个词项的 6 个引申义分布在"抽象事物""行为活动""类属""性质"语义范畴中。其中，"径"的 5 个引申义分别属于"类属""行为活动""抽象事物""性质"语义范畴，"蹊"的 1 个引申义属于"行为活动"语义范畴。

复合词"蹊径"的 1 个引申义属于"抽象事物"语义范畴。具体见表 4-9。

表 4-9　小路类词项引申义语义范畴

结构	词项	引申义	语义范畴
单纯	径	1）泛指道路	类属
		2）取道	行为活动
		3）直径	抽象事物
		4）捷速；5）直接	性质
	蹊	1）走过，践踏	行为活动
复合	蹊径	1）门径，路子	抽象事物

3. 交道类

通过考察，我们发现，交道类词汇共有4个引申义，这4个引申义分布在"实体""抽象事物"语义范畴中。

具体来看，单纯词3个词项的3个引申义分布在"实体""抽象事物"语义范畴中。其中，"衢"的1个引申义属于"实体"语义范畴，"遥"的1个引申义属于"实体"语义范畴，"衝"的1个引申义属于"抽象事物"语义范畴。

复合词"五衢"的1个引申义属于"实体"语义范畴。具体见表4-10。

表 4-10　交道类词项引申义语义范畴

结构	词项	引申义	语义范畴
单纯	衢	1）树枝的分杈，树杈	实体
	遥	1）水中四通八达的道路	实体
	衝	1）重要的事或职位	抽象事物
复合	五衢	1）枝杈五出	实体

4. 城中路类

通过考察，我们发现，城中路类词汇共有9个引申义，这9个引申义分布在"类属""抽象事物""行为活动""实体"语义范畴中。其中，"街"的2个引申义分别属于"实体""抽象事物"语义范畴，"巷"的2个引申义分别属于"实体""抽象事物"语义范畴，"术"

的 5 个引申义分别属于"类属""抽象事物""行为活动"语义范畴。具体见表 4-11。

表 4-11 城中路类词项引申义语义范畴

结构	词项	引申义	语义范畴
单纯	术	1) 泛指街道，道路	类属
		2) 途径，方法，策略；3) 技艺；5) 思想，学说	抽象事物
		4) 学习	行为活动
	街	1) 市朝，市集，街市	实体
		2) 人体内气的运行通道	抽象事物
	巷	1) 住宅	实体
		2) 气脉流通往来处	抽象事物

二 引申义范畴分布特点

赵倩通过对汉语人体名词引申义语义范畴的归纳和分析发现："在某些范畴中大多数词都有引申义分布，而在另一些范畴中都没有引申义分布，呈现出范畴分布中的空缺。"[1] 通过考察，我们发现上古汉语交通词汇引申义同样呈现出范畴分布的空缺。

（一）车舆类词汇引申义范畴分布的特点

1. 车名类

从表 4-12 中可以看出，在车名类交通词汇中：总名类都没有"类属""抽象事物""性质"范畴的引申义；乘用类都没有"行为活动""抽象事物"范畴的引申义；载运类都没有"类属""抽象事物""人""性质"范畴的引申义；战车类都没有"行为活动""实体""性质"范畴的引申义；丧车类都没有"行为活动""实体""抽象事物""人""性质"范畴的引申义，引申力最弱的丧车类引申义分布的空缺最多。

---

[1] 赵倩：《汉语人体名词词义演变规律及认知动因》，博士学位论文，北京语言大学，2007，第 82 页。

表 4-12　车名类词汇引申义范畴空缺

义类	类属	行为活动	实体	抽象事物	人	性质
总名类	—	+	+	—	+	—
乘用类	+	—	+	—	+	+
载运类	—	+	+	—	—	—
战车类	+	—	—	+	+	—
丧车类	+	—	—	—	—	—

"根据分布空缺可以统计出'空缺量',即有多少个名词没有某一类范畴的引申义。空缺量越大,表明越少有名词拥有该范畴的引申义。"[①]

从车名类交通词汇整体来看,分布空缺量最少的语义范畴是"实体""类属"范畴,即大多数词有"实体""类属"范畴引申义;分布空缺量最多的语义范畴是"性质""抽象事物"范畴,即绝大多数词没有"性质""抽象事物"范畴的引申义。具体见表 4-13。

表 4-13　车名类词汇引申义范畴空缺量排序

语义范畴	实体	类属	人	行为活动	抽象事物	性质
空缺量	6	6	7	8	9	9

2. 部件类

通过考察,我们发现,在部件类交通词汇中:箱舆类都没有"性质"范畴的引申义;轮毂类都没有"类属"范畴的引申义;马具类都没有"类属""实体""人""性质"范畴的引申义;驾具类都没有"类属""实体""抽象事物""人""性质"范畴的引申义,引申义最少的驾具类引申义分布的空缺范畴也最多。具体见表 4-14。

表 4-14　部件类词汇引申义范畴空缺

义类	整体	类属	行为活动	实体	抽象事物	人	性质
箱舆类	+	+	+	+	+	+	—
轮轴类	+	—	+	+	+	+	+

---

① 赵倩:《汉语人体名词词义演变规律及认知动因》,博士学位论文,北京语言大学,2007,第 82 页。

续表

义类	整体	类属	行为活动	实体	抽象事物	人	性质
马具类	+	—	+	—	+	—	—
驾具类	+	—	+	—	—	—	—

从部件类交通词汇整体来看,分布空缺量最少的语义范畴是"行为活动"范畴,即大多数词有"行为活动"范畴引申义;分布空缺量最多的语义范畴是"性质""类属"范畴,即绝大多数词没有"类属""性质"范畴引申义。具体见表4-15。

表4-15 部件类词汇引申义范畴空缺量排序

语义范畴	行为活动	整体	实体	抽象事物	人	性质	类属
空缺量	11	17	26	27	29	31	31

(二)舟船类词汇引申义范畴分布的特点

1. 船名类

从表4-16看出,在船名类交通词汇中:总名类都没有"整体""类属"范畴的引申义;乘用类都没有"整体""实体""人""抽象事物"范畴的引申义;战船类都没有"整体""实体""行为活动""人""抽象事物"范畴的引申义,引申力最弱的战船类引申义分布的空缺最多。

表4-16 船名类词汇引申义范畴空缺

义类	整体	类属	实体	行为活动	人	抽象事物
总名类	—	—	+	+	+	+
乘用类	—	+	—	+	—	—
战船类	—	+	—	—	—	—

从船名类词汇整体来看,分布空缺量最少的语义范畴是"行为活动"范畴,即大多数词有"行为活动"范畴引申义;分布空缺量最多的语义

范畴是"人""抽象事物"范畴,即绝大多数词没有"人""抽象事物"范畴的引申义。具体见表4-17。

表 4-17　船名类词汇引申义范畴空缺量排序

语义范畴	行为活动	类属	实体	人	抽象事物
空缺量	3	4	5	6	6

2. 部件类

从表4-18看出:在部件类交通词汇中,都没有"类属""实体""人""抽象事物"范畴的引申义。

表 4-18　部件类词汇引申义范畴空缺

义类	整体	类属	实体	行为活动	人	抽象事物
部件类	+	—	—	+	—	—

从部件类交通词汇整体来看,分布空缺量最少的语义范畴是"行为活动"范畴,即所有词都有"行为活动"范畴引申义;分布空缺量最多的语义范畴是"人""实体""类属""抽象事物"范畴,即绝大多数词没有这四个范畴的引申义。具体见表4-19。

表 4-19　部件类词汇引申义范畴空缺量排序

语义范畴	行为活动	整体	人	实体	类属	抽象事物
空缺量	0	1	4	4	4	4

(三) 道路类词汇引申义范畴分布的特点

从表4-20看出:在道路类交通词汇中,大路类在"类属""行为活动""实体""抽象事物""人""性质""时间""计量单位"范畴中都有引申义,小路类都没有"实体""人""时间""计量单位"范畴的引申义,交道类都没有"类属""行为活动""人""性质""时间""计量单位"范畴的引申义,城中路类都没有"人""时间""计量单位"语义范畴。引申力最弱的交道类引申义分布的空缺最多。

表 4-20　道路类词汇引申义范畴空缺

义类	类属	行为活动	实体	抽象事物	人	性质	时间	计量单位
大路类	+	+	+	+	+	+	+	+
小路类	+	+	—	+	—	+	—	—
交道类	—	—	+	+	—	—	—	—
城中路类	+	+	+	+	—	+	—	—

从道路类交通词汇整体来看，分布空缺量最少的语义范畴是"抽象事物"范畴，即大多数词有"抽象事物"范畴引申义；分布空缺量最多的语义范畴是"时间"，即绝大多数词没有"时间"范畴引申义。具体见表 4-21。

表 4-21　道路类词汇引申义范畴空缺量排序

语义范畴	抽象事物	实体	行为活动	类属	性质	人	计量单位	时间
空缺量	4	9	11	14	15	15	15	16

三　引申义的词义倾向

"词义倾向就是词的引申义在语义归属上的倾向，词义的发展趋向于哪种语义类型，则分布在相关语义范畴中的引申义数量就多，即多数引申义的语义范畴归属一致。因此词义的倾向代表了词义的主要演变方向。"①

（一）车舆类

车名类和部件类两类词汇引申义的主要范畴归属不一样，表现出不同的词义倾向。

如表 4-22 所示，车名类交通词汇引申义主要分布在"实体""行为活动""人""类属"四个语义范畴中。这四个语义范畴中的引申义总量约占车名类交通词汇引申义总数的 90%，其中"实体"范畴的引申义最多，说明车名类交通词汇的词义主要偏重于向"实体"范畴发展。

---

① 赵倩：《汉语人体名词词义演变规律及认知动因》，博士学位论文，北京语言大学，2007，第 83 页。

表 4-22　车名类词汇词义倾向

单位：个,%

引申义	实体	行为活动	人	类属	抽象事物	性质	合计
数量	7	5	4	4	1	1	22
比重	32	22	18	18	5	5	100

如表 4-23 所示，部件类交通词汇引申义主要分布在"行为活动""整体""实体"三个语义范畴中。这三个语义范畴中的引申义总量约占部件类交通词汇引申义总数的 83%，其中"行为活动"范畴的引申义最多，说明部件类词汇的词义主要偏重于向"行为活动"范畴发展。

表 4-23　部件类词汇词义倾向

单位：个,%

引申义	行为活动	整体	实体	人	抽象事物	性质	类属	合计
数量	38	15	9	5	5	1	1	74
比重	51	20	12	7	7	1.4	1.4	100

如表 4-24 所示，车舆类交通词汇整体的词义倾向是"行为活动""实体""整体"三个语义范畴。这三个范畴中的引申义总量约占车舆类交通词汇引申义总数的 78%。车舆类交通词汇引申义整体词义倾向可依次排序为：

行为活动>实体>整体>人>抽象事物>类属>性质

表 4-24　车舆类词汇词义倾向

单位：个,%

引申义	行为活动	实体	整体	人	抽象事物	类属	性质	合计
数量	43	16	15	9	6	5	2	96
比重	45	17	16	9	6	5	2	100

（二）舟船类

船名类和部件类两类词汇引申义的主要范畴归属不一样，表现出不同的词义倾向。

如表 4-25 所示，船名类交通词汇引申义主要分布在"行为活动"

"类属""实体"三个语义范畴中。这三个语义范畴中的引申义总量约占船名类交通词汇引申义总数的84%，其中"行为活动"范畴的引申义最多，说明船名类交通词汇的词义主要偏重于向"行为活动"范畴发展。

表4-25　船名类词汇词义倾向

单位：个，%

引申义	行为活动	类属	实体	人	抽象事物	整体	合计
数量	5	3	2	1	1	0	12
比重	42	25	17	8	8	0	100

如表4-26所示，部件类交通词汇引申义主要分布在"行为活动"语义范畴中。该语义范畴中的引申义数量约占部件类词语引申义总数的57%，说明部件类交通词汇的词义主要偏重于向"行为活动"范畴发展。

表4-26　部件类词汇词义倾向

单位：个，%

引申义	行为活动	整体	人	类属	实体	抽象事物	合计
数量	4	3	0	0	0	0	7
比重	57	43	0	0	0	0	100

如表4-27所示，舟船类交通词汇整体的词义倾向是"行为活动"语义范畴。该语义范畴中的引申义数量约占舟船类交通词汇引申义总数的47%，说明舟船类交通词汇的词义主要偏重于向"行为活动"范畴发展。舟船类交通词汇引申义整体词义倾向可依次排序为：

行为活动>整体/类属>实体>人/抽象事物

表4-27　舟船类词汇词义倾向

单位：个，%

引申义	行为活动	整体	类属	实体	人	抽象事物	合计
数量	9	3	3	2	1	1	19
比重	47	16	16	11	5	5	100

（三）道路类

道路类四类词汇引申义的主要范畴归属不一样，表现出不同的词义倾向。

如表 4-28 所示，大路类词汇引申义主要分布在"抽象事物"语义范畴中。该语义范畴中的引申义数量约占大路类词汇引申义总数的 53%，说明大路类词汇的词义主要偏重于向"抽象事物"范畴发展。

表 4-28　大路类词汇词义倾向

单位：个，%

引申义	抽象事物	行为活动	实体	人	计量单位	类属	性质	时间	合计
数量	24	12	2	2	2	1	1	1	45
比重	53	27	4	4	4	2	2	2	100

如表 4-29 所示，小路类词汇引申义主要分布在"抽象事物""行为活动""性质"三个语义范畴中。这三个语义范畴中的引申义总量约占小路类词汇引申义总数的 87%，说明小路类词汇的词义主要偏重于向"抽象事物""行为活动""性质"范畴发展。

表 4-29　小路类词汇词义倾向

单位：个，%

引申义	抽象事物	行为活动	性质	类属	时间	实体	人	计量单位	合计
数量	2	2	2	1	0	0	0	0	7
比重	29	29	29	13	0	0	0	0	100

如表 4-30 所示，交道类词汇整体的词义倾向是"实体"。该语义范畴中的引申义数量约占交道类词汇引申义总数的 75%，说明交道类词汇的词义主要偏重于向"实体"范畴发展。

表 4-30　交道类词汇词义倾向

单位：个，%

引申义	实体	抽象事物	性质	类属	时间	行为活动	人	计量单位	合计
数量	3	1	0	0	0	0	0	0	4
比重	75	25	0	0	0	0	0	0	100

如表 4-31 所示，城中路类词汇引申义主要分布在"抽象事物"语义范畴中。该语义范畴中的引申义数量约占城中路类词汇引申义总数的

56%，说明城中路类词汇的词义主要偏重于向"抽象事物"范畴发展。

表 4-31　城中路类词汇词义倾向

单位：个,%

引申义	抽象事物	实体	行为活动	类属	性质	时间	人	计量单位	合计
数量	5	2	1	1	0	0	0	0	9
比重	56	22	11	11	0	0	0	0	100

如表 4-32 所示，道路类交通词汇整体的词义倾向是"抽象事物""行为活动""实体"三个语义范畴。这三个范畴中的引申义总量约占道路类交通词汇引申义总数的 83%。道路类交通词汇引申义整体词义倾向可依次排序为：

抽象事物>行为活动>实体>性质/类属>人/计量单位>时间

表 4-32　道路类词汇词义倾向

单位：个,%

引申义	抽象事物	行为活动	实体	性质	类属	人	计量单位	时间	合计
数量	32	15	7	3	3	2	2	1	65
比重	49	23	11	5	5	3	3	1	100

综上所述，上古汉语交通词汇引申义共有 180 个，这 180 个引申义分布在"整体""类属""性质""抽象事物""行为活动""实体""人""时间""计量单位"九个语义范畴中。具体见表 4-33。

表 4-33　上古汉语交通词汇词义倾向

单位：个,%

引申义	行为活动	抽象事物	实体	整体	人	类属	性质	计量单位	时间	合计
数量	67	39	25	18	12	11	5	2	1	180
比重	37	21	14	10	7	6	3	1	0.5	100

如表 4-33 所示，依据现有资料，上古汉语交通词汇整体的词义倾向是"行为活动""抽象事物""实体""整体"四个语义范畴。这四个范

畴中的引申义数量分别约占上古汉语交通词汇引申义总数的 37%、21%、14% 和 10%，四类相加共约占上古汉语交通词汇引申义总数的 82%。据此，上古汉语交通词汇引申义整体词义倾向可依次排序为：

行为活动>抽象事物>实体>整体>人>类属>性质>计量单位>时间

第二节　上古汉语交通词汇词义隐喻认知分析

周光庆指出："隐喻由此而成为了汉语词汇形成发展的一重要动力，促进着汉语词汇的形成发展。如果没有隐喻作为动力，汉语词汇系统中的许多语词就不会这样形成发展。"[①]

莱考夫和约翰逊指出："隐喻不仅仅是语言的事情，也就是说，不单是词语的事。相反，我们认为人类的思维过程在很大程度上是隐喻性的。我们所说的人类的概念系统是通过隐喻来构成和界定的，就是这个意思。隐喻能以语言形式表达出来，正是由于人的概念系统中存在隐喻。"[②] 他们提出的概念隐喻理论进一步完善了隐喻理论，是认知语言学领域的重要组成部分，是对一般隐喻表达方式的概括和总结。概念隐喻是两个概念域之间的映射。这两个概念域，一个是目的域，另一个是始源域，隐喻是由始源域向目的域映射的结果。

隐喻的基础是相似性，两种认知域或两类事物之间能够构成隐喻就是因为具有相似性。"相似原则是指人们容易将相同或相似的东西看做是一个单位。这一原则在概念和语言的行程中是最重要的原则。相同或相似的事物被给予相似的名称，类似事物可用来互为比喻。"[③]

束定芳指出："相似性有物理的相似性和心理的相似性之分，此外还有程度上的不同。物理的相似性可以是在形状或外表上及功能上的一种相似，心理相似性是指由于文化、传说或其他心理因素使得说话者或听话者

---

① 周光庆：《隐喻：汉语词汇形成发展的一种机制》，《江汉大学学报（人文科学版）》2009 年第 3 期，第 85 页。
② 〔美〕乔治·莱考夫、马克·约翰逊：《我们赖以生存的隐喻》，何文忠译，浙江大学出版社，2015，第 6 页。
③ 赵艳芳：《认知语言学概论》，上海外语教育出版社，2001，第 97 页。

认为某些事物之间存在某些方面的相似。"① 刘雪春认为："事物现象之间的相似性是多样的，但概而言之，有两种：一种是感官相似性，一种是超感官相似性。所谓感官相似性是指基于我们的感官（眼、鼻、耳、舌等）获得的事物现象间的相似性。……超感官相似性则是通过我们的抽象思维概括建立的事物现象间的相似性。"② 李佐文、刘长青认为："隐喻的相似性，一方面建立在具体形态之上，即人对喻体与本体之间理化属性上的客观性体验。之所以说这种相似性是客观的，是因为它是一种'形'的相似，是具体的东西。这种'形似'是客观存在的，不以人的意志为转移。……另一方面，隐喻的相似性，也可以建立在人们的主观感受之上，是一种抽象'神似'，因人而异，变化性大。这样的相似性含有特定的人的特定情感、好恶、褒贬、以及特定语言集团长时期文化积淀的成分。"③ 本书从"相似性"这一认知特点的角度对隐喻进行分类。通过考察，我们发现上古汉语交通词汇的基础义所在的始源域和引申义所在的目标域之间存在的相似性包括形制和功能两个方面。

一　形制隐喻

形制隐喻的跨域投射是指交通词汇所指称对象的某一物理特征被突显提取为意象后，将其投射至另一认知域中与之有着某一相似点的其他事物，随之交通词汇就可用来指称其他事物，从而被赋予新的意义。

（一）车舆类

车舆类词汇形制隐喻主要基于其他事物与车舆或车舆部件在形制上的相似性。如：

车——利用轮轴旋转的工具

轩——像轩车车厢护栏的器物——窗子——有窗的长廊

轩——屋檐

舆[1]——大地

---

① 束定芳：《论隐喻的运作机制》，《外语教学与研究》2002年第2期，第103页。
② 刘雪春：《论比喻的相似性》，《修辞学习》2001年第6期，第13页。
③ 李佐文、刘长青：《论隐喻的相似性基础》，《河北大学学报（哲学社会科学版）》2003年第3期，第67页。

箱——收藏衣物等的箱子

轮——形状似轮的物体

轸——星名

"车"（陆地上有轮的交通工具）与"利用轮轴旋转的工具"在形制上具有轮和轴旋转的相似性。因此，某些利用轮轴旋转的工具可以用"车"来命名，如水车、纺车等。

"轩"与"像轩车车厢护栏的器物"在形状上具有相似性。因此，可以用"轩"来喻指像轩车车厢护栏的器物，如栏杆。古代多木格窗，形似栏杆。因此，"轩"又可以喻指"窗子"或"有窗的长廊"。轩车高敞又有帷幕，因此，"轩"又可以进一步喻指类似轩车的建筑，如屋檐等。《集韵·元韵》："轩，檐宇之末曰轩，取车象。"

"舆¹"指车箱，车箱与"大地"在形状上具有方形的相似性。古人认为天圆地方。车的"盖"是圆的，"舆"是方的，所以古人常以"盖""舆"来比喻天地①，如《淮南子·原道训》："以天为盖，以地为舆。"因为经常用"舆¹"来比大地，所以古代的地理称作"舆地"，地图称作"舆地图"，地理书称作"舆地书"。《新元史·世祖纪》："舆图之广，历古所无。""舆图"就是地图、疆域图。

"箱"指车厢，车厢是长方形的。在形制上，与收藏衣物等的箱子具有长方形的相似性，所以可以用"箱"来喻指体积较大的长方形容器。

"轮"在形制上具有"圆形"的特征，因此，可以喻指某些形状似轮的物体，如日、月；也指叶轮、花轮、收卷钓丝的转轮等物体。"轮"与钱币具有圆形外侧边沿的相似性，因此，可以用"轮"喻指钱币的外侧边沿。《释名·释车》："轮，纶也，言弥纶也，周匝之言也。"后进一步喻指事物的边缘和外围，如耳轮、轮廓等。

"轸"本指车厢底部四面的横木，与"轸宿"在形状上具有四面、方形的相似性。《史记·天官书》："轸为车，主风。"这里的"轸"指二十八宿中的轸宿，轸宿四星，呈方形，近似车轸，所以亦称"轸"。②

---

① 王凤阳：《古辞辨》，吉林文史出版社，1993，第 216 页。
② 王凤阳：《古辞辨》，吉林文史出版社，1993，第 217 页。

综上所述,"车""轩""舆"¹"箱""轮""轸"与其他实体在形制上具有相似性。因此,这些像车舆或车舆部件的实体可以用车舆类词汇来命名,形成"车舆名称/部件"到"实体"的隐喻。

轮——圆

轸——方

衔——官阶

"轮"与"圆形"在形状上具有在同一平面内到定点的距离等于定长的相似性。所以,可以用"轮"喻指"圆"。

"轸"与"方形"在形状上具有四个内角都为 90°的相似性。所以,"方形"可以称"轸"。如《楚辞·九章·抽思》:"轸石崴嵬,蹇吾愿兮。"王逸注:"轸,方也。"洪兴祖补注:"轸石,谓石之方者,如车轸耳。"

"衔"的本义指横在马口里驾驭马的金属小棒,古代的"衔"一般是由两根铜条拧成的,中间有圆环互相联结,因而把两件事物的相连相接也称作"衔"①,如《后汉书·西羌传》:"水草丰美,土宜产牧,牛马衔尾,群羊塞道。""衔"的头衔义即由衔接承续义来的。《封氏闻见记·官衔》:"官衔之名,盖兴近代,当是选曹补受,须存资历。闻奏之时,先具旧官名品于前,次书拟官于后,使新旧相衔不断,故曰官衔,亦曰头衔。所以名为衔者,如人口衔物,取其连续之意。"

综上所述,"轮""轸""衔"与"圆""方""官阶"在形制上具有相似性。因此,这些像车舆部件的抽象事物可以用车舆类词汇来命名,形成"车舆部件"到"抽象事物"的隐喻。

(二) 舟船类

舟船类词汇的形制隐喻主要基于其他事物与舟船在形制上的相似性。如:

舟——酒器、祭器的托盘

船——船形的酒杯

中国的酒文化源远流长,饮酒的器具百花齐放,从新石器时代仰韶文化船形彩陶壶沿传的船形酒具中可见一斑。《周礼·春官·司尊彝》:"春

---

① 王凤阳:《古辞辨》,吉林文史出版社,1993,第 221 页。

祠、夏禴，祼用鸡彝鸟彝，皆有舟。"郑司农注云："周尊下台，若今时承盘。"可知尊彝等酒具的托盘称"舟"。

新石器时代仰韶文化船形彩陶壶，通高15.6厘米，口径4.5厘米，宽24.9厘米。泥质红陶，口部呈杯状，器身横置，上部两端突尖，像一只小船。在两侧的腹部，各用黑彩绘出一张鱼网状的图案，鱼网挂在船边，似正撒网捕鱼，又像小船刚刚捕鱼回来，在晾晒鱼网。陶壶两肩上端横置两个桥形小耳，既便于提拿，又可穿绳背负，随身携带。人们喜欢美酒，当然希望能拥有永远喝不完的佳酿，船是永远漂浮在水中的，先民会觉得酒就像船下的水一样永远饮之不尽。

古代文人雅士将这种容量较大的船形酒具称"酒船"，材质有陶、玉、银、铜、瓷等。《晋书·毕卓传》："卓尝谓人曰：'得酒满数百斛船，四时甘味置两头，右手持酒杯，左手持蟹螯，拍浮酒船中，便足了一生矣。'"唐陆龟蒙《添酒中六咏·酒船》、宋王令《酒船》皆作其诗。宋、元文人将玉制的船形酒具称"玉船"。苏轼《次韵赵景贶督两欧阳诗破陈酒戒》中的"明当罚二子，已洗两玉舟"，反映的就是玉船饮酒、罚酒的情景。这种流行的玉船酒器，在宋人诗词中有案可稽。陆游《即席》诗云："要知吾辈不凡处，一吸已乾双玉船。"辛弃疾《鹊桥仙·寿余伯熙察院》词："东君未老，花明柳媚，且引玉船沉醉。"周密《武林旧事》卷七《乾淳奉亲》："上亲捧玉酒船上寿酒，……太上喜见颜色。"《全元散曲·雁儿落过得胜令》："暖阁红炉坐，金杯捧玉船。"

综上所述，"舟""船"与"酒器、祭器的托盘""船形的酒杯"在形制上具有相似性。因此，这些像舟船的酒器、祭器可以用"舟""船"来命名，形成"舟船名称"到"实体"的隐喻。

（三）道路类

道路类词汇的形制隐喻主要基于其他事物与道路在形制上的相似性。如：

行——行列——军队编制单位——行伍、行阵

行——排行、行辈

行——行业

"行"本指道路，引申开来，跟道路一样整齐、笔直、纵横排列的事

物也可以称为"行"。人们因为举行某种活动排成队列就可以称为"行列";古军制,百人为卒,二十五人为行,卒之行列称为"行";军队的士兵在战场上排出整齐的阵型,才能发挥最大的群体战斗力,故称"行伍";家族、亲友在长幼先后中所居的地位和序列可以称为"排行、行辈";职业的方向、职业的类别也可称"行",自己从事的职业称为"本行",做同一种职业的人称为"同行",精通某种职业的人称为"内行、在行、行家";等等。

道——特指棋局的格道

径——直径

街——人体内气的运行通道

巷——气脉流通往来处

"道"本指道路。道呈线形,上有车马、人畜通行。棋局的格道亦呈线形,上有棋子通行。二者在形制上具有相似性,因此,棋局的格道也可称"道"。"径"最初指分割方田的小道,方田是整整齐齐的,所以田上的"径"也是笔直的,因此"径"具有"直"的特点,为走最短路线而踩出来的小路就是"径"。"直径"是指通过圆心或球心并且两端都在圆周上或球面上的线段。二者在形制上具有相似性,因此,可以用"径"喻指数学名词"直径"。"街""巷"指城邑中的道路,具有"在一定空间内部""四通八达""人流往来通行"的特点。"人体内气的运行通道""气脉流通往来处"与其在形制上具有相似性,因此,可以用"街""巷"来喻指。

综上所述,"行""道""径""街""巷"与某些抽象事物在形制上具有相似性。因此,这些抽象事物可以用道路类交通词汇来命名,形成"道路"到"抽象事物"的隐喻。

行——工商交易处

道——水流通的途径

衢——树枝的分杈,树杈

逵——水中四通八达的道路

五衢——五出的枝杈

"行"本指道路,引申开来,跟道路一样整齐、笔直、纵横排列的事物也可以称为"行",在商业贸易中,为了方便交易,各种货物往往分类排列集中成行，因此就有水果行、蔬菜行、鸡鸭行、水产行这样的区分，要买某样东西，就要到某种行中进行挑选，找到合适的商品。"道"本指道路。道呈线形，上有车马、人畜通行。水流通的途径亦呈线形，上有河水或江水流通。二者在形制上具有相似性，因此，水流通的途径也可称"道"。如，河道、水道、黄河故道等。"衢"也是道路。不同处在于"道"和"路"都是"一达"的，即由甲地通往乙地的交通线叫"道"或"路"；而"衢"是交通枢纽，是四通八达的道路。具体一点说，凡是分岔的路都叫"衢"，它可以是分出两个岔的路，即所谓歧路，也可指五达的、六达的、七达的以至九达的道路。总之，以一点为中心可以通向各方的道路交叉点叫"衢"。引申开来，树木等由同一点分出枝权也称"衢"。"五衢"为通五方的道路，故可以喻指五出的枝权。"逵"亦作"馗"，可能是"衢"的方言变音，引申开来，水中四通八达的穴道也称"逵"。

综上所述，"行""道""衢""逵""五衢"与某些实体在形制上具有相似性。因此，这些实体可以用道路类交通词汇来命名，形成"道路"到"实体"的隐喻。

二 功能隐喻

功能隐喻的跨域投射是指交通词汇所指称对象的某一功能特征被突显提取为意象后，将其投射至另一认知域中与之有着某一相似点的其他事物，随之交通词汇就可用来指称其他事物，从而被赋予新的意义。

（一）车舆类

车舆类词汇的功能隐喻主要基于其他事物与车舆在功能上的相似性。如：

轴——支持轮子或其他机件转动部分的零件

轴——弦乐器上扭动弦的装置

轴——卷轴

辅——古代京城附近的地方（是设置用来护卫京师的区域）

"轴"指支持车轮转动的部件，在功能上与某些旋转、缠绕所凭借的圆杆具有相似性。因此，可以用"轴"来喻指"支持轮子或其他机件转动部分的零件""弦乐器上扭动弦的装置""卷轴"等物品，形成"车舆部件"到"实体"的隐喻。"辅"指在车轮外旁用以夹毂的两条直木,位于古代车轮外旁,每轮二木,用以增缚夹毂,具有辅助功能。古代京城附近的地方,后称京畿。京畿地理位置极为重要,具有拱卫京城的作用。二者在功能上具有相似性,因此,可以用"辅"来喻指"护卫京师的区域"。

综上所述,"轴""辅"与"支持轮子或其他机件转动部分的零件""古代京城附近的地方"在功能上具有相似性。因此,这些实体可以用车舆类交通词汇来命名,形成"车舆部件"到"实体"的隐喻。

轴——权要的地位

衔辔——法令

"轴"指车轴,是支持车轮转动的核心部件,虽然位置并不凸显,但从功能上看,车舆整体的功能的实现却完全仰仗于它,与"权要的地位"具有"核心、重要"的相似性。因此,可以用"轴"来喻指权要的地位。"衔"指马嚼子,"辔"指驾驭牲口的缰绳。"衔辔"的主要功能为"驭马",与"法令"具有"控制,约束"的相似性。因此,可以用"衔辔"喻指"法令"。

综上所述,"轴""衔辔"与"权要的地位""法令"在功能上具有相似性。因此,这些抽象事物可以用车舆类交通词汇来命名,形成"车舆部件"到"抽象事物"的隐喻。

辅——助手

"辅"指在车轮外旁用以夹毂的两条直木,位于古代车轮外旁,每轮二木,用以增缚夹毂,具有辅助功能。"助手"指不独立承担任务,只协助别人进行工作的人。二者在功能上具有"辅助、协助"的相似性。因此,可以用"辅"喻指"助手",形成"车舆部件"到"人"的隐喻。

(二) 舟船类

舟船类词汇的功能隐喻主要基于其他事物与舟船在功能上的相似性。如:

舟航——津梁

"舟航"指船,是水上通行的交通工具。"津梁"指桥梁,一般指架设在水上使车辆、行人等能顺利通行的交通设施。《国语·晋语二》:"岂谓君无有,亦为君之东游津梁之上,无有难急也。"宋曾巩《李立之范子渊都水使者制》:"川泽河渠之政、津梁舟楫之事,置使典领,礼秩甚隆。"可见,二者均有"使人在水上通行"的作用,在功能上具有相似性。因此,可以用"舟航"来喻指"津梁",形成"舟船名称"到"实体"的隐喻。

舟航——济世良才

如前所述,"舟航"指水上通行的交通工具,具有助人"渡水、过河"的功能。"济世良才"指济助世人于危难之人。二者在功能上具有相似性,因此,可以用"舟航"来喻指"济世良才",形成"舟船名称"到"人"的隐喻。

(三)道路类

道路类词汇的功能隐喻主要基于其他事物与道路在功能上的相似。如:

道——途径,方法——技艺,技巧——道理,规律——正当的手段、道义——好的政治措施或政治局面——政治主张或思想体系——道家,道教——道术

路——途径,门路——仕途、官职

途——途径,门路——仕途,升官的路

术——途径,方法,策略——技艺——思想,学说

衢——重要的事或职位

蹊径——门径,路子

周行——至善之道

"道""路""途""术""蹊径"都指道路,基于功能相似,可以由具体的路喻指抽象的路,即途径、方法、门路和策略。其中,"路"和"途"还可以进一步喻指仕途、升官之路,"道"和"术"还可以进一步喻指技艺、技巧、思想和学说,"道"还可以进一步喻指道理、规律、道义、政治措施或主张、道家、道教和道术等抽象事物。"周行"指供人车通行的大路。人车大通与事理大通相似,所以可以用具体大路喻指处事应遵循的正确道理。"衢"指道路交叉处,即各条道路的会合处,是交通要道,具有重要的交通枢纽功能,所以可以喻指重要的事或职位。

综上所述,"路""途""术""衢""蹊径""周行"与某些抽象事

物在功能上具有相似性。因此，这些事物可以用道路类交通词汇来命名，形成"道路"到"抽象事物"的隐喻。

上古汉语交通词汇词义隐喻分析见表4-34。

表4-34　上古汉语交通词汇词义隐喻认知情况统计

机制	义类		词项	直接引申义	间接引申义	语义范畴
形制隐喻	车舆类	车名	车	利用轮轴旋转的工具		实体
			轩	像轩车车厢护栏的器物；屋檐	窗子；有窗的长廊	实体
		部件	轮	形状似轮的物体		实体
				圆		抽象事物
			舆[1]	大地，疆域		实体
			箱	收藏衣物等的箱子		实体
			轸	方		抽象事物
				星名		实体
			轵	官阶		抽象事物
	舟船类	船名	舟	酒器、祭器的托盘		实体
			船	船形的酒杯		
	道路类	大路类	行	行列；排行；行辈；行业	军队编制单位；行伍、行阵	抽象事物
				工商交易处		实体
			道	棋局的格道		抽象事物
				水流通的途径		实体
		小路类	径	直径		抽象事物
		交道类	衢	树枝的分杈，树杈		实体
			五衢	五出的枝杈		
			逵	水中四通八达的道路		
		城中路类	街	人体内气的运行通道		抽象事物
			巷	气脉流通往来处		

续表

机制	义类	词项	直接引申义	间接引申义	语义范畴
功能隐喻	车舆类	轴	支持轮子或其他机件转动部分的零件；弦乐器上扭动弦的装置；卷轴		实体
			权要的地位		抽象事物
		辅	古代京城附近的地方		实体
			助手		人
		衔辔	法令		抽象事物
	舟船类	舟航	津梁		实体
		船名	济世良才		人
	道路类	大路	道	途径，方法	技艺，技巧；道理，规律；正当的手段、道义；好的政治措施或政治局面；政治主张或思想体系；道家，道教；道术	抽象事物
			路	途径，门路	仕途，官职	
			途	途径，门路	仕途，升官的路	
			周行	至善之道		
		小路	蹊径	门径，路子		抽象事物
		交道	衝	重要的事或职位		抽象事物
		城中路	术	途径，方法，策略	技艺；思想，学说	抽象事物

第三节　上古汉语交通词汇词义转喻认知分析

莱考夫和约翰逊将转喻定义为通过与其他事物的邻近关系来对某事物

进行概念化。① 后来修正为在同一认知域的概念映射。② Langacker 认为转喻是参照点现象，转喻表达的事物被称为参照点，为目的域提供心理可及。③ Kövecses 和 Radden 认为转喻是一种认知过程，在该过程中，一个概念实体作为工具为理解同一理想认知模型中的另一概念实体提供心理通道。④ 转喻建立在邻近和突显的原则上，在转喻认知模式中，喻体和被喻体处于同一认知框架中。转喻是用突显的、重要的、易感知、易记忆、易辨认的部分代替整体或其他部分，或具有完形感知的整体代替部分的认知过程。转喻在很大程度上与文化有关，转喻为文化模式的构建提供不同类别的原型事件。一个物体、一件事情、一个概念有很多属性，而人的认知往往更多地注意到其最突出、最容易记忆和理解的属性，即突显属性。对事物突显属性的认识来源于人的心理上识别事物的突显原则。转喻思维的作用就是在一个认知框架内，以具有突显性的事物概念替代相关的事物概念。"隐喻的基础是事物之间的相似性，换喻（转喻）则是事物内部和事物之间的特殊关系。隐喻一般用于通过 A 事物理解或解释 B 事物，涉及到两个概念领域的映射，而换喻（转喻）基本上是利用 A 事物的某一显著特征来指认该事物。基本不涉及事物特征的转移。"⑤

Panther 和 Thornburg 从语用功能的角度将转喻分为指称转喻、谓词转喻和言外行为转喻。Ruiz de Mendoza 把转喻分为高层转喻和低层转喻两类，每个大类中又包括命题转喻和情境转喻两小类。⑥

Lakoff 提出了理想化认知模型的概念（Idealized Cognitive Model，简称

---

① Lakoff, G. and M. Johnson, *Metaphors We Live By* (Chicago and London: University of Chicago Press, 1980), p. 37.
② Lakoff, G. and M. Turner, *More Than Cool Reason* (Chicago and London: The University of Chicago Press, 1989), p. 103.
③ Langacker, R. W., "Reference-Point Constructions," *Cognitive Linguistics* Vol. 4, No. 1 (1993): 1-38.
④ Kövecses, Z. and G. Radden, "Metonymy: Developing a Cognitive Linguistic View," *Cognitive Linguistics* Vol. 9, No. 1 (1998): 37-77.
⑤ 束定芳:《隐喻和换喻的差别与联系》,《外国语》2004 年第 3 期, 第 27 页。
⑥ 张辉、孙明智:《概念转喻的本质、分类和认知运作机制》,《外语与外语教学》2005 年第 3 期, 第 1~6 页。

ICM)。①Radden 和 Kövecses 将转喻定义为："转喻是在同一理想化认知模型中，一个概念实体（即始源域）为另一个概念实体（目的域）提供心理通道的认知操作过程。"② 根据同一认知域或理想化认知模式中转体与目标的关系，Radden 和 Kövecses 将转喻分为两大类：一类是整体 ICM 与其部分之间的转喻关系，包括事物模式、构造模式、等级模式、复杂事件模式、范畴—成员模式、范畴—属性模式等；另一类是一个 ICM 中部分与部分之间的转喻关系，包括行为模式、感知模式、使役模式、产品模式、控制模式、领属模式、容器模式、地点模式、修饰模式等。具体见表4-35。

表 4-35　转喻模型关系

类别	理想化认知模型（ICM）	关系	举例
部分与整体之间的转喻	事物模型 （Thing-and-Part ICM）	整体—部分	America for 'United States'
		部分—整体	England for 'Great Britain'
	等级模型（Scale ICM）	整个等级—上端	Henry is speeding again for 'Henry is going too fast'
		上端—整个等级	How old are you? for 'what is your age?'
	构造模型 （Constitution ICM）	物体—组成物	I smell skunk.
		组成物—物体	wood for 'forest'
	复杂事件模型 （Event ICM）	事件—分事件	Bill smoked marijuana.
		分事件—事件	Mary speaks Spanish.
	范畴-成员模型 （Category-and-Member ICM）	范畴—成员	the pill for 'birth control pill'
		成员—范畴	aspirin for 'any pain-relieving tablet'
	范畴-属性模型 （Category-and-Property ICM）	范畴—属性	Jerk for 'stupidity'
		属性—范畴	Blacks for 'black people'
	缩写模型（Reduction ICM）	缩写形式—完形	crude for crude oil
	行为模型（Action ICM）	施事—动作	to author a new book
		动作—施事	writer

---

① Lakoff, G. *Women, Fire, and Dangerous Things: What Categories Reveal about the Mind* (Chicago and London: University of Chicago Press, 1987), p. 68.
② Radden, G. and Z. Kövecses, "Towards a theory of metonymy," in Panther, K. U. and G. Radden (eds.), *Metonymy in Language and Thought* (Amsterdam/Philadelphia: John Bejamins Publication Company, 1999), p. 21.

续表

类别	理想化认知模型（ICM）	关系	举例
整体中不同部分之间的转喻	行为模型（Action ICM）	工具—动作	to ski
		动作—工具	pencil sharpener
		物体—动作	to blanket the road
		动作—物体	the flight is waiting to depart
		结果—动作	to landscape the garden
		动作—结果	the product
		方式—动作	to tiptoe into the room
		持续期—动作	to summer in Paris
		目的—动作	to porch the newspaper
		工具—施事	the pen for 'writer'
	感知模型（Perception ICM）	事物—感知	There goes my knee for 'there goes the pain in my knee'
		感知—事物	sight for 'thing seen'
	使役模型（Causation ICM）	原因—结果	Healthy complexion for 'the good state of health bringing about the effect of healthy complexion'
		结果—原因	slow road for 'slow traffic resulting from the poor state of the road'
	产品模型（Production ICM）	制造者—产品	I've got a Ford for 'car'
		工具—产品	Did you hear the whistle? for 'its sound'
		产品—工具	to turn up the heat for 'the radiator'
		地点—产品	china
	控制模型（Control ICM）	控制者—受控人/物	Schwarzkopf defeated Iraq.
		受控人/物—控制者	The Mercedes has arrived.
	领属模型（Possession ICM）	领属者—领属物	That's me for 'my bus'
		领属物—领属者	He married money for 'person with money'
	容器模型（Containment ICM）	容器—容器内容	The bottle is sour for 'milk'
		容器内容—容器	The milk tipped over for 'the milk container tipped over'

续表

类别	理想化认知模型（ICM）	关系	举例
整体中不同部分之间的转喻	地点模型（Location ICM）	地点—居民	The whole town showed up for 'the people'
		居民—地点	The French hosted the World Cup Soccer Games for 'France'
		地点—机构	Cambridge won't publish the book for 'Cambridge University Press'
		机构—地点	I live close to the University.
		地点—事件	Waterloo for 'battle fought at Waterloo'
		事件—地点	Battle, named of the village in East Sussex where the Battle of Hastings was fought
	符号和指称模型（Sign and Reference ICM）	话语—概念	a self-contradictory utterance
	修饰模型（Modification ICM）	助动词—实义词	Do you love me? —Yes, I do.

注：Radden, G. and Z. Kövecses, "Towards a theory of metonymy," in Panther, K. U. and G. Radden (eds.), *Metonymy in Language and Thought* (Amsterdam/Philadelphia: John Bejamins Publication Company, 1999), pp: 29-43.

本书对转喻的整体分类采用 Radden 和 Kövecses 的方法。

一 部分与整体之间的转喻

整体与部分的转喻关系是以事物及其部分之间的关系来实现的。认知语言学认为，不论是物理的事物还是心理的事物，都具有格式塔结构，表现为边界清楚，内部由部分组成。车舆、舟船和道路整体和其组成部分在人们的长期认知中形成了一个统一的框架，可以互相转指。

（一）车舆类

车舆类交通词汇部分与整体之间的转喻关系主要涉及部分—事物整体、成员—范畴、范畴—属性3种类型。

1. 部分—事物整体

车舆整体和其组成部分在人们的长期认知中形成了一个统一的框架，可以互相转指。在车舆类词汇中，"部分"到"整体"的转喻就是将某一车舆部件突显来代表车，或是将某一部件突显来代表部件整体，从而指称车舆部件词语就可用来指称车舆或某一部件整体。如：

舆[1]——代指车

轮——代指车

辀——代指车

辕——代指车

古代车舆主要由"舆[1]""轮""辀""辕"四部分组成。其中"舆[1]"指车箱；"轮"指车轮；"辀"和"辕"都指车前驾牲口的直木，前者为单木，后者为双木。可见，对于车舆整体来说，这四类部件是最为显著而不可或缺的组成部分。因此，这四类部件都可以用来指代车，形成"车舆部件"到"车舆整体"的转喻。

毂——代指车

轊——代指车

轸——代指车

轙——代指车

"毂""轊""轸""轙"分别为车轮、车轴、车厢和驾具部件。其中，"毂"指车轮中心插轴的部分；"轊"指车轴头，即套在车轴末端、突出于外的金属筒状物；"轸"指车箱底部四面的横木；"轙"指车衡上贯穿缰绳的大环。从形制上来看，它们分别具有"中心""突出于外""四面""上；大"的突显性特征。因此，可以用它们来指代车，形成"车舆部件"到"车舆整体"的转喻。

较——代指车箱

軔——代指车轮

车毂——代指车轮

"较""軔""车毂"分别为车箱和车轮重要而突显的组成部分。其中，"较"指车箱两旁车栏上的横木，"车毂"指车轮中心穿轴承辐的部件，"軔"指阻碍车轮滚动的木头。从性质上来看，它们分别具有"突出于外""车轮中心""阻轮转动"的突显性特征。因此,可以用"较"来指代"车厢",用"车毂"和"轫"来指代"车轮",形成"车舆部件"到"部件整体"的转喻。

鞅——代指车马

辔——代指马

镳——代指马

衔辔——代指马

"鞅""辔""衔""镳"等马具都是马身上最引人注目的部件。其中,"鞅"指套在牛马颈上的皮带;"辔"指驾驭牲口的缰绳;"镳"指勒马口具;"衔"指马嚼子,即横在马口里驾驭马的金属棒。因此可以用它们来代表马,形成"车舆部件"到"整体"的转喻。

2. 成员—范畴

车舆类词汇"成员"到"范畴"的转喻就是将某一车舆下位范畴词语的类义素进行突显,将其表义素进行弱化,继而指称具体车舆名称或部件的词语就可用来指称其上位类属范畴。如:

轩——车的通称

轻车——轻快的车子

广柳车——泛指载货大车

素车——泛指丧事所用之车

茵——垫褥的通称

"轩"为卿大夫所乘,造型精美华丽,乘坐舒适。作为"车"范畴中的典型成员,其表义素逐渐被弱化,类义素逐渐被突显,故用"轩"来代表其上位类属范畴——车。"轻车"指一种轻快的兵车。作为"轻快的车子"范畴中的典型成员,其表义素[军用]逐渐被弱化,类义素被突显,故用"轻车"来代表其上位类属范畴——轻快的车子。"广柳车"指古代载运棺柩的大车。作为"载货大车"范畴中的典型成员,其表义素[载棺]逐渐被弱化,类义素被突显,故用"广柳车"来代表其上位类属范畴——载货大车。"素车"指古代凶、丧事所用之车,以白土涂刷。作为"丧车"范畴中的典型成员,其表义素[以白土涂刷]逐渐被弱化,类义素被突显,故用"素车"来代表其上位类属范畴——丧事所用之车。

"茵"指古代车子上的垫子。作为"垫褥"范畴中的典型成员,其表义素〔车用〕逐渐被弱化,类义素被突显,故用"茵"来代表其上位类属范畴——垫褥,形成"车舆名称/部件"到"类属"的转喻。

3. 范畴—属性

属性就是人类对于一个对象的抽象方面的刻画。一个具体事物,总是有许许多多的性质与关系,我们把一个事物的性质与关系都叫作事物的属性。车舆类交通词汇"范畴"到"属性"的转喻就是用车舆名称或部件词语来指称其突显属性。如:

轩——高

轮——高大

轩,古代供大夫一级官员乘坐的车,有上曲的辕,两侧设有幡蔽,高敞又有帷幕是其主要性质特征,故可以用具有完形感知的整体"轩"来指代其属性"高",形成"车舆名称"到"性质"的转喻。

古代车舆,多驾牛马。如果车轮形制较小,车体高度就无法与牛马的高度相适应。因此,古代车轮都具有"高大"的形制特征,故可以用具有完形感知的整体"轮"来指代其属性"高大",形成"车舆部件"到"性质"的转喻。

(二) 舟船类

舟船类交通词汇部分与整体之间的转喻关系主要涉及部分—事物整体、成员—范畴两种类型。

1. 部分—事物整体

舟船整体和其组成部分在人们的长期认知中形成了一个统一的框架,可以互相转指。在舟船类词语中,"部分"到"整体"的转喻就是将某一舟船部件突显来代表船,从而指称舟船部件词语就可用来指称舟船整体。如:

楫——代指船

枻——代指船

桡——代指船

"楫""枻""桡"都指桨。其中"楫"用得最早,指短桨,后来成为桨的通名;"枻""桡"等是南方水网地带关于桨的方言词,它们可能有单用双用之别、前推后曳之别，但都是划水使船前进的重要工具。① 因此，"楫""枻""桡"都可以用来指代船，形成"舟船部件"到"整体"的转喻。

2. 成员—范畴

舟船类交通词汇"成员"到"范畴"的转喻就是将某一舟船下位范畴词语的类义素进行突显，将其表义素进行弱化，继而指称具体舟船名称或部件的词语就可用来指称其上位类属范畴。如：

舫——泛指船

艅——泛指船

余皇——泛指船

"舫"指相并连的两船。作为"船"范畴中的典型成员，其表义素［并连］逐渐被弱化，类义素逐渐被突显，故用"舫"来代表其上位类属范畴——船。"艅"指有窗的小船。作为"船"范畴中的典型成员，其表义素［有窗］［小］逐渐被弱化，类义素逐渐被突显，故用"艅"来代表其上位类属范畴——船。"余皇"指春秋时期吴王所乘的大型战舰。作为"船"范畴中的典型成员，其表义素［吴王所乘］［军用］逐渐被弱化，类义素［船］逐渐被突显，故用它们来泛指其上位类属范畴——船，形成"舟船名称"到"类属"的转喻。

（三）道路类

道路类交通词汇部分与整体之间的转喻关系主要涉及成员—范畴、范畴—属性两种类型。

1. 成员—范畴

转喻不仅仅是词义上的转移，还涉及范畴上的构造，一个范畴中的典型成员可用来代指整个范畴。"范畴成员"到"范畴"的转喻就是将某一道路下位范畴词语的类义素进行突显，将其表义素进行弱化，继而指称具体道路名称的词语就可用来指称其上位类属范畴。如：

道——泛指各种道路

径——泛指道路

---

① 王凤阳：《古辞辨》，吉林文史出版社，1993，第225页。

术——泛指街道，道路

"道""路""途"都指车马可以通行无阻的道路，区别在于宽狭不同。可以单行一辆车的叫"途"，可以并行两辆车的叫"道"，可以并行三辆车的叫"路"。《周礼·地官·遂人》："千夫有浍，浍上有道。"郑玄注："道容二轨。"作为"道路"范畴中的典型成员，其表义素［容二轨］逐渐被弱化，类义素逐渐被突显，故用它们来代表其上位类属范畴——道路。"径"是只容人畜通行的道路。《说文·彳部》："径，步道也。"徐锴系传："小道不容车，故曰步道。"段玉裁注："谓人及牛马可步行而不容车也。"作为"道路"范畴中的典型成员，其表义素［容人畜］逐渐被弱化，类义素被突显，故用"径"来代表其上位类属范畴——道路。"术"指都邑中的道路。《说文·行部》："术，邑中道也。"作为"道路"范畴中的典型成员，其表义素［都邑中］逐渐被弱化，类义素被突显，故用"术"来代表其上位类属范畴——街道、道路，形成"道路"到"类属"的转喻。

2. 范畴—属性

属性就是人类对于一个对象的抽象方面的刻画。一个具体事物，总是有许许多多的性质与关系，我们把一个事物的性质与关系都叫作事物的属性。道路类词汇"范畴"到"属性"的转喻就是用道路名称词语来指称其突显属性。如：

路——大

径——捷速，直接

《周礼·地官·遂人》："万夫有川，川上有路。"郑玄注："涂，道路。……涂，容乘车一轨，道容二轨，路容三轨。"从宽度来看，"路"最为宽阔。另外，"'路'作为道路，在意义上侧重于通往来。……出门在外要走的道称'路'。《荀子·修身》'迷者不问路，溺者不问遂，亡人好独'，《楚辞·离骚》'路漫漫其修远兮，吾将上下而求索'……可见长途跋涉多用'路'"[①]。"路"具有"大"的特征，故可用"路"来指代属性"大"。"径"最初指方田间的小路，方田是整整齐齐的，所以

---

① 王凤阳：《古辞辨》，吉林文史出版社，1993，第 208 页。

"径"也是笔直的,具有"捷速,直接"的特征,因此可以用"径"来指代"捷速,直接",形成"道路"到"性质"的转喻。

道——路程

道路——路程

"路程"是指人、交通工具走过或驶过的距离,即路途的里程。路途的里程属于道路的基本属性,因此,可以用"道""道路"来指代"路程",形成"道路"到"抽象事物"的转喻。

二 整体中不同部分之间的转喻

整体中不同部分之间的转喻是指将交通词汇所指称对象的某一特征进行聚焦突显,当指称车舆、舟船和道路的词语与相关的动作、对象或乘坐者、制造者具有强烈的对应性时,在转喻认知的作用下,词义就会发生变化,从而构建起交通词语新的意义。

(一) 车舆类

车舆类词汇中,整体中不同部分之间的转喻主要涉及产品—生产者、被控物—主控者、工具—动作、物体—动作、对象—动作、对象—动作/目的、领属物—领属者、地点转喻、容器转喻、功能转喻10种类型。

1. 产品—生产者

生产涉及生产者、产品、产品名称等因素,这些因素相互作用,可以互相转指。在车舆类词语中,"产品"到"生产者"的转喻就是用车舆名称或部件名称来代表生产者。如:

车——车工

轮——制作车轮的工匠

"轮"可以指"制作车轮的工匠","车"可以指"车工",即古代造车的人。《玉篇·车部》:"车,夏时奚仲造车,谓车工也。"可见,"轮"和"车"为产品,"制作车轮的工匠"和"车工"为制造者。二者处于"产品—制造者"认知框内,因此,可以用"车"和"轮"来指代"车工"和"制作车轮的工匠",形成"车舆名称/部件"到"人"的转喻。

2. 被控物—主控者

被控物和主控者关系密切,可以互相转指。在车舆类词汇中,"被控物"到"主控者"的转喻就是用车舆名称来代表控制者。如：

车——车士，驾车的人

舆[1]——众人，职位低贱的吏卒

舆[2]——驾车人

"车"可以指"车士，驾车的人"，其中"车"为被控者，"车士、驾车人"为主控者。二者处于"主控者—被控物"认知框内，因此，可以用"车"指代"车士、驾车人"。

"舆[1]"本指车厢，通过"部分"到"事物整体"的转喻引申代指"舆[2]"——"车"。"舆[1]"最初应是由强壮山民手抬肩扛载物或载人的车厢，如今之滑竿、轿子。《一切经音义》："车无轮曰舆。"《急就篇》颜注："著轮曰车，无轮曰舆。""舆[1]"可能早于车，车只是"舆[1]"上加轮而已。因此，我们将"众人、职位低贱的吏卒"看作"舆[1]"的主控者，将"驾车人"看作"舆[2]"主控者，形成"车舆名称"到"人"的转喻。

3. 工具—动作

工具可以指代利用该工具所产生的动作。在车舆类词汇中，"工具"到"动作"的转喻就是用车舆名称或部件来指代动作。如：

舆[2]——用车运

辇——以车载人或运物

"舆[2]"和"辇"的基本功能就是"载人""运物"，因此，可以用"舆[2]"和"辇"来指代"用车运""用车载"等具体动作，形成"车舆名称"到"行为活动"的转喻。

轙——整车待发

辔——牵，驾驭

軔——顶住，阻挡

轊——用车轴头冲杀

鞭——鞭打

策——以鞭打马

"轙"指车衡上贯穿缰绳的大环，"辔"指驾驭牲口的缰绳，"軔"指阻碍车轮滚动的木头，"轊"指车轴末端的金属筒状物，"鞭"和

"策"指不同材质的马鞭。这些部件有各自不同的功能，因此，可以用它们来指代利用该部件的功能所产生的具体动作，形成"车舆部件"到"行为动作"的转喻。

　　輢——凭依

　　軛——控制，束缚

　　辅——辅助，协助

　　辖——管辖，管制

　　羁绁——控制，束缚

"輢"指车箱两旁人可凭倚的车栏，具有倚靠的功能，进而引申指"凭倚"抽象功能本身；"軛"指架在牲口颈上的器具，具有约束、控制马匹的功能，进而引申指"控制，束缚"抽象功能本身；"辅"指在车轮外旁用以夹毂的两条直木，具有辅助的功能，进而引申指"辅助，协助"抽象功能本身；"辖"指车轴两端扣住害的插栓，具有管控功能，进而引申为"管辖"抽象功能本身；"羁绁"指马络头和马缰绳，具有控制、束缚的功能，进而引申为"控制，束缚"功能本身，形成"车舆部件"到"行为活动"的转喻。

　　羁——捆缚——拘禁，拘系——束缚，牵制——寄居——停留

　　勒——拉缰止马——约束，统帅——强制，强迫——雕刻

　　鞭策——鞭打——驭马——驱使，控制——督促

"羁""勒""鞭策"与行为动作相关的引申义较多，除了"捆缚""拉缰止马""鞭打"，大部分是对其功能的进一步抽象，引申义由单纯的物理动作进一步引申为抽象的行为，形成"车舆部件"到"行为活动"的转喻。

　　4. 物体—动作

　　物体可以指代由该物体所产生的动作。在车舆类词汇中，"物体"到"动作"的转喻就是用车舆部件来指代动作。如：

　　轮——转动——抡，挥动——轮流——轮回

"转动"为车轮主体所产生的动作，因此，可以用动作行为主体"轮"来指代动作"转动"。"抡，挥动""轮流""轮回"是对"转动"的进一步抽象，引申义由单纯的物理动作进一步引申为抽象的行为，形成

"车舆部件"到"行为活动"的转喻。

5. 对象—动作

用对象可以指代被施行的动作。在车舆类词汇中,"对象"到"动作"的转喻就是用车舆或部件名称来指代动作。如:

车——乘车

辇——拉车——乘辇

舆¹——抬、负荷

"车"可以指"乘车","辇"可以指"拉车""乘辇"。其中,"车"和"辇"是动作"拉"和"乘"的对象。因此,可以用"车""辇"来指代"乘车""拉车""乘辇"。因"舆¹"最初应是由众人所抬的,故"舆¹"为"抬,负荷"的对象。二者处于"对象—动作"认知框内,因此,可以用"舆¹"指代"抬,负荷",形成"车舆名称"到"行为活动"的转喻。

衔——嘴中衔着、叼着——心中怀着,隐含着——尊奉、接受

"衔"与行为动作相关的引申义较多,其中"衔着、叼着"是以"衔"为对象的具体动作,其余都是对其功能的进一步抽象,引申义由单纯的物理动作进一步引申为抽象的行为,形成"车舆部件"到"行为活动"的转喻。

6. 对象—动作/目的

轼——双手扶着轼敬礼

"轼"是车厢前面供立乘者凭扶的横木,可以指"扶着轼敬礼","轼"是动作"扶"的对象,从而用"轼"来指代动作"扶"。动作"扶"的目的是"敬礼",进而用"轼"指代扶轼的目的"敬礼"。《汉书·石奋传》:"过宫门阙必下车趋,见路马必轼焉。"颜师古注:"轼,谓抚轼,盖为敬也。"可见,从"轼"到"双手扶着轼敬礼"实际上包含"对象—动作"和"动作—目的"的两次转喻,形成"车舆部件"到"行为活动"的转喻。

7. 领属物—领属者

用领属物代表领属者。在车舆类词汇中,"领属物"到"领属者"的转喻就是用车舆名称来指代其领属者。如:

鱼轩——夫人

辒辌——匈奴

"鱼轩"为贵族妇女所乘，以鱼皮为饰。"辒辌"一说为古代匈奴人所用，上蒙牛皮，下面可容十数人，往来运土以填平敌人的城壕。因此，可以用它们来指代其领属者，形成"车舆名称"到"人"的转喻。

8. 地点转喻

地点与处于该地的人、机构、时间等密切相关，这些因素之间的替代属于地点转喻。如：

辇——京城

"辇"，秦汉后特指帝王后妃所乘坐的车。因此，"京城"为"辇"的主要活动地点，故"辇"可以指代"京城"，形成"车舆名称"到"实体"的转喻。

9. 容器转喻

容器和容器所装载的内容物关系密切，可以互相转指。在车舆类词汇中，主要指"容器"到"内容"的转喻。如：

辎——外出时携带的行李，常指军事物资

"辎"指一种有帷盖的大车，主要用于运载长途旅行或行军所需要的各种物资。因此，"辎"可以看成一种容器，其所装载的物资、行李可以看成容器的内容。故可以用"辎"来表示其所容纳的内容，形成"车舆名称"到"实体"的转喻。

10. 功能转喻

物体和其功能可以看作同一个认知域中两个相关的部分，可以相互转指，在看似不连贯的语言现象背后，存在某种逻辑关系。在此关系中，功能可以被产生该功能的物体代表。如：

戎车——战事

"戎车"是古代作战用的车辆，与战争有关，因此可以用来转指战事，形成"车舆名称"到"抽象事物"的转喻。

（二）舟船类

舟船类词汇中，整体中不同部分之间的转喻主要涉及工具—动作、对象—动作 2 种类型。

1. 工具—动作

工具可以指代利用该工具所产生的动作。在舟船类词语中,"工具"到"动作"的转喻就是用舟船名称或部件来指代动作。如:

舟——载;用船运

船——用船运

杭/航——渡过——船行水上

楫——划(船)

枻——划(船)

桡——划(船)

篙——撑(船)

舟船和舟船部件都有各自不同的功能,因此,可以用它们来指代利用该交通工具或部件的功能所产生的具体动作,形成"舟船名称/部件"到"行为活动"的转喻。

舟航——拯济

"舟航"指船只,具有济渡功能,"济渡"作为舟、航的功能义素被抽象化,进而转指抽象的行为活动——拯济,形成"舟船名称"到"行为活动"的转喻。

2. 对象—动作

用对象代表被施行的动作。在舟船类词语中,"对象"到"动作"的转喻就是用舟船名称来指代动作。如:

舫——划(船)

"舫"可以指船,"舫"是动作"划"的对象。因此,可以用"舫"来指代"划船",形成"舟船名称"到"行为活动"的转喻。

(三)道路类

道路类词汇中,整体中不同部分之间的转喻主要涉及物体—动作、物体—动作—结果、物体—动作—施事、对象—动作、结果—动作、地点转喻 6 种类型。

1. 物体—动作

物体可以指代由该物体所产生的动作。在道路类词汇中,"物体"到"动作"的转喻就是用道路名称来指代动作。如:

路——路过，经过

行——行走

行——行走——离去——去世

行——行走——巡视，巡狩

行——行走——运行，流动——流通，流行

行——行走——做，从事——施行，实行，执行——行动

"行""路"指道路，道路是地面上供人或车马通行的部分。人在道路上行走是道路的间接功能，具备这种功能的物质主体"行""路"可以直接感知，最为突显。因此，可以用它来指代在其上所产生的具体动作——"行走""路过，经过"，形成"道路"到"行为活动"的转喻。"行"从指代单纯的物理动作又进一步引申指抽象的社会行为、心理行为、虚拟行为等，形成"道路"到"行为活动"的进一步转喻。

2. 物体—动作—结果

行——行走——做，从事——施行，实行，执行——行动——行为——品行、德行

行——行走——经历

如前所述，"行"从指代单纯的物理动作可以引申指抽象的社会行为、心理行为、虚拟行为等，形成"道路"到"行为活动"转喻。这些行为活动的结果又可以进一步抽象为"行为""德行""品行""经历"等抽象概念，形成"行为活动"到"抽象事物"的进一步转喻。

3. 物体—动作—施事

行——行走——古代官名，即行人、使者

"行"指道路，可以用它来指代在其上所产生的具体动作——"行走"，形成"道路"到"行为活动"的转喻。从"行走"又进一步引申指动作的施事"行人、使者"，形成"道路"到"行为活动"再到"人"的转喻。

4. 对象—动作

用对象代表被施行的动作。在道路类词语中，"对象"到"动作"的转喻就是用道路名称来指代动作。

径——取道

道——引导，疏导——述说

"径"指小路，是"取道"的对象；"道"指道路，是"引导，疏导"的对象。因此，可以用"径"来指代"取道"，用"道"来指代"引导，疏导"。在"引导、疏导"的过程中，有时还要借助语言，因此，"道"又可以进一步引申为"述说"，形成"道路"到"行为活动"的转喻。

5. 结果—动作

用动作的结果代表动作。在道路类词汇中，"结果"到"动作"的转喻就是用道路名称来指代动作。如：

蹊——走过，践踏

"蹊"指人们来往行走而踏出的小路。《史记·李将军列传》"桃李无言，下自成蹊"是说桃树、李树并不说话，可是被吸引来的人却在树下踩出了小道；元结《贫妇词》"空念庭前地，化为人吏蹊"是说逼债催租的人来往不绝，在贫妇的庭前踩出了小道。可见，"蹊"是动作"走过，践踏"的结果。因此，可以用"蹊"来指代"走过，践踏"，形成"道路"到"行为活动"的转喻。

6. 地点转喻

地点与处于该地的人、机构、时间等密切相关，这些因素之间的替代属于地点转喻。如：

道路——路上的人，众人

"道路"指地面上供人或车马通行的部分。"道路"为"路人"的主要活动地点，故"道路"可以指代"路上的人"，形成"道路"到"人"的转喻。

街——街市

巷——住宅

"街"指城中大路，"市朝""市集""街市"坐落于城中大路，故"街"可以指代"街市"；"巷"指城中小路，"住宅"坐落于巷，故"巷"可以指代"住宅"，形成"道路"到"实体"的转喻。

表 4-36 上古汉语交通词汇词义转喻认知情况统计

机制	义类		词项	本义—引申义	引申义—引申义	语义范畴
部分—事物整体	车舆类	部件	舆¹	车		整体
			轮	车		
			辀	车		
			辕	车		
			毂	车		
			辖	车		
			轸	车		
			轙	车		
			轫	车厢		
			较	车厢		
			车毂	车轮		
			鞅	马		
			辔	马		
			镳	马		
			衔辔	马		
部分与整体之间的转喻	舟船类	部件	楫	船		整体
			栧	船		
			桡	船		
成员—范畴	车舆类	车名	轩	车		类属
			轻车	轻快的车子		
			素车	丧事所用之车		
			广柳车	载货大车		
		部件	茵	垫褥		
	舟船类	船名	舫	船		类属
			舲	船		
			余皇	船		
	道路类	大路	道	道路		类属
		小路	径	道路		
		城中路	术	道路		
范畴—属性	车舆类	车名	轩	高		性质
		部件	轮	高大		
	道路类	大路	路	大		性质
			道	路程		抽象事物
			道路	路程		
		小路	径	捷速，直接		性质

续表

机制	义类		词项	本义—引申义	引申义—引申义	语义范畴
领属物—领属者	车舆类	车名	鱼轩	夫人		人
			輶辁	匈奴		
产品—生产者	车舆类	车名	车	车工		人
		部件	轮	制作车轮的工匠		
被控物—主控者	车舆类	车名	车	车士，驾车的人		人
		部件	舆¹	众人；职位低贱的隶卒		
			舆²		驾车人	
整体中不同部分之间的转喻	工具—动作	车舆类	车名	辇	以车载人或运物		行为活动
			部件	舆¹	舆²	用车运	
				轙	整车待发		
				辔	牵，驾驭		
				轫	顶住，阻挡		
				軎	用车轴头冲杀		
				鞭	鞭打		
				策	以鞭打马		
				轭	控制，束缚		
				辖	管辖，管制		
				輢	凭依，靠近		
				辅	辅助，协助		
				羁绁	拘系，控制	束缚	
				羁靮	束缚		
				衔橛	驰骋游猎		
				鞭策	鞭打	驭马；驱使，控制；督促，激励	
				羁	捆缚	拘禁，拘系；束缚，牵制，寄居；停留	
				勒	拉缰止马	约束，统帅；强制，强迫；雕刻	
		舟船类	船名	舟	载；用船运		行为活动
				船	用船运		
				杭/航	渡过；船行水上		
				舟航	拯济		
			部件	楫	划（船）		
				榷	划（船）		
				桡	划（船）		
				篙	撑（船）		

续表

机制	义类		词项	本义—引申义	引申义—引申义	语义范畴
整体中不同部分之间的转喻	物体—动作	车舆类	部件	轮	转动	轮流；抡，挥动；轮回	行为活动
		道路类	大路	行	行走	离去；去世；运行，流动；流通，流行；巡狩，巡狩，做，从事；施行，实行，执行；行动	行为活动
				路	途经，路过		
	物体—动作—施事	道路类	大路	行	行走	行人，使者	行为活动/人
	物体—动作—结果	道路类	大路	行	行走	经历；行为；品行，德行	行为活动/抽象事物
	对象—动作	车舆类	车名	车	乘车		行为活动
				辇	拉车；乘辇		
				舆[1]	抬，负荷		
			部件	衔	嘴中衔着、叼着	心中怀着，隐含着；尊奉，接受	
		舟船类	船名	舫	划（船）		行为活动
		道路类	大路	道	引导，疏导	述说	行为活动
			小路	径	取道		
	对象—动作/目的	车舆类	部件	轼	双手扶轼敬礼		行为活动
	结果—动作	道路类	小路	蹊	走过，践踏		行为活动
	地点转喻	车舆类	名称	辇	京城		实体
		道路类	大路	道路	路上的人，众人		人
			城中路	街	街市		实体
				巷	住宅		
	容器转喻	车舆类	车名	辎	外出时携带的行李，常指军事物资		实体
	功能转喻	车舆类	车名	戎车	战事		抽象事物

第四节　上古汉语交通词汇词义演变模式

通过以上分析，我们将上古汉语交通词汇词义演变模式归纳为隐喻模式、转喻模式、转隐喻模式和综合模式四种类型。

一　隐喻模式

隐喻模式指在隐喻思维机制作用下形成引申义的词义建构模式。在上古汉语交通词汇中，基于隐喻思维机制形成的引申义共56个。

（一）车舆类

在车舆类词汇中，由隐喻机制形成的引申义共20个。根据词义引申机制的不同，隐喻模式可分为形制隐喻和功能隐喻两种类型。在车名类词汇中，由形制隐喻机制形成的引申义共5个。其中，直接引申义3个，间接引申义2个，属于"实体"语义范畴。在部件类词汇中，由形制隐喻机制形成的引申义均为直接引申义，共8个，分布在"实体""抽象事物"语义范畴中；由功能隐喻机制形成的引申义均为直接引申义，共7个，分布在"实体""抽象事物""人"语义范畴中。具体见表4-37。

表4-37　车舆类词汇隐喻模式分析统计

单位：个，%

模式	机制	义类	直接引申义 范畴	直接引申义 数量	间接引申义 范畴	间接引申义 数量	分计	占比	总计
隐喻	形制隐喻	车名	实体	3	实体	2	5	65	20
		部件	抽象事物	3			8		
			实体	5					
	功能隐喻	部件	抽象事物	2			7	35	
			实体	4					
			人	1					

通过上表，我们可以将车舆类交通词汇词义演变模式归纳为以下3种。

1. 车名 $\xrightarrow[\text{直接引申}]{\text{形制隐喻}}$ 实体 $\xrightarrow[\text{间接引申}]{\text{形制隐喻}}$ 实体

2. 部件 $\xrightarrow[\text{直接引申}]{\text{形制隐喻}}$ 实体/抽象事物

3. 部件 $\xrightarrow[\text{直接引申}]{\text{功能隐喻}}$ 抽象事物/实体/人

我们可以以隐喻机制为基础，将车名类词语与部件类词语进行合并，形成车舆类交通词汇词义演变的 2 种基本隐喻模式。

1. 形制隐喻：车舆 $\xrightarrow{\text{直接引申}}$ 实体/抽象事物 $\xrightarrow{\text{间接引申}}$ 实体

2. 功能隐喻：车舆 $\xrightarrow{\text{直接引申}}$ 抽象事物/实体/人

（二）舟船类

在舟船类词汇中，基于隐喻思维机制形成的引申义共 4 个。根据词义引申机制的不同，隐喻模式可分为形制隐喻和功能隐喻两种类型。在船名类词语中，由形制隐喻机制形成的引申义为直接引申义，共 2 个，属于"实体"语义范畴；由功能隐喻机制形成的引申义为直接引申义，共 2 个，分别属于"抽象事物""人"语义范畴。具体见表 4-38。

表 4-38　舟船类词汇隐喻模式分析统计

单位：个,%

模式	机制	义类	直接引申义		间接引申义		分计	占比	总计
			范畴	数量	范畴	数量			
隐喻	形制隐喻	船名	实体	2			2	50	4
	功能隐喻	船名	抽象事物	1			2	50	
			人	1					

通过上表，我们可以将舟船类词汇词义演变的隐喻模式归纳为以下 2 种。

1. 船名 $\xrightarrow[\text{直接引申}]{\text{形制隐喻}}$ 实体

2. 船名 $\xrightarrow[\text{直接引申}]{\text{功能隐喻}}$ 抽象事物/人

我们可以以隐喻机制为基础，将舟船类词汇词义演变的隐喻模式归纳为以下 2 种。

1. 形制隐喻：舟船 $\xrightarrow{\text{直接引申}}$ 实体

2. 功能隐喻：舟船 $\xrightarrow{直接引申}$ 抽象事物/人

（三）道路类

在道路类词汇中，基于隐喻思维机制形成的引申义共32个。根据词义引申机制的不同，隐喻模式可分为形制隐喻和功能隐喻两种类型。在大路类词汇中，由形制隐喻机制形成的引申义共8个。其中，直接引申义6个，分别属于"抽象事物""实体"语义范畴；间接引申义2个，属于"抽象事物"语义范畴。由功能隐喻机制形成的引申义共13个，属于"抽象事物"语义范畴。

在小路类词汇中，由形制隐喻机制形成的直接引申义仅1个，属于"抽象事物"语义范畴；由功能隐喻机制形成的直接引申义仅1个，属于"抽象事物"语义范畴。

在交道类词汇中，由形制隐喻机制形成的直接引申义共3个，属于"实体"语义范畴；由功能隐喻机制形成的直接引申义仅1个，属于"抽象事物"语义范畴。

在城中路类词汇中，由形制隐喻机制形成的直接引申义共2个，属于"抽象事物"语义范畴；由功能隐喻机制形成的引申义共3个，其中，直接引申义1个，间接引申义2个，属于"抽象事物"语义范畴。具体见表4-39。

表4-39 道路类词汇隐喻模式分析统计

单位：个,%

模式	机制	义类	直接引申义 范畴	直接引申义 数量	间接引申义 范畴	间接引申义 数量	分计	占比	总计
隐喻	形制隐喻	大路	抽象事物	4	抽象事物	2	8	44	32
			实体	2					
		小路	抽象事物	1			1		
		交道	实体	3			3		
		城中路	抽象事物	2			2		
	功能隐喻	大路	抽象事物	4	抽象事物	9	13	56	
		小路	抽象事物	1			1		
		交道	抽象事物	1			1		
		城中路	抽象事物	1	抽象事物	2	3		

通过上表，我们可以将道路类交通词汇词义演变模式归纳为以下 8 种。

1. 大路 $\xrightarrow[\text{直接引申}]{\text{形制隐喻}}$ 抽象事物/实体 $\xrightarrow[\text{间接引申}]{\text{形制隐喻}}$ 抽象事物

2. 小路 $\xrightarrow[\text{直接引申}]{\text{形制隐喻}}$ 抽象事物

3. 交道 $\xrightarrow[\text{直接引申}]{\text{形制隐喻}}$ 实体

4. 城中路 $\xrightarrow[\text{直接引申}]{\text{形制隐喻}}$ 抽象事物

5. 大路 $\xrightarrow[\text{直接引申}]{\text{功能隐喻}}$ 抽象事物 $\xrightarrow[\text{间接引申}]{\text{功能隐喻}}$ 抽象事物

6. 小路 $\xrightarrow[\text{直接引申}]{\text{功能隐喻}}$ 抽象事物

7. 交道 $\xrightarrow[\text{直接引申}]{\text{功能隐喻}}$ 抽象事物

8. 城中路 $\xrightarrow[\text{直接引申}]{\text{功能隐喻}}$ 抽象事物 $\xrightarrow[\text{间接引申}]{\text{功能隐喻}}$ 抽象事物

我们可以以隐喻机制为基础，将道路类词汇进行合并，形成道路类交通词汇词义演变的 2 种基本隐喻模式。

1. 形制隐喻：道路 $\xrightarrow{\text{直接引申}}$ 实体/抽象事物 $\xrightarrow{\text{间接引申}}$ 抽象事物

2. 功能隐喻：道路 $\xrightarrow{\text{直接引申}}$ 抽象事物 $\xrightarrow{\text{间接引申}}$ 抽象事物

综上所述，我们将车舆类词汇、舟船类词汇和道路类词汇词义演变的 6 种基本隐喻模式进一步归并，形成上古汉语交通词汇词义演变的 2 种基本隐喻模式。

Ⅰ. 形制隐喻：交通词汇 $\xrightarrow{\text{直接引申}}$ 抽象事物/实体 $\xrightarrow{\text{间接引申}}$ 抽象事物/实体

Ⅱ. 功能隐喻：交通词汇 $\xrightarrow{\text{直接引申}}$ 抽象事物/实体/人 $\xrightarrow{\text{间接引申}}$ 抽象事物

二 转喻模式

转喻模式指在转喻思维机制作用下形成引申义的词义建构模式。在上古汉语交通词汇中，基于转喻思维机制形成的引申义共 118 个。

(一) 车舆类

在车舆类交通词汇中，基于转喻思维机制形成的引申义共 74 个。根据词义引申机制的不同，转喻模式可分为部分与整体之间的转喻和部分与部分之间的转喻两种类型。在车名类词汇中，由部分与整体之间的转喻机制形成的直接引申义共 5 个，分别属于"类属""性质"语义范畴；由部分与部分之间的转喻机制形成的直接引申义共 11 个，分布在"人""行为活动""实体""抽象事物"语义范畴中。在部件类词汇中，由部分与整体之间的转喻机制形成的直接引申义共 17 个，分布在"整体""类属""性质"语义范畴中。由部分与部分之间的转喻机制形成的引申义共 41 个。其中，直接引申义 23 个，分布在"人""行为活动"语义范畴中；间接引申义 18 个，分别属于"行为活动""人"语义范畴。具体见表 4-40。

表 4-40　车舆类词汇转喻模式分析统计

单位：个，%

模式	机制	义类	直接引申义 范畴	数量	间接引申义 范畴	数量	分计	占比	总计
转喻	部分与整体之间的转喻	车名	类属	4			5	30	74
			性质	1					
		部件	整体	15			17		
			类属	1					
			性质	1					
	部分与部分之间的转喻	车名	人	4			11	70	
			行为活动	4					
			实体	2					
			抽象事物	1					
		部件	人	3			41		
			行为活动	20	行为活动	17			
					人	1			

通过上表，我们可以将车舆类交通词汇词义演变的转喻模式归纳为以下 4 种。

1. 车名 $\xrightarrow[\text{直接引申}]{\text{部分与整体之间的转喻}}$ 类属/性质

2. 部件 $\xrightarrow[\text{直接引申}]{\text{部分与整体之间的转喻}}$ 整体/类属/性质

3. 车名 $\xrightarrow[\text{直接引申}]{\text{部分与部分之间的转喻}}$ 行为活动/人/实体/抽象事物

4. 部件 $\xrightarrow[\text{直接引申}]{\text{部分与部分之间的转喻}}$ 行为活动/人 $\xrightarrow[\text{间接引申}]{\text{部分与部分之间的转喻}}$ 行为活动/人

我们可以以转喻机制为基础，将车名类词汇与部件类词汇进行合并，形成车舆类交通词汇词义演变的 2 种基本转喻模式。

1. 部分与整体之间的转喻

车舆 $\xrightarrow{\text{直接引申}}$ 整体/类属/性质

2. 部分与部分之间的转喻

车舆 $\xrightarrow{\text{直接引申}}$ 行为活动/人/抽象事物/实体 $\xrightarrow{\text{间接引申}}$ 行为活动/人

（二）舟船类

在舟船类交通词汇中，基于转喻思维机制形成的引申义共 15 个。根据词义引申机制的不同，转喻模式可分为部分与整体之间的转喻和部分与部分之间的转喻两种类型。在船名类词汇中，由部分与整体之间的转喻机制形成的直接引申义共 3 个，属于"类属"语义范畴；由部分与部分之间的转喻机制形成的直接引申义共 5 个，属于"行为活动"语义范畴。在部件类词汇中，由部分与整体之间的转喻机制形成的直接引申义共 3 个，属于"整体"语义范畴；由部分与部分之间的转喻机制形成的直接引申义共 4 个，属于"行为活动"语义范畴。具体见表 4-41。

表 4-41 舟船类词汇转喻模式分析统计

单位：个,%

模式	机制	义类	直接引申义 范畴	直接引申义 数量	间接引申义 范畴	间接引申义 数量	分计	占比	总计
转喻	部分与整体之间的转喻	船名	类属	3			3	40	15
		部件	整体	3			3		
	部分与部分之间的转喻	船名	行为活动	5			5	60	
		部件	行为活动	4			4		

通过上表，我们可以将舟船类交通词汇词义演变的转喻模式归纳为以下 4 种。

1. 船名 $\xrightarrow[\text{直接引申}]{\text{部分与整体之间的转喻}}$ 类属

2. 部件 $\xrightarrow[\text{直接引申}]{\text{部分与整体之间的转喻}}$ 整体

3. 船名 $\xrightarrow[\text{直接引申}]{\text{部分与部分之间的转喻}}$ 行为活动

4. 部件 $\xrightarrow[\text{直接引申}]{\text{部分与部分之间的转喻}}$ 行为活动

我们可以以转喻机制为基础，将船名类词汇与部件类词汇进行合并，形成舟船类交通词汇词义演变的 2 种基本转喻模式。

1. 部分与整体之间的转喻

舟船 $\xrightarrow{\text{直接引申}}$ 整体/类属

2. 部分与部分之间的转喻

舟船 $\xrightarrow{\text{直接引申}}$ 行为活动

（三）道路类

在道路类交通词汇中，基于转喻思维机制形成的引申义共 29 个。根据词义引申机制的不同，转喻模式可分为部分与整体之间的转喻和部分与部分之间的转喻两种类型。在大路类词汇中，由部分与整体之间的转喻机制形成的直接引申义共 4 个，分别属于"类属""性质""抽象事物"语义范畴。由部分与部分之间的转喻机制形成的引申义共 17 个。其中，直接引申义 4 个，分别属于"行为活动""人"语义范畴；间接引申义 13 个，分别属于"行为活动""人""抽象事物"语义范畴。

在小路类词汇中，由部分与整体之间的转喻机制形成的直接引申义共 3 个，分别属于"类属""性质"语义范畴；由部分与部分之间的转喻机制形成的直接引申义共 2 个，属于"行为活动"语义范畴。

在城中路类词汇中，由部分与整体之间的转喻机制形成的直接引申义仅 1 个，属于"类属"语义范畴；由部分与部分之间的转喻机制形成的直接引申义共 2 个，属于"实体"语义范畴。具体见表 4-42。

表 4-42　道路类交通词汇转喻模式分析统计

单位：个，%

模式	机制	义类	直接引申义		间接引申义		分计	占比	总计
			范畴	数量	范畴	数量			
转喻模式	部分与整体之间的转喻	大路	类属	1			4	28	29
			性质	1					
			抽象事物	2					
		小路	类属	1			3		
			性质	2					
		城中路	类属	1			1		
	部分与部分之间的转喻	大路	行为活动	3	行为活动	9	17	72	
					人	1			
					抽象事物	3			
			人	1					
		小路	行为活动	2			2		
		城中路	实体	2			2		

通过上表，我们可以将道路类交通词汇词义演变的转喻模式归纳为以下 6 种。

1. 大路 $\xrightarrow[\text{直接引申}]{\text{部分与整体之间的转喻}}$ 类属/性质/抽象事物

2. 小路 $\xrightarrow[\text{直接引申}]{\text{部分与整体之间的转喻}}$ 类属/性质

3. 城中路 $\xrightarrow[\text{直接引申}]{\text{部分与整体之间的转喻}}$ 类属

4. 大路 $\xrightarrow[\text{直接引申}]{\text{部分与部分之间的转喻}}$ 行为活动/人 $\xrightarrow[\text{间接引申}]{\text{部分与部分之间的转喻}}$ 行为活动/抽象事物/人

5. 小路 $\xrightarrow[\text{直接引申}]{\text{部分与部分之间的转喻}}$ 行为活动

6. 城中路 $\xrightarrow[\text{直接引申}]{\text{部分与部分之间的转喻}}$ 实体

我们可以以转喻机制为基础，将道路类词语进行合并，形成道路类交通词汇词义演变的 2 种基本转喻模式。

1. 部分与整体之间的转喻

道路 —直接引申→ 类属/性质/抽象事物

2. 部分与部分之间的转喻

道路 —直接引申→ 行为活动/人/实体 —间接引申→ 行为活动/人/抽象事物

综上所述，我们将车舆类交通词汇、舟船类交通词汇和道路类交通词汇词义演变6种基本转喻模式进一步归并，形成上古汉语交通词汇词义演变的2种基本转喻模式。

Ⅰ. 部分与整体之间的转喻

交通词汇 —直接引申→ 整体/类属/性质/抽象事物

Ⅱ. 部分与部分之间的转喻

交通词汇 —直接引申→ 行为活动/人/抽象事物/实体 —间接引申→ 行为活动/人/抽象事物

三 转隐喻模式

正如莱考夫等人指出的那样，隐喻和转喻往往相互作用。① 隐喻和转喻作为交通词汇意义建构的两条主要途经，有时会出现相互交融、共同建构词语意义的情况。这主要表现为交通词先进行转喻的域内转移，在此基础上，再进行隐喻的跨域投射，即转喻—隐喻连续体的词义建构模式，简称转隐喻模式。在上古汉语交通词汇中，主要体现为"行""道"到"计量单位"的词义建构过程。

惠红军指出："名量词与名词的称量关系是在重构的认知场景中，在认知目的的干涉下，使名量词的原形式产生指称转喻，指称了一种量的概念形式。……名量词原形式通过转喻机制与名词建立称量关系后，在隐喻机制作用下，投射映射把名量词原形式中所蕴涵的空间量映射为其修饰名词的物体量。"② 如：

行——量词

---

① Lakoff, G. and M. Turner, *More Than Cool Reason* (The University of Chicago Press, 1989), pp: 104–106.
② 惠红军：《汉语量词研究》，博士学位论文，四川大学，2009，第1页。

道——量词

"行""道"本指"道路",都是一个二维形状,具有一定的空间量。"在认知场景中,'道路'的形状和功能都能够引起人们认知上的特别关注。但是,形状比功能更具有突显特征……从而获得侧重的特征,并触发指称转喻。同时,它本身的形状所蕴涵的空间量范畴也隐喻了对象的物体量范畴。……也就是说,由于二维形状在重构的认知场景中获得了突显度,与名词事物具有高认知相关性,因此当它发生指称转喻时,就与事物有关的量范畴形成映射,用于指称抽象的量概念。"① 据此,我们可以将该类词语词义演变的转隐喻模式描写如下:

转隐喻:交通词汇 $\xrightarrow{\text{直接引申}}$ 计量单位

四 综合模式

在上古汉语交通词汇中,还有少量词语的词义演变过程不属于以上三种模式,即在同一引申路径中,直接引申义和间接引申义的生成是基于两种不同的认知机制。即在同一引申路径中,或先通过隐喻机制产生直接引申义,再通过转喻机制产生间接引申义;或先通过转喻机制产生直接引申义,再通过隐喻机制产生间接引申义。我们将该类词义构建模式简称为综合模式。如:

行——行走——将,将要

如前文所述,"行"本指大路。在转喻思维的作用下,引申出"行走"义。在周秦时期,"行"已经既可以表"行走"实义,也可以表"将来"这个较虚时间范畴义,但"无论是不同词义之间的演化,还是实词虚化等不同词性之间的转化,其认知上主要的动因归根到底还在于隐喻和转喻"②。由于时间概念的抽象性,人们往往将认知域中最基本的空间域映射到时间概念上来理解时间。这类以空间概念为始源域,以隐喻映射的方式构建时间概念的隐喻,是一种意象图示隐喻,被称为时空隐喻。

---

① 惠红军:《汉语量词研究》,博士学位论文,四川大学,2009,第80~82页。
② 赵艳芳、周红:《语义范畴与词义演变的认知机制》,《郑州工业大学学报(社会科学版)》2000年第4期,第55页。

"由于人们难以对时间这一抽象概念有一个直观的了解，且空间概念的形成也先于时间概念，空间域与时间域存在部分相似之处，因此人们借助认知域中最基本的空间域来理解时间，将空间隐喻映射到时间概念上。"①

人类语言中不乏行走类动词语法化为将来时标记的例子。"Langacker 也指出：语义为'go'的动词语法化为将来时标记是很普遍的，英语的'be going to'就是走的这条演化路径。如，'Tom is going to mail a letter'仍可以描述为汤姆带有邮寄一封信的意图向一个目标走近的空间移动，然而，也许这句话仅仅意味着汤姆将要寄一封信（可能轻点鼠标即可）。在前一种情况下，概念化者通过追踪主体的空间位移而扫描时间；在将来时的解释中，这个主观的时间扫描独立于任何的空间位移概念，它仅仅是思想上用来确定一个事件的时间位置的一个方式。在语法化（从词汇来源向语法成分的演化）的历时过程中，主观化是因素之一。汉语的'行'也经历了这样的主观化，刚开始是指空间的位移，后来则指时间上的接近发生或可能性。"② 最终，在该引申路径中，再形成由"道路"到"行为活动"的转喻，再形成由"行为活动"到"时间"的隐喻。

术——途经，方法，策略——技艺——学习

如前所述，"术"本指道路，因为功能相似，所以可以由具体的路隐喻抽象的路，即途径、方法、门路和策略。"术"还可以进一步喻指技艺、技巧、思想和学说。"技艺、技巧"又是"学习"的对象，属于"对象—动作"的转喻认知关系，因此，由"技艺、技巧"又可以进一步引申为"学习"，形成"道路"到"抽象事物"的隐喻，再形成由"抽象事物"到"行为活动"的转喻。

车——利用轮轴旋转的工具——利用轮轴旋转来抽水或切削东西

轴——卷轴——卷起

如前所述，"车"可以引申指"翻车""筒车""纺车"等利用轮轴旋转的工具。这些工具在形制上与"车"具有利用轮轴旋转的相似性，

---

① 岳好平、汪虹：《英汉时空隐喻的意象图式观》，《外语与外语教学》2011第2期，第24页。
② 王统尚：《汉语将来时标记的来源和语法化问题研究》，博士学位论文，武汉大学，2009，第76页。

故属于基于形制相似而构成的隐喻关系。工具可以指代利用该工具所产生的动作。因此，由"利用轮轴旋转的工具"又可以进一步引申为"利用轮轴旋转来抽水或切削东西"。"轴"可以引申指"卷轴"，"卷轴"与"轴"都是旋转，缠绕所凭借的圆杆，在功能上具有相似性，故属于基于功能相似而构成的隐喻关系。工具可以指代利用该工具所产生的动作。因此，"卷轴"又进一步引申为动作"卷起"，形成由"车舆名称/部件"到"实体"的隐喻，再形成由"实体"到"行为活动"的转喻。通过以上分析，我们可以将该类词语词义演变模式总结如下。

Ⅰ. 部分与部分之间的转喻/时空隐喻

交通词汇 —直接引申→ 行为活动 —间接引申→ 时间

Ⅱ. 功能隐喻/部分与部分之间的转喻

交通词汇 —直接引申→ 抽象事物 —间接引申→ 抽象事物 —间接引申→ 行为活动

Ⅲ. 形制隐喻/部分与部分之间的转喻

交通词汇 —直接引申→ 实体 —间接引申→ 行为活动

综上所述，在上古汉语交通词汇中，基于隐喻思维机制形成引申义的词共56个，约占上古汉语交通词汇引申义总数的31%。根据词义引申机制的不同，隐喻模式可分为基于形制相似的隐喻Ⅰ模式和基于功能相似的隐喻Ⅱ模式两种类型。其中，由隐喻Ⅰ模式形成的引申义共29个，分别属于"抽象事物""实体"语义范畴；由隐喻Ⅱ模式形成的引申义共27个，分别属于"抽象事物""实体""人"语义范畴。总体来看，两种模式下生成的引申义数量大体相当，引申义主要集中在"抽象事物""实体"语义范畴。其中，"抽象事物"语义范畴中的引申义最多，共33个。可见，在隐喻模式下，上古汉语交通词汇词义演变的总体倾向为"抽象事物"。

在上古汉语交通词汇中，基于转喻机制形成引申义的词共118个，约占上古汉语交通词汇引申义总数的66%。根据词义引申机制的不同，转喻模式可分为基于整体与部分相关的转喻Ⅰ模式和基于部分与部分相关的转喻Ⅱ模式两种类型。其中，由转喻Ⅰ模式形成的引申义共36个，分别属于"整体""类属""性质""抽象事物"语义范畴；由转喻Ⅱ模式形成的引申义共 82 个，分别属于"行为活动""抽象事物""实体""人"语义范畴。总体来看，转喻 II 模式下生成的引申义数量大大多于转喻 I 模式，且引申义主要集中在"行为活动"语义范畴。可见，在转喻模式下，上古汉语交通词汇词义演变的总体倾向为"行为活动"。

在上古汉语交通词汇中，基于转隐喻机制形成的引申义较少，共 2 个，属于"计量单位"语义范畴，仅约占上古汉语交通词汇引申义总数的 1%。

在上古汉语交通词汇中，基于综合模式形成的引申义较少，共 4 个，约占上古汉语交通词汇引申义总数的 2%。根据词义引申机制的不同，综合模式可分为基于部分与部分相关的转喻和时空隐喻的 I 模式、基于功能隐喻和部分与部分相关转喻的 II 模式以及基于形制隐喻和部分与部分相关转喻的 III 模式三种类型。在上古汉语交通词汇中，由综合 I 模式形成的引申义仅 1 个，属于"时间"语义范畴；由综合 II 模式形成的引申义仅 1 个，属于"行为活动"语义范畴；由综合 III 模式形成的引申义共 2 个，属于"行为活动"语义范畴。具体见表 4-43。

表 4-43　上古汉语交通词汇词义演变倾向统计

单位：个，%

范畴		行为活动	抽象事物	实体	整体	人	类属	性质	计量单位	时间	总计	占比
隐喻模式	I		12	17							29	31
	II		21	4		2					27	
转喻模式	I		2		18		11	5			36	66
	II	64	4	4		10					82	
转隐喻模式									2		2	1
综合模式	I									1	1	2
	II	1									1	
	III	2									2	
总计		67	39	25	18	12	11	5	2	1	180	100

结　语

　　本书重点研究了上古汉语中的交通词汇。在将其分为车舆类交通词汇、舟船类交通词汇、道路类交通词汇三大类的基础上，对每一类别的交通词汇进行语义特征描写，并对相同或相近语义类别的词项进行了语义属性、生成属性、使用属性的对比分析，力求探究词项间的语义差异。在共时描写的基础上，对交通词汇系统构成的历时演变与词义演变情况进行了描写与分析，全面探究了上古汉语交通词汇系统演变规律与词义演变机制。

一　上古汉语交通词汇系统基本情况

　　根据整理与测查，上古时期共有交通词汇205个，其中车舆类交通词汇149个，舟船类交通词汇26个，道路类交通词汇30个。这些词语在上古的三个阶段呈现出不同的聚合特点，每个阶段产生新词的数量各不相同，新词的特点各不相同。新词产生的同时，也有一些词正在逐渐衰弱乃至消亡。

　　根据文献测查数据统计，在205个上古交通词中，单音节词103个，约占上古交通词汇的50%；复音词102个，约占上古交通词汇的50%。根据文献测查的最早用例，单音节词产生于上古前期的有35个，约占上古单音节交通词汇的34%；产生于上古中期的有52个，约占上古单音节交通词汇的50%；产生于上古后期的有16个，约占上古单音节交通词汇的16%。复音交通词汇产生于上古前期的有12个，约占上古复音交通词的12%；产生于上古中期的有57个，约占上古复音交通词的56%；产生于上古后期的有33个，约占上古复音交通词的32%。

根据文献测查，上古交通词汇在上古中后期没有用例的共有 10 个，其中单音节词 6 个，复音词 4 个；呈衰弱趋势的共有 69 个，其中单音节词 33 个，复音词 36 个。

总体上，上古交通词汇系统具有以下特点。

(1) 词汇生成方面：在新词产生的时间和数量上，上古中期数量最多，可见，上古中期是新词产生的重要阶段。在新词词形结构上，上古前期以单音节为主，上古中期和上古后期双音节合成词成为新词主流。

(2) 词汇衰弱方面：在词汇衰弱的时间和数量上，上古后期无用例或上古中后期用例极少的词语，远远多于上古中期和后期都无用例的词，而与此同时，新生的词语急剧减少。可见，在上古后期，交通词汇呈现出稳固与消亡并存的状态。

(3) 上古汉语交通词汇的造词法主要包括音义任意结合法、同源词孳乳派生法、说明法、比拟法和借代法五类。

二　上古汉语交通词汇词义变化特征和认知机制

通过对词义变化过程、词义变化结果和词义变化动因三个方面对上古汉语交通词的词义演变的分析，我们发现以下几点。

(1) 上古汉语交通词汇词义变化过程主要体现在词义引申上。

从词项角度看上古汉语交通词汇词义引申情况，在车舆类、舟船类和道路类这三类交通词汇中，车舆类交通词汇产生引申的情形最多，其次是道路类交通词汇，最少的是舟船类交通词汇。

在上古汉语交通词汇中，共有 78 个词发生词义引申。其中，单音词 60 个，复音词 18 个。从引申义数量看引申类型，单义引申有 36 个，多义引申有 42 个。其中多义辐射引申有 22 个，多义综合引申有 14 个，多义连锁引申 6 个。在所考察的 78 个上古汉语交通词中，交通义是本义的有 71 个，交通义是引申而来的有 7 个。

通过对上古汉语交通词汇词义引申力情况进行分析，发现其词义引申程度有一定的规律性。根据本书统计，车舆类 42 个词项共有 96 个引申义，引申义均值为 2.3 个；舟船类 11 个词项共有 19 个引申义，引申义均值为 1.7 个；道路类 16 个词项共有 65 个引申义，引申义均值为 4 个。上古汉语交通词汇引申义均值总体排序为：

道路类（4）>车舆类（2.3）>舟船类（1.7）

上古汉语交通词汇共有 69 个词项产生了 180 个引申义，总均值为 2.6 个，因此，上古汉语交通词汇中引申义数值大于 2.6 个的词为强引申力词；引申义数值小于 2.6 个的词为弱引申力词。强弱引申力词数量与引申义数量及均值成反比，与使用频率成正比。

（2）上古汉语交通词汇词义变化结果主要体现在语义范畴的分布上。

上古汉语交通词汇引申义主要分布在人、行为活动、实体、整体、类属、性质、抽象事物、计量单位和时间 9 个语义范畴中。上古汉语交通词汇整体的词义倾向是"行为活动""抽象事物""实体""整体"四个语义范畴。这四个范畴中的引申义数量分别占上古汉语交通词汇引申义总数的 37%、21%、14% 和 10%，四类相加共占上古汉语交通词汇引申义总数的 82%。据此，上古汉语交通词汇引申义整体词义倾向可依次排序为：

行为活动>抽象事物>实体>整体>人>类属>性质>计量单位>时间

（3）上古汉语交通词汇词义变化的认知机制主要体现在隐喻认知和转喻认知的作用下生成的交通义引申。

在上古汉语交通词汇中，基于隐喻思维机制形成的引申义共 56 个，占上古汉语交通词汇引申义总数的 31%。在隐喻模式下，上古汉语交通词汇词义演变的总体倾向为"抽象事物"。基于转喻机制形成的引申义共 118 个，占上古汉语交通词汇引申义总数的 66%。在转喻模式下，上古汉语交通词汇词义演变的总体倾向为"行为活动"。

参考文献

词典

《辞源》（修订本），商务印书馆，1995。

（汉）刘熙：《释名》，中华书局，1985。

（汉）许慎：《说文解字》，上海古籍出版社，2007（2012重印）。

（汉）扬雄撰，（晋）郭璞注《方言》（附音序、笔画索引），中华书局，2016。

汉语大字典编纂委员会编《汉语大字典》，四川辞书出版社、湖北辞书出版社，1986。

罗竹风主编《汉语大词典》（缩印本），汉语大词典出版社，1997。

钱玄、钱兴奇编著《三礼辞典》，江苏古籍出版社，1998。

（清）张玉书等编《康熙字典》（新版横排标点注音简化字本），北京师范大学出版社，1997。

王力：《同源字典》，商务印书馆，1982。

王力主编《王力古汉语字典》，中华书局，2000。

向熹编《诗经词典》，四川人民出版社，1986。

杨伯峻、徐提编《春秋左传词典》，中华书局，1985。

张双棣、殷国光主编《古代汉语词典》（第二版缩印本），商务印书馆，2014。

宗福邦、陈世铙、萧海波主编《故训汇纂》，商务印书馆，2003。

著作

白寿彝：《中国交通史》，团结出版社，2009。

岑运强主编《语言学基础理论》，北京师范大学出版社，1994。

陈鼓应：《老子注译及评介》，中华书局，1984（2013重印）。

陈鸿彝：《中华交通史话》，中华书局，2013。

陈望道：《修辞学发凡》，上海教育出版社，1997。

程俊英、梁永昌：《应用训诂学》，华东师范大学出版社，2008。

程湘清：《汉语史专书复音词研究》，商务印书馆，2003。

董秀芳：《词汇化：汉语双音词的衍生和发展》，商务印书馆，2011。

董志翘：《〈入唐求法巡礼行记〉词汇研究》，中国社会科学出版社，2000。

符淮青：《词义的分析和描写》，外语教学与研究出版社，2006。

符淮青：《汉语词汇学史》，外语教学与研究出版社，2012。

符淮青：《现代汉语词汇》（增订本），北京大学出版社，2004。

高守纲：《古代汉语词义通论》，语文出版社，1994。

葛本仪：《汉语词汇研究》，山东教育出版社，1985（2009重印）。

葛本仪：《现代汉语词汇学》，山东人民出版社，2001。

郭宝钧：《殷周车器研究》，文物出版社，1998。

郭在贻：《训诂丛稿》，上海古籍出版社，1985。

郭在贻：《训诂学》，湖南人民出版社，1986。

（汉）许慎撰，（清）段玉裁注《说文解字注》，上海古籍出版社，1981。

（汉）郑玄注，（唐）贾公彦疏《仪礼注疏》，王辉点校，上海古籍出版社，2008。

（汉）郑玄注，（唐）贾公彦疏《周礼注疏》，彭林整理，上海古籍出版社，2010。

（汉）郑玄注，（唐）孔颖达正义《礼记正义》，吕友仁整理，上海古籍出版社，2008。

何九盈、蒋绍愚：《古汉语词汇讲话》，北京出版社，1980。

何九盈：《中国古代语言学史》，广东教育出版社，2000。

洪成玉：《古汉语词义分析》，天津人民出版社。1985。

华学诚汇证《扬雄方言校释汇证》，中华书局，2006。

黄焯：《诗疏平议》，上海古籍出版社，1985。

黄淬伯：《诗经核诂》，周远富、范建华、丁富生整理，中华书局，2012。

黄金贵：《古代文化词义集类辨考》，上海教育出版社，1995。

黄晓冬：《〈荀子〉单音节形容词同义关系研究》，巴蜀书社，2003。

贾彦德：《汉语语义学》，北京大学出版社，1999。

贾彦德：《语义学导论》，北京大学出版社，1986。

蒋绍愚：《古汉语词汇纲要》，北京大学出版社，1989。

蒋绍愚：《汉语历史词汇学概要》，商务印书馆，2015。

（晋）郭璞注，（宋）邢昺疏《尔雅注疏》（标点本），李传书整理，北京大学出版社，1999。

黎翔凤撰《管子校注》（全三册），梁运华整理，中华书局，2004（2011重印）。

李葆嘉：《现代汉语析义元语言研究》，世界图书出版公司北京公司，2013。

李福印：《认知语言学概论》，北京大学出版社，2008。

李景生：《汉字与上古文化》，中国社会科学出版社，2009。

李圃主编《古文字诂林》（第一册），上海教育出版社，1999。

李仕春：《汉语构词法和造词法研究》，语文出版社，2011。

李宗江：《汉语常用词演变研究》，上海教育出版社，2016。

刘叔新：《汉语描写词汇学》，商务印书馆，1990。

刘兴均：《"三礼"名物词研究》，商务印书馆，2016。

刘兴均：《〈周礼〉名物词研究》，巴蜀书社，2001。

刘永华：《中国古代车舆马具》，清华大学出版社，2013。

卢英顺：《现代汉语语汇学》，复旦大学出版社，2007。

陆俭明、沈阳：《汉语和汉语研究十五讲》，北京大学出版社，2004。

陆宗达、王宁：《训诂方法论》，中华书局，2018。

陆宗达、王宁：《训诂与训诂学》，山西教育出版社，1994。

吕叔湘：《吕叔湘文集》（第四卷），商务印书馆，1992。

罗正坚：《汉语词义引申导论》，南京大学出版社，1996。

毛远明：《左传词汇研究》，西南师范大学出版社，1999。

（美）乔治·莱考夫、马克·约翰逊：《我们赖以生存的隐喻》，何文忠译，浙江大学出版社，2015。

潘允中：《汉语词汇史概要》，上海古籍出版社，1989。

裴瑞玲、王跟国：《汉语词义问题研究》，光明日报出版社，2013。

钱玄：《三礼通论》，南京师范大学出版社，1996。

钱宗武：《今文〈尚书〉词汇研究》，河南大学出版社，2012。

（清）陈奂：《诗毛氏传疏》（影印本），中国书店，1984。

（清）陈立：《白虎通疏证》，吴则虞点校，中华书局，1994.

（清）方玉润：《诗经原始》，李先耕点校，中华书局，1986（2009重印）。

（清）郝懿行：《尔雅义疏》，上海古籍出版社，1983。

（清）胡承珙：《小尔雅义证》，石云孙校点，黄山书社，2011。

（清）林昌彝：《三礼通释》（影印本），北京图书馆出版社，2006。

（清）刘宝楠：《论语正义》（全二册），高流水点校，中华书局，1990（2012重印）。

（清）阮元校刻《十三经注疏》，中华书局，1980。

（清）孙希旦：《礼记集解》（全三册），沈啸寰、王星贤点校，中华书局，1989（2010重印）。

（清）孙星衍：《尚书今古文注疏》，陈抗、盛冬铃点校，中华书局，1986（2011重印）。

（清）孙诒让：《周礼正义》（全七册），王文锦、陈玉霞点校，中华书局，2013。

（清）王念孙：《广雅疏证》（影印本），钟宇讯点校，中华书局，1983。

（清）王先谦：《诗三家义集疏》，吴格点校，中华书局，1987。

（清）王先谦撰集《释名疏证补》，上海古籍出版社，1984。

（清）朱骏声：《说文通训定声》，中华书局，1984。

任学良：《汉语造词法》，中国社会科学出版社，1981。

沈玉成译《左传译文》，中华书局，1981。

束定芳编著《认知语义学》，上海外语教育出版社，2008。

束定芳编著《什么是语义学》，上海外语教育出版社，2018。

束定芳编著《现代语义学》，上海外语教育出版社，2000。

束定芳：《隐喻学研究》，上海外语教育出版社，2000。

宋永培：《〈说文〉与上古汉语词义研究》，巴蜀书社，2001。

苏新春：《汉语词汇计量研究》，厦门大学出版社，2001。

苏新春：《汉语词义学》，广东教育出版社，1997。

孙常叙：《汉语词汇》，吉林人民出版社，1956。

孙机：《汉代物质文化资料图说》（增订本），上海古籍出版社，2011。

孙银新：《现代汉语词素系统研究》，中国社会科学出版社，2013。

孙雍长：《训诂原理》，语文出版社，1997。

万献初：《〈说文〉字系与上古社会》，新世界出版社，2012。

王崇焕：《中国古代交通》，商务印书馆，2007。

王凤阳：《古辞辨》，吉林文史出版社，1993。

王力：《汉语词汇史》，中华书局，2013。

王力：《汉语讲话》，文化教育出版社，1956。

王力：《汉语史稿》（重排本），中华书局，2004。

王力主编《古代汉语》，中华书局，1999。

王宁：《训诂学原理》，中国国际广播出版社，1996。

王庆：《词汇学论纲》，中国经济出版社，2013。

王云路、王诚：《汉语词汇核心义研究》，北京大学出版社，2014。

王政白：《古汉语同义词辨析》，黄山书社，1992。

王作新：《中国古代文化语词类谭》，华中师范大学出版社，2007。

魏德胜：《〈韩非子〉语言研究》，北京语言学院出版社，1995。

（魏）王弼注，（唐）孔颖达疏《周易正义》（标点本），李申、卢光明整理，北京大学出版社，1999。

吴宝安：《西汉核心词研究》，巴蜀书社，2011。

吴为善：《认知语言学与汉语研究》，复旦大学出版社，2011。

徐朝华：《上古汉语词汇史》，商务印书馆，2003。

徐朝华注《尔雅今注》，南开大学出版社，1987。

许嘉璐：《中国古代衣食住行》，北京出版社，2002。

许威汉：《汉语词汇学导论》（修订版），北京大学出版社，2008。

扬之水：《诗经名物新证》（修订版），天津教育出版社，2012。

杨伯峻编著《春秋左传注》（修订本），中华书局，2009。

杨伯峻译注《论语译注》，中华书局，2009。

杨琳：《训诂方法新探》，商务印书馆，2011。

杨世铁：《先秦汉语常用词研究》，中国社会科学出版社，2015。

杨英杰：《战车与车战》，东北师范大学出版社，1986。

叶文曦编著《语义学教程》，北京大学出版社，2016。

曾永义：《仪礼车马考》，中华书局，1986。

曾昭聪编著《汉语词汇训诂专题研究导论》，暨南大学出版社，2010。

战学成：《五礼制度与〈诗经〉时代社会生活》，中国社会科学出版社，2014。

张辉、卢卫中：《认知转喻》，上海外语教育出版社，2010。

张联荣编著《古汉语词义论》，北京大学出版社，2000。

张联荣：《汉语词汇的流变》（重印本），大象出版社，2009。

张双棣：《〈吕氏春秋〉词汇研究》（修订本），商务印书馆，2008。

张素凤：《汉字结构演变史》，上海古籍出版社，2012。

张志毅、张庆云：《词汇语义学》（第三版），商务印书馆，2012。

赵克勤：《古代汉语词汇学》，商务印书馆，2010。

赵艳芳：《认知语言学概论》，上海外语教育出版社，2001。

周光庆：《从认知到哲学：汉语词汇研究新思考》，外语教学与研究出版社，2009。

周俊勋：《中古汉语词汇研究纲要》，巴蜀书社，2009。

周文德：《〈孟子〉同义词研究》，巴蜀书社，2002。

周振甫译注《诗经译注》（修订本），中华书局，2010。

周祖谟：《汉语词汇讲话》，外语教学与研究出版社，2006。

（周）左丘明传，（晋）杜预注，（唐）孔颖达正义《春秋左传正义》

(整理本),浦卫忠等整理,北京大学出版社,2000。

朱广祁:《〈诗经〉双音词论稿》,河南人民出版社,1985。

Lakoff. G. and M. Johnson, *Metaphors We Live By* (London: University of Chicago Press, 1980).

Lakoff. G. and M. Turner, *More Than Cool Reason* (Chicago: The University of Chicago Press, 1989).

Lakoff. G, *Women Fire and Dangerous Things: What Categories Reveal about the Mind* (Chicago: University of Chicago Press, 1987).

学位论文

安甲甲:《〈周礼〉车马类名物词汇考》,硕士学位论文,西北师范大学,2014。

车淑娅:《〈韩非子〉词汇研究》,博士学位论文,浙江大学,2004。

陈长书:《〈国语〉词汇研究》,博士学位论文,山东大学,2005。

丁喜霞:《中古常用并列双音词的成词和演变研究》,博士学位论文,浙江大学,2004。

关秀娇:《上古汉语服饰词汇研究》,博士学位论文,东北师范大学,2016。

郭玲玲:《〈汉书〉核心词研究》,博士学位论文,华中科技大学,2013。

郭晓妮:《古汉语物体位移概念场词汇系统及其发展演变研究——以"搬运类"、"拖曳类"等概念场为例》,博士学位论文,浙江大学,2010。

果娜:《中国古代婚嫁称谓词研究》,博士学位论文,山东大学,2012。

何爱晶:《名—动转类的转喻理据与词汇学习》,博士学位论文,西南大学,2009。

侯月明:《基于〈汉语大词典〉语料库的西周词汇研究》,博士学位论文,山东大学,2012。

胡波:《先秦两汉常用词演变研究与语料考论》,博士学位论文,浙江大学,2013。

胡明：《基于〈汉语大词典〉的战国—秦新词研究》，博士学位论文，山东大学，2016。

惠红军：《汉语量词研究》，博士学位论文，四川大学，2009。

金河钟：《殷商金文词汇研究》，博士学位论文，山东大学，2008。

赖积船：《〈论语〉与其汉魏注中的常用词比较研究》，博士学位论文，四川大学，2004。

李宁：《上古汉语交通词汇研究》，博士学位论文，东北师范大学，2019。

李园：《秦简牍词汇研究》，博士学位论文，东北师范大学，2017。

林琳：《中国上古涉酒词语研究》，博士学位论文，东北师范大学，2012。

刘晓静：《东汉核心词研究》，博士学位论文，华中科技大学，2011。

刘正中：《甲骨文非祭祀动词配价初步研究》，硕士学位论文，广州大学，2011。

鲁六：《〈荀子〉词汇研究》，博士学位论文，山东大学，2005。

吕朋林：《〈说文解字注〉词义引申研究》，博士学位论文，北京大学，1989。

罗小华：《战国简册所见车马及其相关问题研究》，博士学位论文，武汉大学，2011。

马莲：《〈扬雄集〉词汇研究》，博士学位论文，华东师范大学，2006。

孟晓妍：《若干组先秦同义词的研究》，博士学位论文，苏州大学，2008。

曲春雪：《武丁时期甲骨文双音词研究》，硕士学位论文，河北大学，2011。

孙淑娟：《古汉语三个心理动词概念场词汇系统及其历史演变研究》，博士学位论文，浙江大学，2012。

谭宏姣：《古汉语植物命名研究》，博士学位论文，浙江大学，2004。

唐德正：《〈晏子春秋〉词汇研究》，博士学位论文，山东大学，2006。

汪少华：《中国古车舆名物考辨》，博士学位论文，华东师范大学，2004。

王冬梅：《现代汉语动名互转的认知研究》，博士学位论文，中国社会科学院研究生院，2001。

王凤：《秦汉简帛文献文化词语汇释与研究》，博士学位论文，东北师范大学，2014。

王洪涌：《先秦两汉商业词汇—语义系统研究》，博士学位论文，华中师范大学，2006。

王琪：《上古汉语称谓研究》，博士学位论文，浙江大学，2005。

王统尚：《汉语将来时标记的来源和语法化问题研究》，博士学位论文，武汉大学，2009。

吴宝安：《西汉核心词研究》，博士学位论文，华中科技大学，2007。

吴丹：《上古汉语"道路"类词语研究》，硕士学位论文，广州大学，2013。

徐磊：《汉语"跌倒"类常用词历史演变的描写与解释》，硕士学位论文，华中师范大学，2010。

杨怀源：《西周金文词汇研究》，博士学位论文，四川大学，2006。

杨世铁：《先秦汉语常用词研究》，博士学位论文，安徽大学，2007。

于飞：《两汉常用词研究》，博士学位论文，吉林大学，2008。

于为：《先秦汉语建筑词汇研究》，博士学位论文，东北师范大学，2018。

张艳：《帛书〈老子〉词汇研究》，博士学位论文，复旦大学，2008。

赵倩：《汉语人体名词词义演变规律及认知动因》，博士学位论文，北京语言大学，2007。

赵岩：《几组上古汉语军事同义词研究》，硕士学位论文，东北师范大学，2006。

郑春兰：《甲骨文核心词研究》，博士学位论文，华中科技大学，2007。

朱刚焄：《西周青铜器铭文复音词研究》，博士学位论文，山东大学，2006。

期刊论文及析出文献

柴红梅：《汉语词义演变机制例探》，《浙江社会科学》2014年第6期。

陈建初：《汉语语源研究中的认知观》，《湖南师范大学社会科学学报》1998 年第 5 期。

崔希亮：《认知语言学：研究范围和研究方法》，《语言教学与研究》2002 年第 5 期。

邓明：《古汉语词义感染例析》，《语文研究》1997 年第 1 期。

董为光：《词义引申组系的"横向联系"》，《语言研究》1991 年第 2 期。

董秀芳：《语义演变的规律性及语义演变中保留义素的选择》，载《汉语史学报》第 5 辑，上海教育出版社，2005。

方一新：《试论〈广雅疏证〉关于联绵词的解说部分的成就》，《杭州大学学报（哲学社会科学版）》1986 年第 3 期。

高崇文：《西汉诸侯王墓车马殉葬制度探讨》，《文物》1992 年第 2 期。

高崇文：《再论西汉诸侯王墓车马殉葬制度》，《考古》2008 年第 11 期。

高迪、傅亚庶：《"舟"、"船"在〈三曹文集〉中的同义情况研究》，《湖北民族学院学报（哲学社会科学版）》2014 年第 4 期。

葛本仪：《汉语的造词与构词》，《文史哲》1985 年第 4 期。

郭德维：《楚车考索》，《东南文化》1993 年第 5 期。

胡世文：《古代汉语涉船类语词命名考释》，《浙江海洋学院学报（人文科学版）》2010 年第 2 期。

黄金贵：《初谈名物训诂》，《语言研究》2011 年第 4 期。

黄金贵：《论古代文化词语的训释》，《天津师大学报（社会科学版）》1993 年第 3 期。

黄树先：《说"径"》，《汉语学报》2009 年第 4 期。

汲传波、刘芳芳：《词义引申方式新探——从隐喻看引申》，《喀什师范学院学报》2001 年第 4 期。

江蓝生：《说"麽"与"们"同源》，《中国语文》1995 年第 3 期。

江蓝生：《相关语词的类同引申》，载《近代汉语探源》，商务印书馆，2000。

种主要途径》,《长江学术》2006 年第 2 期。

苏新春:《关于〈现代汉语词典〉词汇计量研究的思考》,《世界汉语教学》2001 年第 4 期。

孙机:《鞭策小议》,《文物》1985 年第 1 期。

孙机:《中国古代马车的系驾法》,《自然科学史研究》1984 年第 2 期。

孙机:《中国古独辀马车的结构》,《文物》1985 年第 8 期。

孙良明:《词的多义性跟词义演变的关系和区别》,《中国语文》1958 年第 5 期。

孙雍长:《古汉语的词义渗透》,《中国语文》1985 年第 3 期。

孙雍长:《论词义变化的的语言因素》,《湖南师范大学社会科学学报》1989 年第 5 期。

谭代龙、张富翠:《汉语起立概念场词汇系统及其演变研究》,《西南民族大学学报(人文社科版)》2007 年第 10 期。

谭宏姣:《上古汉语植物名语义造词探析》,《东北师大学报(哲学社会科学版)》2018 年第 4 期。

汪少华:《论"胁驱"及其革带的定名》,《语言研究》2004 年第 3 期。

汪维辉:《汉语"说类词"的历时演变与共时分布》,《中国语文》2003 年第 4 期。

王建喜:《"陆地水"语义场的演变及其同义语素的叠置》,《语文研究》2003 年第 1 期。

王强:《中国古代名物学初论》,《扬州大学学报(人文社会科学版)》2004 年第 6 期。

王作新:《古车车名疏要》,《文献》1994 年第 1 期。

王作新:《古代驾车的马与马具》,《文史杂志》1996 年第 5 期。

王作新:《上古舟船述要》,《文献》1997 年第 3 期。

王作新:《舟船部件述要》,《文献》1999 年第 3 期。

吴福祥:《汉语语义演变研究的回顾与前瞻》,《古汉语研究》2015 年第 4 期。

吴土法:《先秦车舆说略》,《浙江社会科学》1997 年第 4 期。

伍铁平：《词义的感染》，《语文研究》1984 年第 3 期。

许嘉璐：《论同步引申》，《中国语文》1987 年第 1 期。

许威汉：《论汉语词汇体系》，《古汉语研究》1989 年第 4 期。

杨运庚、郭芹纳：《古汉语词义引申的心理认知、思维模式底蕴——以〈段注〉词义引申规律为例》，《社会科学论坛（学术研究卷）》2009 年第 9 期。

于省吾：《殷代的交通工具和驲传制度》，《东北人民大学人文科学学报》1955 年第 2 期。

俞允海：《词义引申中的三种修辞方式》，《修辞学习》2002 年第 4 期。

袁毓林：《词类范畴的家族相似性》，《中国社会科学》1995 年第 1 期。

岳好平、汪虹：《英汉时空隐喻的意象图式观》，《外语与外语教学》2011 年第 2 期。

詹卫东：《确立语义范畴的原则及语义范畴的相对性》，《世界汉语教学》2001 年第 2 期。

张博：《词的相应分化与义分同族词系列》，《古汉语研究》1995 年第 4 期。

张博：《组合同化：词义衍生的一种途径》，《中国语文》1999 年第 2 期。

张福德：《谈词义引申中的义素遗传和突破》，《中国人民大学学报》1997 年第 2 期。

张辉、孙明智：《概念转喻的本质、分类和认知运作机制》，《外语与外语教学》2005 年第 3 期。

张荆萍：《隐喻在汉语新词义产生中的生成机制》，《宁波广播电视大学学报》2004 年第 4 期。

张联荣：《词义引申中的遗传义素》，《北京大学学报（哲学社会科学版）》1992 年第 4 期。

张平辙：《从"安州所献六器"铭文谈到〈诗经〉中的"周道"、"周行"——纪念赵荫棠懋之先生》，《西北师大学报（社会科学版）》

1987 年第 3 期。

赵艳芳、周红：《语义范畴与词义演变的认知机制》，《郑州工业大学学报（社会科学版）》2000 年第 4 期。

赵振铎：《论先秦两汉汉语》，《古汉语研究》1994 年第 3 期。

周福娟：《认知视域中的指称转喻》，《扬州大学学报（人文社会科学版）》2012 年第 5 期。

周光庆：《隐喻：汉语词汇形成发展的一种机制》，《江汉大学学报（人文科学版）》2009 年第 3 期。

Radden, G. and Z. Kövecses, "Towards a Theory of Metonymy" in Panther, K. U. and G. Radden（eds.）, *Metonymy in Language and Thought*（Amsterdam/Philadelphia：John Bejamins Publication Company, 1999）.

Rosch, E., "On the Internal Structure of Perceptual and Semantic Categories," in T. E. Moore（ed.）, *Cognitive Development and the Acquisition of Language*（New York：Academic Press, 1973）.

Kövecses, Z. and G. Radden, "Metonymy: Developing a Cognitive Linguistic View," *Cognitive Linguistics* Vol. 9, No. 1（1998）.

Langacker, R. W., "Reference-Point Constructions," *Cognitive Linguistics* Vol. 4, No. 1（1993）.

后 记

  本书是由我的博士学位论文修改而成。书稿得以出版，得益于太多人的帮助，此时我要对他们表示最衷心的感谢！

  感谢恩师傅亚庶教授将我收入门下，实现了我多年以来的夙愿。老师为人谦和，学养深厚，治学严谨，诲人不倦。他常常教导我们不断开阔学术视野，坚持搜集查阅资料，悉心打磨科研课题，并最终投入博士学位论文的写作。随着题目的选定和思考的深入，我开始感受到这个题目的压力，是老师的鼓励坚定了我迎难而上的决心。在论文写作过程中，大到论文框架的构建，小到词语的考据，甚至是标点符号的使用，老师都给予我细致的指点。感谢老师多年来对我的栽培，师恩难忘！

  感谢东北师范大学我的硕士导师李勉东教授对我的培养和引荐，感谢上海外国语大学金基石教授对我的关心和鼓励；同时感谢吉林大学吕明臣教授、武振玉教授，东北师范大学胡晓研教授、彭爽教授、金晓艳教授、李青苗教授在百忙之中为论文拨冗指正，并给予我写作方法上的指导；感谢三位匿名外审专家对论文中肯的评价，并提出宝贵的意见和建议。

  感谢上海外国语大学黄健秦博士、中国社会科学院张亮博士为我指点迷津，感谢关秀娇师姐、于为师姐、李元师姐、王长华师姐、吴冬师姐、牟净师妹对我的无私帮助。在写作过程中，我常常向王松岩老师请教，受益匪浅，在此深表谢意。就读期间，我的工作单位大连外国语大学汉学院的领导和同事们一直关心我的写作进程，给予了我特别多的理解和关照，在此也要对他们说一声感谢。

  感谢我的家人。感谢我的父母对我的支持和鼓励，没有他们作为后盾，我不可能顺利完成学业；感谢我的妻子，在论文写作过程中，她义不容辞地承担起所有家务和抚育孩子的重任；感谢我的女儿，四年间，她已从幼儿园步入小学，虽然她对我研究的内容不感兴趣，但时常会对我论文中的难点发表自己的"高见"。女儿为我的学习增添了许多快乐，给了我坚持的动力。

在我求学及博士学位论文写作的过程中，还得到了一些领导、老师、同学、同事、朋友和亲人的帮助，该书的出版得到辽宁省社会科学规划基金办公室资助，在此一并向他们表示深深的谢意！

李宁

2020 年 12 月于大连

图书在版编目（CIP）数据

上古汉语交通词汇研究/李宁著.--北京：社会科学文献出版社，2021.10
ISBN 978-7-5201-9104-3

Ⅰ.①上… Ⅱ.①李… Ⅲ.①古汉语-词汇-研究 Ⅳ.①H141

中国版本图书馆CIP数据核字（2021）第192997号

上古汉语交通词汇研究

著　　者／李　宁
出 版 人／王利民
责任编辑／李建廷
文稿编辑／李月明
责任印制／王京美

出　　版／社会科学文献出版社·人文分社（010）59367215
　　　　　　地址：北京市北三环中路甲29号院华龙大厦　邮编：100029
　　　　　　网址：www.ssap.com.cn
发　　行／市场营销中心（010）59367081　59367083
印　　装／三河市龙林印务有限公司
规　　格／开　本：787mm×1092mm　1/16
　　　　　　印　张：22.25　字　数：352千字
版　　次／2021年10月第1版　2021年10月第1次印刷
书　　号／ISBN 978-7-5201-9104-3
定　　价／158.00元

本书如有印装质量问题，请与读者服务中心（010-59367028）联系

版权所有 翻印必究